湖南省国内一流建设学科（体育学）研究成果

湖南省社会科学成果评审委员会一般项目（XSP18YBZ142）研究成果

湖南省教育厅科学研究重点项目（19A409）研究成果

"体医融合"视域下
武陵山区农村儿童青少年
体质健康促进研究

张福兰　张天成　徐涛 ◎ 著

西南交通大学出版社

·成　都·

图书在版编目（ＣＩＰ）数据

"体医融合"视域下武陵山区农村儿童青少年体质健
康促进研究／张福兰，张天成，徐涛著. —成都：西
南交通大学出版社，2022.9
ISBN 978-7-5643-8919-2

Ⅰ. ①体… Ⅱ. ①张… ②张… ③徐… Ⅲ. ①山区 –
农村 – 青少年 – 体质 – 健康教育 – 研究 – 湖南 Ⅳ.
①G479

中国版本图书馆 CIP 数据核字（2022）第 174776 号

"Ti Yi Ronghe" Shiyu xia Wuling Shanqu Nongcun
Ertong Qing-shaonian Tizhi Jiankang Cujin Yanjiu
"体医融合"视域下武陵山区农村儿童青少年体质健康促进研究
张福兰　张天成　徐涛　著

责 任 编 辑	赵永铭
封 面 设 计	墨创文化

出版发行	西南交通大学出版社 （四川省成都市金牛区二环路北一段 111 号 西南交通大学创新大厦 21 楼）
发行部电话	028-87600564　028-87600533
邮 政 编 码	610031
网　　　址	http://www.xnjdcbs.com
印　　　刷	成都蜀通印务有限责任公司
成 品 尺 寸	170 mm × 230 mm
印　　　张	20.25
字　　　数	281 千
版　　　次	2022 年 9 月第 1 版
印　　　次	2022 年 9 月第 1 次
书　　　号	ISBN 978-7-5643-8919-2
定　　　价	80.00 元

少年强则国强。儿童青少年作为国民健康水平提升的重要群体，其体质健康水平不仅关系个人健康成长和幸福生活，还关系到整个民族的健康素质，关系到我国人才培养的质量乃至中华民族伟大复兴的中国梦的实现。党和国家一直非常重视儿童青少年体质健康，出台了系列政策，如 2007 年的《中共中央国务院关于加强青少年体育增强青少年体质的意见》、2014 年的《教育部关于印发国家学生体质健康标准》（修订）、2016 年的《国务院办公厅关于强化学校体育促进学生身心健康全面发展的意见》、2020 年的《体育总局 教育部关于深化体教融合促进青少年健康发展的意见》、2021 年的《教育部办公厅关于进一步加强中小学生体质健康管理工作的通知》等，这些政策都充分说明了党和国家迫切希望提高儿童青少年体质健康水平，促进其健康成长。《"健康中国 2030"规划纲要》指出，要通过广泛开展全民健身运动，加强体医融合和非医疗健康干预，促进重点人群体育活动等方式，提高全民身体素质。"体医融合"助力健康中国既是体育功能价值的体现，也是体育回归生活的本质反映。"体医融合"是基于运动的安全性、有效性及持续性，把体育、医疗等多项健康技术手段综合运用于民众的科学健身及疾病的预防和治疗康复中，做到"体中有医""医中有体"，两者相互渗透交融，全面促进全民健康。运动是实现身体健康的必然途径，医疗是维护健康的有效方法，"体医融合"在健康促进及疾病预防、治疗、康复等方面的作用已被证实，成为防治疾病和增进健康的重要途径，是未来健康促进发展的有效方式。体育与医疗作为促进身心健康的"左右手"，如何有效地有机融合、双管齐下，形成推动健康革命的新路径已显得尤为迫切。

武陵山区是以武陵山脉为中心，以土家族、苗族、侗族为主体的湘鄂渝黔四省（市）毗邻地区，是我国内陆跨省交界地区面积最大、人口最多的少数民族聚居区。该地区自然地理环境独特，加之政治、经济、文化以及民风习俗、生活方式等因素的综合影响，致使该地区农村儿童青少年的体质健康发展具有自身特点，体质健康促进研究更具复杂性。在"健康中国"的大背景下，面对儿童青少年体质水平下降、"现代文明病"日益流行，开展"体医融合"视域下武陵山区农村儿童青少年体质健康促进研究成为亟须解决的重要课题。

　　本书首先介绍体质健康促进的相关理论，明确体质概念及内涵，阐述健康促进理论，对体质研究、体质健康促进研究进行综述。其次开展武陵山区农村儿童体质状况研究，分析儿童青少年皮褶厚度、体成分发育特征、营养状况及其影响因素，并对"课间营养餐"干预儿童青少年体质健康效果进行分析，积极进行体质健康促进的实践。再次介绍与儿童青少年体质健康发展息息相关的儿童忽视和青少年健康危险行为的概念、内涵及分类等，分析武陵山区农村儿童青少年在身体、情感、教育、安全、社会等五个层面的受忽视状况以及在不良生活/饮食、缺乏体力活动、物质成瘾、精神成瘾、易导致伤害等五个方面的健康危险行为状况，对可能的影响因素进行非条件 Logistic 回归分析，并探讨儿童青少年忽视与健康危险行为的关系、体质健康状况与健康危险行为的关系等。然后，在明晰"体医融合"促进儿童青少年体质健康相关理论的基础上，明确构建的目标和原则，把握构建的关键要素，从"体医融合"的目标层、理念层、路径层和内容层构建武陵山区农村儿童青少年体质健康促进模式。最后，依据所构建的模式，从传播"体医融合"新理念、开展体质健康教育、提高体育课教学质量等方面，提出武陵山区农村儿童青少年体质健康促进对策。

本书旨在为青少年体质健康促进研究提供多学科、多维度、多因素分析的思路和方法，丰富少数民族儿童青少年体质健康促进研究的内容，拓展儿童青少年体质健康促进研究的学术视野，指导武陵山区农村儿童青少年体质健康促进工作实践。另外，本书也可作为体育教育、健康教育、预防医学、公共卫生等专业教学参考教材，也可为从事青少年体质与健康促进研究的同仁们提供参考。

本书在撰写过程中参阅并引用了有关专家、教授、学者的多部著作和多篇论文资料，在此表示衷心的感谢。由于作者水平和能力有限，书中难免有不足之处，敬请同行和专家批评指正。

作 者
2022 年 4 月于湖南吉首

目录 Contents

PART ONE

第一章

体质健康促进的理论基础

第一节　体质健康概述

　　无论是在中国还是在西方，对于体质的研究都有着非常悠久的历史。早在 2 000 多年前的春秋战国时期就有文献对体质做过生动的描述。古人从不同角度，特别是从传统医学角度，提出过各种见解和观念，并对体质形成的机理及其与疾病诊疗的关系做过一定的论述。在西方，体质研究基本上是医学科学的一个命题，被称为西洋医学奠基人的希波克拉底，在公元前 4 世纪，就从朴素的唯物辩证法出发，提出了"体液学说"[1]。现代学者对体质进行了总结和概括，认为体质是指人体的质量，是生命活动和劳动工作能力的物质基础，是在先天遗传和后天环境的影响下，在生长、发育和衰老的过程中逐渐形成的身、心两方面相对稳定的特质，包括人体的形态结构、生理功能和心理因素等综合的、相对稳定的特性。体质既反映着人体的健康水平、身体运动水平，同时也反映了人体对外界的适应能力。这既充分强调了遗传是人体体质形成的重要因素，又指出了后天环境对人体体质的重要影响，同时为体质的发展及其研究提供了广阔的空间和重要平台。现代科技的进步导致人们生活方式的转变，"文明病"的威胁与日俱增，青少年体质健康问题已成为世界各国面临的共同难题。

一、体质概念和内涵

（一）国内体质概念的界定及内涵

"体质"一词在中国古代广泛使用。《四库全书》收录近4 000种古籍中，经史子集各部含有体质一词的有488卷，562处。《古今图书集成》有93篇涉及体质一词。《说文解字》[2]释"体"为"总十二属也"。古代十二属是指：顶、面、颐，首属三；肩、脊、臀，身属三；肱、臂、手，手属三；股、胫、足，足属三。《广雅》进一步解释为"体，身也"。"质"，古代有"有形貌，性质、本质、禀质、素质、质量"等含义。《辞源》[3]对我国古代"体质"概念的内涵进行了总结：人体的素质，如《晋书》中述"王保体质丰伟，尝自称八百斤"；人的气质胸怀，如《三国志》中有"气质方刚"之语。中医对体质的探讨始于《黄帝内经》。《内经》中虽无"体质"一词，但其中有关"素""质"等词语所表达的意思便是当今体质的内容。《素问·异法方宜论》《素问·血气形志》及《灵枢·阴阳二十五人》《灵枢·通天》《灵枢·逆顺肥瘦》《灵枢·行针》等都比较系统地论述了有关体质的内容，奠定了中医体质学说的理论基础。但是，中医学的体质概念出现相对较晚，明末清初，在传统认识基础上，有关体质这一术语在中医学的应用开始出现。清代叶天士直接称体质，并被普遍接受。章楠《医门棒喝》有"治病之要，首当查人体质之阴阳强弱"之语，这是中医典籍中较早记载"体质"的内容。直到20世纪70年代有些学者开始提出中医体质学说，随后第一部中医体质学专著《中医体质学说》于20世纪80年代问世，奠定了中医体质学研究的理论与实践基础，并标志中医体质学说的确立。中医体质有多种分类方法，可按五行归属、阴阳含量、性格特征、形志苦乐、气血、脏腑经络等多种标准进行分类。

1. 体质人类学对体质的定义

事实上，在我国的体育实践中，中医学的体质概念从未得到实际使用，反倒是在19世纪末20世纪初，西方体质人类学思想传入我国，在人类学和医学界的努力下逐步完成了"体质"概念的科学化，并最终形成了人类学意义上的体质概念。令人困惑不解的是，体质人类学中对体质概念并无说明，通过文献才知道，其英语对等词是 physical，实际就是我们通常使用的身体一词。体质（身体）人类学（physical anthropology）是研究人类体质（身体）与类型在时间和空间上的变化及其规律的科学。该学科对体质（身体）规定得很清楚："体质特征不仅仅是指其外部的形态特征，而且也包括其身体内部的生理特征和生物化学特征。同时还要研究在不同的群体中，现代人的体质特征和类型在个体间以及性别、年龄上的差异，并探讨产生这些变异的原因和规律。"[4]原来，体质人类学中的体质就是身体的意思。

2. 现代医学对体质的定义

体质骨病学：体质（constitution）是指人体的质量，或一个人的素质，它对每个个体来说是相对稳定的特征[5]；妇产科学：体质是机体所具有的各种特性的总和，不仅和形态学的特征（体格外形）有关，尤其和生理学的特性（器官和组织的功能）有关，所以体质是机体在形态、生理及精神上的特性和本质[6]；精神病学：体质系指在遗传素质的基础上，个体在发育过程中，内外环境相互作用而形成的整个机能状态和躯体形态特征[7]。"体质"是中医学中的重要概念，中医学对体质的定义目前最具代表性的有两个：一是由上海中医药大学匡调元教授所下的定义，"体质是人群及人群中的个体在遗传的基础上，在环境的影响下，在其生长、发育和衰老的过程中形成的机能、结构与代谢上相对稳定的特殊状态，这种特殊状态往往决定着他对某些致病因素的易感性及其所产生的病变类型的倾向性"[1]。二是由《中国中医药》报社王琦教授所下的定义，"体质是个体生命过程中，在先天遗传和后天获得的基础上表现出的形态结构、生理机能和心理状态方面的综合的、相对稳定的特质"[8]。比较以上两个定义，有两点主要的区别：一是匡氏的定义未包含心理方面，而王氏的则包含心理方面；二是匡氏将体质界定为一种"特殊状态"，而王氏则界定为"特质"。显然王氏的体质定义更符合我们体育界对体质的理解[9]。

3. 体育界对体质的定义

自1979年起,我国体育界各方面的专家和权威机构即对人体体质的概念进行了广泛和深入的探讨,并就体质的理论基础方面大体取得了共识,认为"体质反映人体质量的高低,是在先天遗传基础上(遗传性),经过后天的环境塑造(获得性),所表现出来的形态结构、生理功能、身体素质和运动能力、心理情感以及身体对内外环境的调整适应能力的全面良好状态"。中国体育科学学会体质研究分会于1982年进一步明确了体质的定义,认为体质是人体的质量,它是在遗传性和获得性基础上表现出来的人体形态结构、生理功能和心理因素的综合的、相对稳定的特征[8]。体质的范畴包括"人体形态结构、生理功能和心理因素等方面,体质的强弱就是由这些方面综合反映出来的"。一个人体质的好坏,通常表现为机体的形态结构、生理功能和心理等因素综合的相对稳定的一种状态,它主要表现在以下五个方面:(1)身体形态发育水平,即体格、体型、姿势、营养状况及身体组成成分等;(2)生理功能水平,即机体新陈代谢水平以及各器官、系统的效能等;(3)身体素质和运动能力发展水平,即速度、力量、耐力、灵敏、协调、柔韧等素质,及走、跑、跳、投、攀爬等身体活动能力;(4)心理发育(或发展)水平,即个体感知能力、个性、意志等;(5)适应能力,即对内外环境条件的适应能力、应激能力和对疾病的抵抗力。以上五个方面相互依存、相互影响、相互制约,其中身体形态结构是物质基础,生理功能、体能和心理状况是体质的主、客观表现,而对内外环境的适应能力是体质的综合反应。五个方面的状况决定着人们的不同体质水平,在进行体质的测量和评价以检查增强体质的实际效果时,必须看到体质综合性的特点,以及测量和评定的多指标性质。体质概念及与之相联的体质五因素理论为我国的体质研究奠定了坚实的基础。

（二）国外体质概念的界定及内涵

国外对体质概念研究较成熟的国家主要有日本、美国、苏联、法国等。日本是世界上在体质研究方面做得最好的国家之一。日本政府十分重视国民体质的增强，认为"国民体质的强弱是整个民族和国家盛衰的一个重要标志"。日本体育学会编的《体育学研究法》指出："体力（相当于体质的概念）是指人体和精神的能力，是人类生存和活动的基础，体力不仅表现在运动能力和工作能力方面，而且也表现在对疾病和环境的应激反应的抵抗力与适应能力上。"日本《学校体育用语辞典》（1998）中对体力的定义是："指人的正常心理承受能力、对疾病的防御能力和能保证积极工作的身体行动能力。"日本体育学会测定评价专科分会对体力所下的定义是："体力就是人们为了有充裕能力来应付日常生活和偶然事件所必须经常保持的工作能力和抵抗力。"分析日本学者对体质的研究可以归纳为两点：一是体质包括身（身体要素）、心（精神要素）两个方面；二是将体质界定为"能力"[9]。从日本的体质概念的内涵来看，他们所谓的"体力"是指人们为了正常生活工作和应付意外事件而经常保持较强的行动能力和抵抗能力。一般认为，日本的体力大体上相当于我国的体质，英译文大多为 physical fitness。对于体质概念的研究，日本学者的认识不一。日户修一认为"体质是由遗传（先天的）、环境（后天的）和现在状况三者决定的、制约人的行为和适应性的活动能力的状态"；木田文夫认为"所谓体质是人体的结构，是人体诸多医学特征的个体差的内部相互关系"；森茂树认为"体质是由遗传和环境形成的个体的特异性"；泽田芳男认为"所谓体质是遗传因子和受各种各样环境条件影响形成的个体差"；仙头正四郎认为"体质是由先天的遗传因素和外在的环境因素、生活习惯所决定"等。从日本对体质概念的界定来看，总的来说，在日本体育界，认为体质由遗传因素和环境因素决定的观点占主导地位。

从美国的体质概念的内涵来看，美国对体质的概念较完整的理解相对较晚。美国没有体质这个相应的英文名词，只有 Fitness 一词，直译为适应能力（港台称体适能，日本称体力），我们称之为身体素质。最初美国的健康、体育、娱乐、舞蹈协会（AAHPERD）对 Fitness 做过如下解释："Fitness 是表现一个人能有效活动程度的一种状态。"直到 1945 年著名的生理学家 Cureton 提出 Fitness 三要素："体格、机能能力、运动能力。"这一时期正值战争时期，这三要素都围绕着战争对人身体的要求为：有良好的体型，较好的肌肉力量，攀登、投掷、快跑的能力。Fitness 的概念是随着时代而演变的，当然要适应社会的要求。第二次世界大战以后，人们又把竞技运动中表现出的良好素质，如爆发力、速度、投掷的技巧等结合进去。20 世纪 50~60 年代很长时间内，身体素质都没有摆脱军事和竞技运动的需求。1958 年，美国健康体育和娱乐协会（AAHPER）采取行动，为儿童开发了"青少年体质测验"。70~80 年代，由于经济高速发展，工业化、城市化过程加快，西方社会先后进入老龄化社会，美国在对体质概念的认识上发生了重大改变，认为体质应该分为两种类型，即"与健康相关的体质（Health-Related Physical Fitness）和与运动相关的体质（Sport-Related Physical Fitness）"。90 年代以后，随着信息技术革命的迅速发展，现代生产方式使人身体运动的机会减少，"现代文明综合征"肆虐以及肥胖症增加等。在此背景下，身体素质的定义逐步演变为："良好的身体素质意味着能够安全从事体力活动，意味着健康，意味着能预防运动不足而引起的疾病，体质最终与健康紧密结合。"另外，美国在生理学中，通常把体质解释为"适应能力和激烈运动后的恢复能力"，还有一种较普遍的解释，即美国学者玛格丽特·J.塞弗里特在《体育教育中的评定》中表述为："以旺盛的精力执行每天的任务而没有过度疲劳，以充足的活力去享受闲暇时间的各种消遣，并能适应意外的各种紧张情况。"从美国体育界对于体质的界定来看，他们认为运动对体质影响较大。另外，苏联的尼基丘克教授认为："体质是指有机体形态、机能特征总体，是遗传因素和环境因素的融合物，这一融合物决定着有机体的反应性，人体体型乃是体质的外在表现。"《法国国民体质》一文指出："体质包括生物统计可变值、心血管效能、运动效能和运动能力可变值。"

纵观以上不同学科、不同国家对体质的定义，显然并没有一个大家公认的统一的定义，因为大家看问题的角度不同，研究的目的也不同，这很正常。但总体来说可以归纳出以下几种观点：（1）在"身心是否合一"问题上有两种观念，一种认为"身心不合一"，即体质只包括身体方面，不包括心理方面；另一种则认为"身心合一"，即体质应包括身、心两个方面。本研究支持后一种观点，即"身心合一"[9]。因为人的身、心两方面是密切联系、相互影响、不可分割的，科学研究已证实许多身体疾病是由心理因素引起的，而且随着社会的发展，心理因素越发显得重要。早在 2000 年前的《内经》中就已经提出了"形神合一"的观点。将身、心两方面割裂开来，孤立地、片面地研究，显然是机械的、形而上学的。（2）在体质的属性问题上有以下几种观点：① 质量；② 特质（特性、特征）；③ 状态；④ 能力。本研究认为把体质界定为质量、特质或能力都是可以的，这是看问题的角度不同，或下定义的方式不同造成的。但把体质界定为"状态"是不合适的，因为体质是一种相对稳定的、不易变化的东西，而"状态"一词的可变性似乎强了一些[9]。

综上所述，本研究认为我国体育界对体质的定义是相对先进的、全面的。但这一定义在表述上尚存在一些不足，主要表现在以下几个方面：①"遗传性"与"获得性"两词专业性太强，本研究认为使用"遗传"与"环境"两词显得更简单明了，通俗易懂。②"表现出来的"一词只适合于表述外在的体质内容，如形态方面的内容。而对于内在的、非显性的体质内容，如某些生理、心理方面的内容不太合适。本研究认为用"逐渐形成的"一词来代替较好。③"特征"一词与"质量"一词不统一。对此有人提出：体质到底是"质量"还是"特征"？本研究认为使用"特质"一词较好。《现代汉语词典》对"特质"的定义是："特有的性质或品质"。"品质"与"质量"显然是统一的。在心理学中常使用"特质"一词，如将"焦虑"分为"特质焦虑"和"状态焦虑"。有鉴于此，在体质学中是否可以将"体质"界定为"特质"，把"健康"界定为"状态"呢？本研究认为是可以的，这样的界定也有利于区别体质与健康。根据这种情况我们可将包括身心两个方面的体质定义称为广义的体质定义，而狭义的体质定义就是指体质的身体方面[9]。

二、国内外体质研究

（一）国外体质研究

1. 日本

日本是世界上在体质研究方面较为成熟的国家。在第二次世界大战后，日本政府就发现了其国民体质有所下降的现象，为此，1961 年日本政府就提出了"振兴国民健康"的口号，并及时制定了"振兴体育法"，随后，在政府、有关社会团体、科研单位以及大中小学校中都采取了许多措施，健全了制度，扩建了研究领域，目前已经形成了一个较为完整的体质研究体系。日本的体质研究主要从机能评定、形态发育与精神状态三方面进行，在体力测定方面，有劳动者或运动员的能力与体力的关系，环境、气候对体力的影响，体力发展的追踪观察，以及运动对发育期青少年身心的影响等；机能评定方面则以心肺功能为重点；形态发育的研究，除进行常规的人体测量外，还注重身体成分、体型、骨发育的测试，例如，文部省公布了《小学生体育测试实施条例》《壮年人体诊断、运动能力测试、体育测验实施条例》等。为推动体力活动的开展和把握国民的体力现状，从 1967 年开始，日本文部省组织进行了全国性的体力测量活动，随后经过若干调整补充，最后形成了从小学生到成年人，包括体力和运动能力的体力测量体系，在全国每年进行 1 次抽样调查。在 20 世纪末，日本对实行了 30 多年的体力测量体系进行了重大改革，吸收了国内、外多年来体力研究的成果，提出了认为是划时代的新体力测量评价方案。通过对以前体力测量项目的细致研究，淘汰了测量姿势或动作不易准确把握及测量目的意义不明确的测量项目，增设经研究和实践证明是切实可行的测量项目，比如：测量项目（6~11 岁）增加了"坐位体前屈、反复横跨"，淘汰了"连续上翻""运球跑"等；（12~19 岁）增加了"坐位体前屈、20 m 节奏往返跑、反复横跨",淘汰了"急行跳远"等,评定办法和标准也做了相应调整,进一步形成了科学、完备的研究系统和规范的制度。1999 年施行了新的测试指标,新的测试指标与旧的测试指标相比有三个方面的变化:减少了测定指标数量;设置了各年龄组通用测定指标;重新划分了年龄组,分为小学、中学、20 ~ 64 岁、65 ~ 79 岁共 4 段,加大了低年龄段指标测量跨度。日本在多年系统测试的基础上,制订了"日本人体力测试标准表"与"日本人体力测试标准值"。日本每年都定期在定点基层进行标准测试,由文部省逐年公布其测试结果,根据有近百年人体发育的逐年资料与战后几十年的系统的机能与运动能力的资料,人们能及时了解其体质的状况、存在问题与发展趋向,从而引起了政府与社会的普遍关注,以便采取积极的对策加以纠正等。

2. 美国

美国也是对体质测定非常重视的国家之一,美国前总统卡特曾经指出"体质是一种期望可以换回最多东西的投资",给予体质很高的评价。美国也是开展体质测定最早的国家,在 1880—1900 年期间,美国曾盛行体力测验法,但真正的体质测定研究还是在第二次世界大战期间,由于战争的需要,导致了一股开展体质测验的浪潮,各种体质测定方案被开发出来,有针对部队军人的,也有针对大、中、小学生的;第二次世界大战以后,艾森豪威尔总统成了美国国民体质发展的倡导者,他的倡导主要起因于克诺斯-韦伯(Kraus Weber)健康测验令人震惊的结果,这个测验的结果表明"美国绝大多数儿童的健康低于最低的健康水平,而且明显低于欧洲儿童的健康水平";1958 年,美国健康体育和娱乐协会(AAHPER)采取行动,为儿童开发了"青少年体质测验";20 世纪 70 年代,美国在对体质概念的认识上发生了重大改变,认为体质应该分为两种类型,即与健康相关的体质和与运动相关的体质,这样在体质测验的制定上就有了"与身体健康相关的体质测验"和"与运动技术相关的体质测验"两种类型;1980 年,美国健康、体育、娱乐、舞蹈联盟(AAHPERD)首先开发出了"与健康相关的体质测验";1988 年 AAHPERD 对该测验进行了进一步的修改完善，并将该测验命名为"最佳身体测验"将体质测验划分成"与健康相关的体质测验"和"与运动相关的体质测验"，这是美国体质测验的主要特点。1990 年又提出一项"2000 年健康人"的十年规划，作为倡导国民锻炼，以期实现提高国民体质水平的目的。另外，美国在上百所大学里设有"体育、健康与娱乐学院"，培养了大批专门性人才。美国在体质研究方面十分注重与劳动生产的结合，强调增强人民体质为发展生产力服务的目的性，在美国有一个较为普遍的观点就是"体育与卫生、保健、娱乐活动是密不可分的，互为联系的，其目的都是为了增强体质，促进人民身心全面发展"。在青少年体质研究工作方面，美国基本上十年进行一次全国性青少年体质普查等。近年来美国学者从运动健康概念上，对儿童体质的发育特点进行了深入的研究，对生长发育过程中人体脂肪的分布与变化，以及幼儿期出现的过度肥胖症、性别之间的运动水平导致最终结果的差异取得了较为突出的研究成果。

3. 法国

据《法国国民的体质》介绍，"体质"这一概念在法国已普遍使用，它给予心理可变值（心理变量）一个位置。实际上体质包括生物统计变量、心血管效能、运动效能与心理变量。也就是说，在法国把体质看成是人的身心状态全面的综合反映。法国专家通过"力量训练对健康、神经、机能的意义"研究认为"在保健体育与群众体育中，历来较重视耐力训练而忽视力量运动。而力量运动对人的支撑运动器官、新陈代谢、心血管系统与神经系统的作用大，从而强调力量性耐力训练应列为保健与群众体育的重要内容"。

4. 加拿大

加拿大很重视国民体质与健康，在联邦政府国务部下，除设有"运动局"开展竞技外，还设有"体育局"，主要任务是组织动员群众参加体育活动，增强国民体质，并设有一个五人小组负责审批全国性的体质研究科研项目，给予资助。1981年加拿大在4万多名7～69岁人群中进行了心率、脂肪、肌肉三方面的测试，制订了加拿大人的体质评定标准，并在上百个以增强体质为主要内容的体育俱乐部中，对参加者在医务监督下开出运动处方，进行有针对性的指导。

5. 英国

英国学者认为"过去人们对体质测定的认识是混乱的，常常以体质测定代替体质教育，体质测定应包括测试与评定两个方面，其目的不仅仅是为了单纯的测试，更重要的是为了评估体质发展或改进的程度，诊断其优缺点，开运动处方，评价教学训练计划，以及为进行体质分类与预测等提供依据"。在体育锻炼与营养的关系上，英国专家认为"两者结合才能达到良好的效果，只强调其中一面则起不到增强体质的作用"。

（二）国内体质研究

1. 我国古代对体质的研究

我国是一个具有悠久文化历史的文明古国，有光辉灿烂的文化历史篇章，体质研究也是其中的一小部分。早在2000多年前的春秋战国直至明、清各个朝代，对人的生命活动以及人的体质的生存与发展都有过不少生动的描述，古人从不同角度，特别是从祖国传统医学角度，提出过各种见解与观念。据江西吴翼槛考证，"体质"一词在晋书《南阳王保传》中就已使用过，书中称："保体质丰伟，偿自称八百斤。"这里所说的"体质"，大体上指整个身体。历史文献如《周礼·地官·司徒》《管子·水地》《史记·货殖列传》等，都曾从不同角度描绘过地理、气候、生活、卫生与风俗习惯等对人体所产生的影响，描述过人体体质的不同特征与差异。古代运用阴阳、五行学说，对人体体质的描述十分生动，例如，在《灵枢·阴阳二十五人》篇中，根据人的体型、肤色、性格、态度和对自然界的适应力，把人体归纳为木、金、火、土、水五种不同的体质类型，然后根据阴阳属性、五音多少和手足之阳经的左右、上下，气血之多少，五脏之五别，六腑之五别，将上述五种不同体质又细分成五五二十五个类型，每个人都可以从中找到自己的体质特征。对人的身心状况，《内经》指出："凡人的脏腑、经络、气血、营卫及意志调和，形肉气血相称，身心和谐无病者为和平之人，反之则为病人。"对人之性格，《灵枢·寿夭刚柔》篇指出："人体的形气有阴阳刚柔之别，人之生也，有刚有柔，有强有弱，有短有长，有阴有阳"；《灵枢·论勇》篇对勇与怯两种精神状态、内外特征与内在腑脏功能的关系，以及自我控制能力等都有描述。重视人的体质差异及其对健康与疾病的影响是中医学的特点之一，其理论源自《内经》，《内经》是整个医学史上论述人类体质现象最早，也是论述最全面的一部医学文献，内容涉及个体及不同时空条件下群体的体质特征、差异规律，体质的形成与变异规律，各种不同的体质分类，体质与疾病的关系，体质与预防，人群体质对治法形成的影响等，并认为体质的形成与先后天因素密切相关。

（1）先天禀赋。《灵枢·天年》说："愿闻人之始生……以母为基，以父为楯……血气已和，营卫已通，五脏已成，神气舍心，魂魄毕俱，乃成为人。"《灵枢·决气》说："两神相搏，合而成形，常先身生，是为精。"说明父母之精是生命个体形成的基础。先天禀赋的差异使人出生伊始就存在体质的不同，故《灵枢·寿夭刚柔》指出"人之生也，有刚有柔，有弱有强，有短有长，有阴有阳"，说明人在出生之时，已经初步具备了肥瘦、强弱、高矮、偏阴偏阳等不同的体质特征。可以说，遗传因素是决定体质形成和发展的根本原因。《内经》还注意到，除遗传因素外，胎内期因素也是形成个体素质的重要原因，《素问·奇病论》指出"胎病，此得之在母腹中时，其母有所大惊，气上而不下，精气并居"，阐明妊娠期孕妇的饮食起居、生活环境、意外伤害等均可影响胎儿的生长发育和对疾病的易感性，使个体体质的发育呈现出某种倾向性。因此人的外表形态、脏腑功能、精神情志等个性特点均形成于胎儿时期。遗传学告诉人们，遗传因素不仅决定人之特定反应形式，且决定内部及外部结构形态。总之，人的机体皆具有朝着一定方向发展的可能性，个体在解剖、生理、心理上的特征主要来源于父母的遗传因素。每一个人体质的个体特点，就是以遗传因素为基础，在后天生长条件的影响下，经过自然、社会、境遇、饮食等诸多因素的影响和变迁，逐渐发展起来的。由遗传背景所决定的体质差异是维持个体体质特征相对稳定的重要条件。随着时代的发展，人们的生活水平和保健意识普遍得以提高，禀赋薄弱之人日渐减少，形盛体丰的婴儿越来越多，这必将影响人群普遍的体质特征，并最终导致群类体质特征的变异。先天禀赋的不同可以从某种程度上决定个体体质的发展过程。

（2）后天因素。体质形成于先天，定型于后天。后天生活环境对体质的形成与发展始终起着重要的制约作用。在个体体质的发展过程中，生活条件、饮食构成、地理环境、季节变化以及社会文化因素等都可产生一定的制约性影响，有时甚至可起到决定性作用。遗传因素使个体体质具有明显的差异，而在相同或类似的环境因素的作用下，又使某些人群的体质具有趋同性。

（3）自然环境。《素问·宝命全形论》说："人以天地之气生，四时之法成。"说明人类是自然（天地）长期进化的结果，生命过程必然受到整个物质世界诸多因素的制约和影响。而且人生存于特定的气候、地理环境中，自然因素的长期影响，地理、气候条件的差异性必然使不同时空条件下的群体在形态结构、生理功能、心理行为等方面产生适应性变化。《素问·异法方宜论》详细论述了五方地域人群的不同特征。"东方之域，天地之所始生也，鱼盐之地，海滨傍水……其民皆黑色疏理"；"西方者，金玉之域，沙石之处，天地之所收引也，其民陵居而多风，水土刚强……故邪不能伤其形体"；"北方者，天地所闭藏之域也，其地高陵居，风寒冰冽……（其民）脏寒……"；"南方者，天地之所长养，阳之所盛处也，其地下，水土弱，雾露之所聚也……故其民皆致理而赤色"；"中央者，其地平以湿，其民四肢不强"。后世对此多有发挥，《医学源流论·五方异治论》说："人享天地之气以生，故其气体随地不同，西北之人，气深而厚，……东南之人，气浮而薄。"这均说明自然环境以及相应

的生活习惯等方面的不同与体质类型密切相关，体质的形成与自然选择
有关，而人群间的相对隔离状态又是形成区域间不同体质的条件。从现
代医学地理学的角度看，"地球在自身漫长的演化过程中，逐渐形成了地
壳元素分布的不均匀性。由于人类及生物体内的元素丰度曲线与地壳元
素丰度曲线是一致的，因此，地壳元素分布的不均匀性便在一定程度上
控制和影响了全球各地区人类和生物形态的明显地区性差异……地壳元
素分布的不均匀性可能是形成各种生态型体质的重要原因"。总之，"在
从化学过渡到生命以后，首先应当阐述地质学、气象学等，然后才阐述
生命的各种形式本身，如果不这样，这些生命形式也是不可理解的（《自
然辩证法·自然科学的辩证法》）"。因此，研究体质的形成，更应当结合
特定的地理、气候因素才能得出正确的结论。时代的变迁使人类赖以生
存的自然环境发生了翻天覆地的变化，这一方面源于自然界自身的运动
变化，另一方面由于人类对自然的盲目干预和对自然的过度开发，加之
环境的污染、气候的变暖、灾害性气候的频现等是引起人类体质变异的
重要因素。

（4）社会变迁。社会的变迁，使人类的生存环境、生活习惯、社会
习俗、道德水准、精神状态、饮食结构等具有迥然不同的特征，故不同
历史条件下人类的体质呈现出与其所处时代相适应的变化趋向。《素
问·上古天真论》已经观察到"上古之人，春秋皆度百岁，而动作不衰；
今时之人，年半百而动作皆衰"的现象。《素问·移精变气论》具体论证
了造成体质"古今之异"的原因，"往古人居禽兽之间，动作以避寒，阴
居以避暑，内无眷慕之累，外无伸宦之形，此恬憺之世，邪不能深入也"。
而"当今之世不然，忧患缘其内，苦形伤其外，又失四时之从，逆寒暑
之宜，贼风数至，虚邪朝夕，内至五脏骨髓，外伤空窍肌肤"。因此，时
世之异是影响体质的重要因素。社会的发展极大地改变了人们的生存条
件、生活方式和思想观念。开放的社会环境、激烈的生存竞争、快节奏
的生活使人们的精神日趋紧张躁动，这已经成为现代人最具代表性的心
理特征。这种变化正是人群体质特征变异的外化和显现。

（5）个人境遇。社会地位、个人境遇、疾病影响是导致体质变异的重要原因。《灵枢·根结》指出："夫王公大人，血食之君，身体柔脆，肌肉软弱，血气慓悍滑利。"《素问·疏五过论》《素问·征四失论》《素问·血气形志》则讨论"故贵脱势""尝富后贫""形志苦乐"等境遇变迁对体质的影响。后世医家阐发《内经》之旨，非常重视地位处境、遭遇经历对体质构成的作用，张子和说："善治小儿者，当察其贫富贵贱治之；盖富贵之家，衣食有余，生子常夭；贫贱之家，衣食不足，生子常坚；贫家之子不得纵其欲，虽不如意而不敢怒，怒少则肝病少；富家之子得纵其欲，稍不如意则怒多，怒多则肝病多矣。"（《儒门事亲·过爱小儿反害小儿说》）现代生活日新月异，人的境遇起伏更加剧烈，对体质的影响更加明显。需要说明的是，个人境遇可以通过多因素影响体质，其中精神因素的作用尤其不容忽视。早在《内经》时代已经充分重视社会心理因素与体质的密切关系，这些论述即使与现代心身医学的观点相比也毫不逊色。另外，《素问·疟论》之"痒疟者……令人消烁脱肉"等则提示疾病不但能损害机体各部，还可以导致体质的变异。

（6）饮食起居。饮食五味是维持机体生命活动的基本条件，《素问·六节藏象论》说："天食人以五气，地食人以五味……味有所藏，以养五气，气和而生，津液乃成，神乃自生。"说明五味调和，滋养五脏可增强体质。相反，若五味偏嗜，气增而久，则脏气偏颇而体质有所变化，对此《内经》论述甚多。《素问·五脏生成》说："多食咸，则脉凝泣而变色；多食苦，则皮槁而毛拔；多食辛，则筋急而爪枯；多食酸，则肉胝而唇揭；多食甘，则骨痛而发落。"《素问·异法方宜论》认为："长期的饮食习惯可影响群体体质，是形成地域人群间体质差异的重要原因，如东方鱼盐之地，其民食鱼而嗜咸，多热积于中而耗伤血液；西方沙石之地，其民华食而脂肥，故形体肥胖而多饮食内伤；北方天地闭藏之域，其民乐野处而乳食，内脏多受寒而易致胀满；南方阳盛而多雾露，其民嗜酸而食胕，易病挛痹；中央其地平以湿，其民食杂而不劳，使四肢不强。"这些都说明饮食因素与人体体质和疾病有密切关系。脾胃为后天之本，长期的饮食习惯和相对固定的饮食结构可以通过脾胃运动影响脏腑气血功能，形成稳定的功能趋向和体质特征。饮食因素是导致体质变化的重要原因。值得注意的是，《内经》特别强调"嗜食肥甘，态饮纵欲"对体质的负面影响，认为这是造成病理性体质的重要原因。《素问·上古天真论》明确指出："以酒为浆，以妄为常，醉以入房"常致"半百而衰"。《素问·奇病论》说："肥者令人内热，甘者令人中满。"《素问·生气通天论》说："高粱之变，足生大丁。"这些由饮食失节而导致的病变也从侧面反映了不良饮食习惯对体质的影响。试看当今社会，"以酒为浆，嗜食肥甘"已成为普遍的现象，由此带来的体质变化和疑难病症也成为普遍的社会问题，在这种大环境下反观《内经》之论，其对饮食结构与体质及发病的科学的预见性不得不令人折服。已经有学者提出："随着社会的进步和人们生活水平的提高，当代人类的体质也发生了相应的变化，并在此基础上产生了肥胖症、糖尿病、冠心病、高血压等'文明病''富贵病'，因此，今天我们进一步研究生活条件和饮食构成的变化对当代人类体质的影响，将对上述疾病的防治和人类保健起到重要作用。"[10]此外，《素问·宣明五气》中"久视伤血""久行伤筋""久立伤骨""久卧伤气""久坐伤肉"等虽论致病之因，同时也揭示了劳逸对体质的影响，只有劳逸适度，起居有节，才能使经脉通畅、阴阳和调、体质坚强。

（7）性别年龄。《灵枢·五音五味》提出："妇人之生，有余于气，不足于血。"说明男女两性存在生理病理上的差异，具有不同的体质特点。唐宗海《血证论》中专列"男女异同论"即是从两性体质的不同，论其证治有别。就个体而言，随着生命过程的展开，其体质也呈现出一定的变异规律。体质过程论认为"体质是一种按时相展开的生命过程"。《灵枢·天年》以10岁为一个阶段对个体体质的演变过程做了详细论述。《素问·上古天真论》则分男女两性，以肾精肾气盛衰为主论述了个体体质发展的不同阶段，说明不同性别的人其体质特性和发展过程存在不同的规律。

概言之，体质是先后天因素共同作用逐渐形成的。由于禀赋的不同，后天条件的多样性使个体体质具有不同于他人的特征，正如世界上没有完全相同的两片树叶，世界上也不会有完全相同的两个人，因此体质具有个性差异。中医学的"因人制宜、辨证论治"强调的正是这种特异性，因而实施的治疗也更有针对性。然而，由于处于同一历史背景、同一地方区域，或饮食起居条件相同的人群，由于其遗传背景的同一性和外界条件的一致性，往往使特定人群的体质呈现类似的特征，这就是群类趋同性。这种体质的群类性必然导致对某些疾病的易感。《素问·异法方宜论》对五方之人的论述正是强调了后天因素在体质发展过程中所起的重要作用。因此，在相同的时空背景下，人类的体质、发病具有共性，也使群体预防和群体治疗成为可能。以汉唐医学为骨干的杂病治疗体系强调"专方专药治专病"，在这一前提下照顾阴阳寒热、表里虚实，即辨病专治。辨病的目的是研究疾病的基本病机和共同规律，专治则是针对共性制定治疗方法。因此，研究体质的共性与个性特征，探讨辨病与专治的体质依据，是中医学发展不可或缺的两个方面[10]。

2. 我国现代对青少年体质的研究

我国现代对青少年体质的研究始于 20 世纪 20 年代，最早的报告见于 1910 年 Merrins 报道的武昌 200 余名 11～23 岁学生身高、体重等指标的生长状况，发表在《中华医学杂志（英文版）》。随后 10 余年间，Whyte、Stevenson 及 Appleton 等国外学者先后报告了我国江苏、浙江、福建、北京、广州等地儿童青少年的生长发育状况。这些报告的样本量都较少，有许多年龄段样本数少于 10 人，没有统一的测量方法和测量时间。我国学者最早的报告是王吉民于 1922 年根据杭州两届保婴大会的资料所作的"中国婴孩体格之标准"，对象为婴幼儿，样本数仅 200 余例。此后国内许多学者先后报告了我国上海、南京、长沙、杭州、济南等地儿童生长发育状况。这些报告中的对象既有婴幼儿，也有 6～15 岁的学龄儿童，样本量大都比较大，研究的指标除身高、体重外，有些报告还包括坐高、头围、胸围等。中华人民共和国成立以后，特别是 20 世纪 50～60 年代许多城市都开展了儿童生长发育的研究，研究指标主要是身高、体重等形态指标。这些研究样本量都比较大，在测量方法、测量仪器和资料统计分析等方面都有严格的要求。如，姚依克等于 1952 年对中南地区河南、湖北、江西、广东、广西等省、自治区所做中小学生身高、体重的调查，样本量达到 50 万人，是当时规模最大的一次调查。此外，很多学者也开始关注学生身体形态与环境之间的关系，如：我国北方儿童身高、体重大于南方儿童（叶恭绍，1959）。大规模的全国性的国民（特别是儿童青少年学生）体质健康调查研究，并作为一种政府行为，开始于 20 世纪 70年代后期。

（1）1979 年 16 省市的青少年儿童体质调研。这次调研工作是国家体委、教育部、原卫生部共同领导与组织，北京、上海等 16 省市参加的一次大规模青少年儿童体质调研工作。按统一器材、统一时间、统一方法对 20 多万 7～25 岁汉族青少年儿童，进行 23 项指标（形态 15 项、机能3 项、素质 5 项）的测试工作。通过这次调研，初步摸清了中国青少年儿童体质形态、机能与素质的现状、特点和发展变化规律，制定了代表性较强的身体形态发育、机能和身体素质的评价标准及脉搏、血压的正常值范围。

（2）1985 年中国学生体质、健康调查研究，是继 1979 年之后，由国家教委、国家体委、原卫生部、国家民委共同组织与领导的又一次大规模的学生体质健康调研工作。本次共调查测试了 29 个省、自治区、直辖市的 28 个民族，2 188 所大、中、小学校 7～22 岁城乡、男女学生 902 337人（体检 984 872 人）的形态、机能素质指标 20 项（形态 6 项、机能 5项、素质 9 项）、健康指标 9 项。通过这次调研，进一步掌握了我国各民族青少年儿童身体生长发育、机能、素质及学生健康方面的现状特点，探讨了某些发展变化规律，以及性别、年龄和民族间的差异。此外，对人体成分、标准体重、遗传因素、体质评价及学生中常见病和多发病的患病情况进行了探讨与研究。

（3）1991 年由国家教委、国家体委、原卫生部、国家民委、国家科委共同领导完成了第一次全国学生体质健康状况的监测。本次监测共涉及全国 29 个省、自治区、直辖市的省会城市及其郊区农村汉族 7～22 岁大、中、小学生（西藏自治区未对汉族学生进行监测）及 17 个少数民族 7～18 岁中、小学生，监测指标包括形态、机能、素质及健康检查项目共 26 项，监测人数达 242 667 人。这次监测使政府掌握了我国学生体质健康状况的现状及其发展、变化趋势，对指导和改进学校体育卫生工作具有十分重要的意义。1995 年在 28 个省、自治区、直辖市对 7～18 岁汉族学生进行了与 1991 年相同的体质调研。2000 年学生体质调研与 1995 年相似。

（4）2005 年全国学生体质与健康调研是自 1985 年以来由教育部、国家体育总局、原卫生部、国家民族事务委员会、科学技术部共同组织的第 5 次全国多民族大规模的学生体质与健康调研。本次调研历时近一年，经过各省、自治区、直辖市，各级教育、体育、卫生等相关部门和学校的共同努力，按照统一的调研方案，顺利完成了现场检测、调研数据录入及统计分析等工作。本次调研覆盖 31 个省、自治区、直辖市，25 个民族、1 320 余所学校，调研人数为 383 216 人，其中汉族 6～22 岁大、中、小学生 303 363 人，回族、藏族、蒙古族、朝鲜族、壮族、维吾尔族、瑶族、土家族、黎族、羌族、布依族、侗族、水族、苗族、傣族、哈尼族、傈僳族、佤族、纳西族、白族、土族、撒拉族、柯尔克孜族、哈萨克族等 24 个少数民族 7～18 岁中、小学生 79 853 人。检测项目涵盖身体形态、生理机能、身体素质、健康状况 4 个方面的 24 项指标。2005 年调研结果显示："学生形态发育水平继续提高，营养状况继续改善，低血红蛋白等常见病检出率继续下降；1985～2005 年的 20 年来，我国城乡大中小学生形态发育水平持续提高，并表现出生长速度加快、生长水平提高、青春期发育提前等现象，尤其是城市男女生，身高生长长期趋势的增长方式已表现为成年身高的增长；我国城乡学生中低体重及营养不良检出率进一步下降，营养状况继续得到改善，重度营养不良基本消灭；学生握力水平提高；低血红蛋白检出率持续下降；蛔虫感染率降低；龋齿患病率继续下降。学生体质与健康存在的主要问题：肺活量水平继续呈下降趋势（我国大、中、小学生各年龄组肺活量水平继续下降）；速度、爆发力、力量耐力、耐力素质水平进一步下降；不同指标下降幅度呈现不同特点；肥胖检出率继续上升；视力不良检出率仍然居高不下等。" 调研结果还显示："少数民族学生体质与健康状况变化情况与汉族学生基本一致，即，少数民族学生生长发育水平、营养状况与汉族学生同步增长、同步改善。2005 年与 2000 年相比，大多数少数民族学生的身高、体重、胸围等形态指标呈持续增长趋势，7～18 岁学生中的营养不良和较低体重检出率明显下降。"

（5）2010 年全国学生体质与健康调研是自 1985 年以来由教育部、国家体育总局、原卫生部、国家民族事务委员会、科学技术部、财政部共同组织的第 6 次全国多民族大规模的学生体质与健康调研,涉及 31 个省、自治区、直辖市，27 个民族，995 所学校。调研统计人数为 348 495 人，其中汉族 7～22 岁大、中、小学生 262 878 人，回族、藏族、蒙古族、朝鲜族、壮族、维吾尔族、瑶族、土家族、黎族、彝族、羌族、布依族、侗族、水族、苗族、傣族、哈尼族、傈僳族、佤族、纳西族、白族、东乡族、土族、撒拉族、柯尔克孜族、哈萨克族等 26 个少数民族学生 85 617 人。检测项目包括身体形态、生理机能、身体素质、健康状况等 4 个方面的 24 项指标。调研结果显示：学生体质与健康状况总体有所改善。形态发育水平继续提高；肺活量水平出现上升拐点；营养状况继续改善；中小学生身体素质下滑趋势开始得到遏制（爆发力素质、柔韧素质出现好转，耐力素质显现止"跌"，力量素质继续提高）；视力不良检出率继续上升，并出现低龄化倾向；肥胖检出率继续增加等。

（6）2014 年全国学生体质与健康调研是自 1985 年以来由教育部、国家体育总局、原卫生部、国家民族事务委员会、科学技术部、财政部共同组织的第 7 次全国多民族大规模的学生体质与健康调研,涉及 31 个省、自治区、直辖市，27 个民族，1 137 所学校，其中汉族 7～22 岁大、中、小学生 261 914 人，回族、藏族、蒙古族、朝鲜族、壮族、维吾尔族、瑶族、土家族、黎族、彝族、羌族、布依族、侗族、水族、苗族、傣族、哈尼族、傈僳族、佤族、纳西族、白族、东乡族、土族、撒拉族、柯尔克孜族、哈萨克族等 26 个少数民族学生 85 380 人。检测项目包括身体形态、生理机能、身体素质、健康状况等 4 个方面的 24 项指标。调研结果显示：与 2010 年相比，2014 年我国城乡学生身体形态发育水平，即身高、体重和胸围等发育水平继续提高。肺活量继 2010 年出现上升拐点之后，继续呈现上升的趋势。城乡学生营养不良检出率进一步下降，且基本没有重中度营养不良。乡村小学生蛔虫感染率持续降低。中小学生身体素质继续呈现稳中向好趋势。但是，大学生身体素质继续呈现下降趋势，视力不良检出率仍然居高不下，继续呈现低龄化倾向，各年龄段学生肥胖检出率持续上升等。

（7）2019 年，教育部、国家体育总局、国家卫生健康委、国家民族事务委员会、科技部、财政部部署开展了第 8 次全国学生体质与健康调研工作。本次调研按照分层整群随机抽样的调查方法，在全国 31 个省（区、市）和新疆生产建设兵团的 93 个地市 1 258 所学校进行调研，调研学生 374 257 人，覆盖全日制普通中小学、普通高等学校学生。调研身体形态、生理机能、身体素质、健康状况等 4 个方面 24 项指标。调研包括检测项目和问卷调查。调研实施过程中，先进行体检项目测试，再进行体测项目测试。对体检样本中的小学四年级以上学生进行问卷调查。被调研学生按城、乡、男、女分四类，每周岁一个年龄组。调研结果显示：体质健康达标优良率逐渐上升；学生身高、体重、胸围等形态发育指标持续向好；学生肺活量水平全面上升；中小学生柔韧、力量、速度、耐力等素质出现好转，柔韧素质、力量素质小学生和初中生改善较其他年龄段明显；学生营养不良持续改善等。

以上这些大规模的学生体质与健康调研为了解我国学生体质健康状况、发展变化规律做出了巨大贡献，为国家相应政策的制定提供了有力的依据。通过以上大规模的学生体质与健康调研所获得的数据，不少专家、学者对其进行了研究，研究显示，我国的体质研究工作，多年来在党和政府的重视与支持下，经过体育、卫生和教育界的广大科技人员的共同努力，取得了丰硕的研究成果，为了解我国学生体质健康现状，探讨学生体质变化规律和影响因素，及增强体质的途径、促进学生体质健康改善做出了一定贡献。其中，关于青少年学生体质研究较活跃，归纳起来，研究成果主要分为四大类：

第一类是青少年体质状况研究。有针对较大规模调研展开的研究，如：于道中（1994）《体质健康的概念及我国学生体质健康状况》；廖文科（1997）《1995 年全国学生体质健康调查》；杨贵仁（2002）《2000 年全国学生体质健康状况调研结果》；季成叶（2007）《中国儿童青少年生长长期趋势及其公共卫生意义的研究》；调研组（2007）《2005 年中国学生体质与健康调研报告》、（2012）《2010 年中国学生体质与健康调研报告》；张洋（2016）《中国青少年体质健康状况动态分析》；杨忠平（2017）《中国汉族中学生 2014 年与 2010 年体质健康比较》等。还有众多学者展开的相关研究，如，林琬生（2006）、蔡睿（2008）等对中日两国青少年儿童做了多项体质指标的跨文化比较研究；刘强（2011）《2010 年吉林省中小学生体质状况分析及对策研究》；宋英（2013）《大连市青少年体质健康的现状调查与分析》；赵娜（2015）《四川省中学生体质现状分析》；韩童（2018）《中国、美国、日本青少年体质健康测试对比研究》；甄志平（2020）《北京市不同体态儿童体质发育特征研究》等。在现有的少数民族学生体质研究中，主要有张天成的《青海省土族、撒拉族学生 1985—1999 年体质健康状况的动态分析》《1985—2000 年湘西、青藏高原少数民族学生体质状况的动态分析》《1985—2000 年湘西土家族、苗族学生体质状况分析》《湘青少数民族学生生长速度变化的动态分析》《1985—2005 年高原地区少数民族学生生长发育状况的动态分析》《西部地区少数民族学生生长速度的动态变化及其环境影响因素》《中国 23 个少数民族 18 岁青年生长发育自然环境差异的研究》等一系列文章。另外，还有李涛（2004）《青海省海东地区土族男性少年儿童的体质分析》；武杰（2004）《1985—2000 年新疆 3 个民族学生生长发育的动态分析》；何江川（2004）《西南地区少数民族大学生体质形态调查分析》；史儒林（2007）《青海高原少数民族大学生体质状况的调查研究》；张圣海（2008）《武陵山区少数民族中、小学生 2000 年与 2007 年体质状况的动态分析》；张世威（2012）《我国藏族与塔吉克族学生身体素质比较研究》；黄柳倩（2013）《1985—2010年广西瑶、壮、汉族 7—18 岁学生体质状况的比较研究》；张杨（2016）《侗族地区小学生体质现状的调查研究》；张晓林（2017）《1995—2014年羌族中小学生体质健康发展态势研究》；李日昌（2018）《海南省黎族和汉族中小学生体质健康对比分析》；鲁天学（2018）《傈僳族中小学生2010—2014 年体质健康状况动态分析》；王石金（2021）《2019 年喜德县彝族学龄儿童体质与健康状况分析》等。这类研究主要集中在对学生体质状况的现状分析和动态分析，日益关注少数民族学生的体质状况。

第二类是青少年体质影响因素研究。主要是环境因素的影响，较早从事环境因素对学生体质健康状况影响研究的是儿少卫生界。如：四川省局部地区儿童身高与日照的相关均有显著性，而身高与平均气温及年均温差的相关性均无显著性（魏嗣琼，1987）；28 个城市汉族青年的生长水平与地球纬度、年日照时数及气温年较差呈中度以上相关，在诸多气候因素中以年日照时数及气温年较差的相关系数最高，而与气候有关的其他因素都呈负相关（林琬生，1990）；中国城乡汉族青少年生长发育的第一因子（身高、体重、坐高等）与年平均日照时数、地球纬度及气温年较差呈显著的正相关，与年平均气温、年降雨量、海拔高度呈负相关，北方地区的青少年群体身材普遍高大，南方地区的群体身材相对矮小（季成叶，1992）；28 个城市 18 岁汉族青年身高的分布为长江中下游和珠江流域的城市青年身体较小，北方和东部沿海地区青年的身材较高大（王忆军，1995）；1985 年及 1991 年北方地区男、女青年的身高、体重均值皆大于南方（胡虞志，1997）；社会经济发展对国民身体形态、身体素质、身体机能（生理、心理）均有不同程度的影响，但其影响的方式和力度是不尽相同的（胡利军，2005）；男、女汉族大学生身高及体重均随着纬度的升高或者气温及降水量的降低而逐渐增大，这种倾向与纬度、气温及降水量相比，城乡因素间更加明显（尹小俭，2006）；青少年体质健康是包括教育在内的综合性社会问题，传统教育观念、现代生活方式和现代社会结构的变迁及学校体育价值判断是我国青少年体质健康的主要影响因素（陈玉忠，2007）；西部地区 18 岁少数民族学生身高、体重与地理气候因素、农民人均纯收入、农民人均消费性支出多数具有中度以上相关，胸围多数相关不明显（张天成，2008）；经济快速发展，学生营养充足，不良生活方式，不健康饮食环境和观念，体质教育的困境等不良因素形成叠加效应，加剧对其体质的影响（马思远，2012）；行为与生活方式因素与身体活动量减少是导致青少年身体素质下降的直接原因（冯晓玲，2012）；学校、社区和社会相关服务支持、文化、政策和制度、大众传媒等社会环境因素影响我国青少年儿童体质健康水平（孟亚峥，2014）；学生主动参与到体育锻炼中的意识低，家长的重视程度不够等因素对初中生体质健康有一定的影响（杨帮明，2017）；饮食习惯对初中学生身体形态的影响较大，体育锻炼对身体机能影响大，而家庭环境、体育锻炼、学校因素则更多影响的是身体素质（金禹，2021）等。上述研究成果表明，国内学者主要从地域差异、地理气候等自然环境因素以及学校、社区、传媒等社会环境因素探讨学生体质状况变化的特点、趋势及内在联系，将自然环境与社会环境因素结合起来对学生体质健康状况进行研究的有待深入。

第三类是青少年体质评价及促进研究。如：邢文华（1985）《关于体质综合评价方法研究的综述》；孙再玲（2002）《全国学生体质健康状况研究检测项目的分析》；尚磊（2003）《学生体质指数与机能素质指标关系的研究》；温志勤（2004）《中、日两国大学生体质健康测量指标改革的比较研究》；何江川（2004）《我国十七个少数民族大学生体质水平的因子分析》；毕振旺（2005）《中国 6—18 岁汉族学生体质健康状况的综合评价》；梁建秀（2005）《学生体质健康管理咨询系统的研制与实践的研究》；乌云格日勒（2006）《中国 20 个少数民族学生体质综合指标水平的判别与比较》；张天成（2008）《中国少数民族青年学生体质水平综合评价的因子分析》；郑殿珏（2009）《〈国家学生体质健康标准〉与〈学生体质健康标准（试行方案）〉的比较研究》等。另外，如尹小俭、王树明、季浏（2009）"日本由原来考虑青少年健康促进等问题仅仅只是其个人努力的问题，到同时还要考虑与之相联系的周围环境（学校·家庭·社会）的影响等方面的转变"；肖林鹏，孙荣会，唐立成（2009）"青少年体质健康服务体系的构建是一项社会系统工程，需要社会诸多部门、单位及系统的密切配合、精力协作"；张宝强（2010）"美国政府注重学生体质健康促进与社会各界的合作，重视科研工作，奖励先进和典型"；周丛改（2011）"青少年体质健康促进机制是指政府、家庭、学校、社区等资源与力量得到最优化组合而形成的一种活动模式"；李东斌（2014）"青少年体质健康促进政策的制定与完善要与现实紧密结合，注重政策体系与配套制度建设，同时要加强对政策实施的监管与控制"；顾玉芝（2016）"运用服务体系来促进青少年体质健康发展是重要突破口。服务体系大致包括管理体系、实践体系、检测体系以及评价体系四个部分，这四个部分的内容联系紧密、相互配合，保障青少年体质健康向规范化、制度化推进"；吕和武（2018）"青少年体质健康促进是一项一直处于进行时之中的系统工程，欲实现青少年体质健康的根本转变，既要求主体自身的转变，也要求体制和机制等客体的发展"；李苏婷（2021）"普及体医融合知识，加强家长对青少年行为的监督和引导；创新体医融合教学模式，增加户外体育锻炼时间；强化健康教育，构建青少年体质健康综合服务平台"；孟现录（2021）"学生体质健康发展性评价体系包括体质健康监测、评价、反馈、干预四个闭环子系统，通过教育评价的改革来实现体系的实时监测、增值评价、科学反馈、全方位干预等功能，达成体质健康提升、健康生活方式培养、全面发展等目标"等。这类研究主要集中在对学生体质评价指标的筛选和体质健康促进系统的研究。

第四类是青少年体质理论研究。如，何仲恺（2001）《体质与健康关系的理论与实证研究》；梁建秀（2005）《学生体质健康管理咨询系统的研制与实践的研究》；肖夕君（2006）《体质、健康和体适能的概念及关系》；甄志平（2006）《中国学生体质测试指标体系演进与发展的研究》；甄志平（2008）《〈国家学生体质健康标准〉指标体系结构与嬗变研究》；

于涛（2008）《"健康"语境中的"体质"概念辨析》；孙忠伟（2013）《中美学生体质健康测试管理系统的比较》；于红妍（2014）《中国学生体质测试的演进历程及阶段特征》；张兴奇（2016）《美国体质概念的嬗变及对我国体质研究的启示》；王梅（2018）《体质内涵与健康促进关系研究》；李玉周（2019）《"体质"到"健康促进"：我国学生体质研究的热点嬗变》；罗培（2021）《改革开放以来我国学生体质测试制度：演变历程、时代特征与未来展望》等。目前，青少年体质理论方面的研究还相对薄弱，有待进一步加强。

综上所述，国内外对体质研究工作都非常重视，研制了适合本国国民特点的体质测定方案，测试指标涵盖了身体形态、身体机能、身体素质、体适能等方面，但这些方案多数是针对体质的身体方面，缺乏针对体质心理方面的测验内容，因此，体质心理方面的研究，应成为今后体质研究工作的重点突破方向。我国当前的体质研究工作的主攻方向基本没有变化，还主要集中在传统的体质现状调研方面，体质的基础理论研究和增强体质的机理研究相对薄弱，尤其是关于"体质与健康关系问题"的研究，在健康观念发生重大改变的新的时代背景下，与健康有密切关系的体质研究工作应该有所对策等。

第二节　体质健康促进概述

"健康促进"（health promotion）一词最早出现在 20 世纪 20 年代的公共卫生文献中，20 世纪 80 年代得到较大发展。1986 年，世界卫生组织在加拿大首都渥太华召开了第一届国际健康促进大会，发布了《渥太华宪章》，提出了健康促进的定义、内涵、工作领域和基本策略。《渥太华宪章》指出："健康促进是提高人们改善自身和他人健康能力的过程。"2005 年，世界卫生组织《曼谷宪章》又重新把健康促进定义为："增加人们对健康及其决定因素的控制能力，从而促进健康的过程。"可见，健康促进是一个为了保护和促进人们的健康而开展的社会倡导、跨部门合作和人人参与的社会行动，通过健康政策的出台和健康环境的改善，促使人们能够为了保护和改善自身和他人的健康而掌握健康技能，改变自身的行为和生活方式，并获得公平、可及的健康服务资源。健康促进明确了政府、社区、机构、家庭和个人所应承担的保护和促进健康的责任。多年的国际健康促进实践表明，健康促进是促使人们改善健康支持性环境，形成健康行为和生活方式，培育健康文化，提高健康水平的有效社会行动。20 世纪 80 年代以来，世界各国纷纷把健康促进作为解决健康问题、改善全民健康的国家战略。

一、健康促进理论

（一）知-信-行理论

知信行模式（knowledge，attitude，belief，practice，KABP 或 KAP）最早由英国健康教育学家柯斯特提出，用以说明知识、信念、行为在促进个人健康行为改变方面的管理作用。"知"即知识和学习，是行为改变的基础；"信"即正确的信念和积极的态度，是行为改变的动力；"行"即行动，是目标。知信行理论将人们行为的改变分为获取知识、产生信念及形成行为三个连续的过程。知识是行为改变的必要条件（但不是充分条件），通过学习来获取健康有关的知识和技能。信念和态度是人们对自己生活的信仰和应遵循的原则，它与人们的感情和意志一起支配人的行为。信念和态度是在对知识进行积极思考的基础上而逐渐形成的。当知识上升为信念和态度时，人们就可以将已掌握并且相信的知识付诸行动。知信行理论直观明了，但不足之处也一目了然，从具备知识到行为形成或转变之间存在难以逾越的鸿沟，知识、信念和行为之间并不存在简单的线性逻辑关系，常出现"知而不行"的情况，如果只把健康教育与健康促进工作简单地放在知识的传播上，实际效果往往并不明显。所以，知信行理论目前已较少使用，其基本思路往往被并入其他理论模型，作为整体考虑中的一部分内容。

（二）健康信念模式

健康信念模式（health belief model，HBM）是心理动力学理论在健康相关行为干预和改变中的应用。健康信念模式把行为的影响因素归结为人们是否意识到某种行为后果的危险性、严重性和易感性，通过提高这些认知，促使人们产生改变危害健康行为或养成促进健康行为的信念，帮助人们获得克服行为障碍的信心和自我效能感，最终改变行为，保护和促进健康。

健康信念模式的形成主要受刺激反应理论和认知理论的影响。刺激反应理论认为行为的发生往往会受到行为结果或预期结果的影响。例如，不吸烟可改善吸烟者的呼吸功能、提高健康水平，当吸烟者感受到这种益处后，则会促进其坚持不吸烟，从而达到戒烟的目的。认知理论认为情绪和行为受认知影响，强调个体主观心理过程，如期望、思维、推理、信念等对行为的主导作用，即行为决定于主体的价值判断，如果行为的结果与主体价值判断相一致，则主体会自觉自愿采纳这种行为，否则这种行为的发生频率就会降低甚至消失。

此外，健康信念模式也强调社会人口学因素对行为的影响，包括个体的社会、生理学特征，如年龄、性别、民族、人格特点、社会阶层、同伴影响，以及个体所具有的疾病与健康知识。具有卫生保健知识的人更容易采纳健康行为。不同年龄、性别、个性特征和生活环境的人对采纳健康行为的态度和采纳程度并不相同。

简而言之，健康信念模式的基本思路就是：一个人是否采取健康行为（或放弃不健康行为），取决于以下几个方面：① 认识到自己面临发生某个负性健康结果的较高风险，而且这一负面结果对自己的健康和利益（经济、家庭、社会地位等）具有严重的威胁；② 产生一个正向的期望，即希望能够避免负性健康结果产生的信念；③ 相信若实施由专业机构或人士推荐的某种行为，将能避免该负性健康结果的发生；④ 具有较高的自我效能，即相信自己能够克服困难、坚持采纳了所推荐的行为并取得成功。

HBM 模式也存在一些缺点，主要包括：① 即使人们认识到了威胁、严重性和易感性等，也未必一定会改变行为；② 作为一个心理学的行为改变模型，未考虑到其他因素对人们行为的影响，比如环境因素、经济因素等；③ 未考虑社会规范、同伴压力对人们行为的影响。

（三）阶段变化模型

1983 年 Prochaska 和 Diclemente 基于心理治疗和行为变化的主流理论研究人类戒烟行为时提出了跨理论模型，又名阶段变化模型（the transtheoretical model and stage of change，TTM）。TTM 模型由变化阶段（stages of change）及对其产生影响的均衡决策（decisional balance）、变化过程（processes of change）和自我效能（self-efficacy）等 4 个概念构件组成。变化阶段、变化过程和模型的假设是 TTM 的核心部分，决策均衡和自我效能是 TTM 的强化部分。第一，跨理论模型认为个体行为的改变需要经历前预期阶段、预期阶段、准备阶段、行动阶段及维持阶段等 5 个变化阶段，各变化阶段相互联系，位于低位阶段的个体能跃居到高位阶段，同样高位阶段的个体也可能跌落到低位阶段，在这个过程中各阶段处于特质和状态之间，各变化阶段既可能是稳定的，也可能是动态的。第二，跨理论模型认为人们决定从一个阶段转变到另一个阶段的行为变化，通常建立在对采取行为的正面效应和负面效应进行权衡的基础之上，即均衡决策。处于前预期阶段和预期阶段的人群通常认为锻炼给他（她）们带去的负面效应大于正面效应；处于准备阶段的人群通常认为锻炼产生的正面效应和负面效应大致相等；处于行动阶段、维持阶段的人群会认为锻炼的正面效应远大于锻炼的负面效应。第三，跨理论模型认为，随着行为的变化，人们会产生认知上、行为上以及情绪上的变化。在锻炼行为变化过程中，个体可能会为改变习惯性静坐行为而使用各种认知、情感、行为策略，以确保自己得到锻炼机会。第四，跨理论模型认为，个体从低阶段向高阶段转变过程中，自我效能的变化起着关键作用。处于不同变化阶段的个体自我效能有所不同，当个体成功地由低阶段转换到高一级阶段之后，该个体的自我效能会得以增强，反之，个体的自我效能会有所减弱。TTM 模型认为，人的行为变化不是一次性的事件，而是一个渐进的和连续的过程。如果干预策略和措施想要与研究人群的需求相匹配，必须了解其行为的阶段分布情况。均衡决策、变化过程以及自我效能的共同作用，导致变化阶段的前进或倒退。

TTM 模型也有其局限性，主要包括：① 对环境的影响作用考虑较少；② 是对行为变化的描述性解释，而不是原因性解释；③ 各阶段间的划分和相互关系不易明确。

（四）理性与计划行为理论

理性与计划行为理论（TRA&TPB）是理性行为理论（theory of reasoned action，TRA）和计划行为理论（theory of planned behavior，TPB）的整合。

1. 理性行为理论

该理论的两项基本假设是：① 人们大部分的行为表现都是在自己的主观意志控制下进行的，而且是合乎逻辑的；② 人们的行为意向是行为是否发生或转变的直接决定因素。而个体是否产生行为意向取决于其对此行为的"态度"和"主观行为规范"。其中态度由个人对预期行为结果的相信程度和对这个结果的价值判断来决定；主观行为规范由个人的信仰决定。理性行动理论建立了动机、态度、信仰、主观行为规范、行为意向等各种因素和行为之间的逻辑关系。

2. 计划行为理论

该理论是在理性行为理论的基础上，加上一个"自觉行为控制"因素。自觉行为控制是指个人对于完成某行为的困难或容易程度的信念，包括对洞察力和控制力的信念。该信念来自过去的经验和预期的障碍。当一个人认为他拥有的资源与机会越多，预期的障碍越小，自觉行为控制因素就越强。

所以，理性与计划行为理论由"对行为的态度""主观行为规范"和"自觉行为控制"三部分组成。这三者又决定着"行为的意向"和随后的行为改变，人们的一切行为都是在综合了自身价值判断、估计了别人可能会产生的看法和综合考虑了社会规范后，经过理性思考最终做出的决定。

3. 理性与计划行为理论的要素

根据理性与计划行为理论的原理，其构成要素主要包括：① 行为；② 行为意向，即采取某种行为的意愿和指向；③ 态度，即个人对于采取某种行动的积极的或者负性的情绪体验；④ 行为信念，即个人对某种特定行为后果的信念和对行为后果的主观估计；⑤ 规范，即个人关于别人对某种行为评价的想法；⑥ 遵从信念模式，即个人在权衡了自己的观念模式与别人可能会产生的看法后，所持有的信念模式。

TRA 理论的主要缺点是，没有充分考虑环境因素对人们行为的影响；另外，有的时候人们可能先是有了某种行为，然后才改变了态度和观念。

（五）社会规范理论

社会规范是指在一个群体中大家都必须遵守的、成文或不成文的规矩或规则。每一个社会群体都有自己成文或不成文的规范，大家需共同遵守，违反这个规范就得不到大家的认同，会受到群体成员的排斥或清除。很多情况下，社会规范主要是通过社会暗示、"潜规则"、心照不宣的形式影响人们的行为，实际上是一个群体的共同价值取向。社会规范主要包括以下类型：

（1）强制性规范。对实施某些行为必须经过群体的允许。比如，加入基督教，必须要接受洗礼；参加重要的大会或会谈需穿着正装等。

（2）期望规范。对群体中的其他人如何行事的规则，比如，认为春节期间聚会时人们可以喝酒。

（3）公开性规范。文字性或口头性的行为准则。比如，一个国家的法律法规，一个机构的规定和规章制度等。

（4）暗示性规范。没有明确的文字或口头的表述，但当一个人违反时会得到群体反对的信息。比如，在公共场合男女之间过分亲昵的行为，虽然没有明文规定不允许，但会遭到别人的侧目。在公共场所无遮掩地打喷嚏和咳嗽，虽然没有明文规定不允许，但会遭到他人的厌恶和反感。

（5）主观规范。对群体中的重要成员如何看待某个行为的主观心理预期。如自认为在公共场所大声喧哗是不被人们所接受的。

（6）个人规范。个人的行为准则，即自认为应怎么做的观念。

社会规范不是一成不变的，时间的推移、群体之间的交流、社会的融合都会使社会规范发生改变。社会规范理论可被有效地应用于健康教育与健康促进领域。健康教育工作者的重要任务之一，就是要在不同的群体中，维护已有的、有益于健康的社会规范，消除或改变那些不利于健康的社会规范，创建有益于健康的、新的社会规范。

（六）社会认知理论

社会认知理论是有关理解行为改变的认知、情感和行为本身等影响因素的理论模型，认为行为的改变是环境、人和行为三者之间相互作用的结果。社会认知理论解释人们如何养成并维持一定的行为习惯，为干预策略提供理论基础，为健康教育的行为研究提供了新的思路，也为健康教育与健康促进行为干预项目的设计、实施和评价提供了一个理论框架。

社会认知理论中的环境是指影响行为的外部因素，包括社会环境和物质环境。社会环境包括家庭成员、亲朋好友、同事等。物质环境包括居住状况、环境温度或饮食条件等。情境与环境不同，它是指物质环境在人们的心理上引起的反应。环境为行为提供模板。当一个人看到别人的行为时会进行观察学习，经过强化就成为自己的行为。行为能力是指如果一个人准备实施某个行为时，他必须充分理解这个行为意味着什么，并且具有实施这种行为的技能。社会认知理论认为一个人之所以产生或维持某种行为，主要受到以下因素的影响：

（1）环境。影响人们行为的外在因素，为人们实施行为提供机会和社会支持。

（2）情境。人们对环境的主观心理感受。正向的心理感受促使人们纠正错误观念，促进有益于健康的行为习惯。

（3）行为能力。实施某种行为的知识和技能，可通过知识传播和技能训练促使其掌握有关实施某种行为的能力。

（4）期望。对行为结果产生的心理预期，对行为结果的良好心理预期促使健康行为的积极性。

（5）效能预期。一个人对自己是否有能力实施某种行为的心理预期，教育和引导会使一个人产生能够成功改变行为的自信和积极的效能预期。

（6）自我控制。一个人为了实现目标行为所进行的自我调节，如果帮助他提供自我监测的技能、分析和确定行为目标、解决问题和自我奖励的机会，将有利于行为的最终实施。

（7）观察学习。一种新的行为会通过对他人的行为和行为的结果的观察和学习而形成。

（8）强化。增加或减少行为再发生可能性的措施，如促进个人进行自我奖励，并提供外部激励等。

（9）自我效能。一个人实施某种特定行为的自信心，为此，分步骤地、逐步实施某种行为可以较好地保证最终行为改变的成功。

（10）情感应对反应。当一个人做出了行为改变的决定或实施了某种行为后，很可能产生负性的情感反应，从而产生心理压力，阻碍行为的改变或维持，为此应为个人提供用于解决不良情感反应的策略，必要时为个人改变行为提供训练和压力管理。

（11）交互决定机制。人们在实施某种行为时，个人、行为和环境都会产生持续的相互作用和影响，为使人们的行为发生变化，应考虑采用环境、技能和个人改变的各种措施。

社会认知理论多年来应用于理解、预测健康相关行为，为制定健康教育干预策略提供了有用的理论工具。例如，社会认知理论对个体通过观察学习，了解社会环境，进而通过模仿过程形成自己的行为做了系统的说明。人的许多不良行为常常是通过这一途径而形成的，如青少年模仿明星的吸烟行为。健康教育也可以通过榜样的示范作用，引导人们建立有益健康的行为，如聘请影视明星作为拒绝吸烟公益活动的宣传大使。由于社会认知理论涵盖内容丰富，在实践中应用这一理论需要广泛的知识、经验和技能训练。

（七）社会生态模型

社会生态模型（social ecological model，SEM）（以下简称生态模型）作为一种综合干预的理论概念，最早源于德裔美国心理学家库尔特·勒温（Kurt Lewing）于 1936 提出的行为解释模型，其依据"生态心理学"的原理来阐述外部环境对人的影响。之后，众多学者对生态模型的内涵不断挖掘，并最终发展了相对完善的五个层次的行为干预模型（McLeroy，1988）。生态模型将以个人为重点的努力与以环境为重点的干预措施相结合，以改变人们的健康行为及改善社会物理环境，提供了一个理论框架来理解个人、群体以及社会物理环境之间的动态相互关系。生态模型的迅速发展引起了多个国家各个领域的广泛关注，并吸引了大量学者展开相关研究。已有学者从公共卫生、生物医学、流行病学、行为科学和社会科学等视角结合起来进行了总结与探索（Sallis JF，2006）。然而在促进人类健康的研究中，传统理论过于强调个体心理因素作用，而相对忽视了其他环境因素所起的影响。生态模型作为一个全面的、跨学科的分析框架，为健康促进的相关研究提供了新视角，即综合考虑个体及环境的各层次影响因素：个人层次、人际层次、组织层次、社区层次和政策层次。

社会生态模型是制定体育健康促进综合干预策略的主要理论基础之一。该模型强调个体、环境和政策的结合，从近端、中端和远端多层面社会生态子系统入手，探究影响健康促进子系统内、系统间的作用，并以此为基础设计干预策略，应用于不同性质的人群，如青少年，以解决具有普适性的问题，如体质健康下降。

社会生态模型不同于之前在行为改变干预方面应用广泛的阶段变化模型，它强调行为改变不但受到个体自身相关因素的影响（如动机、意图、自我效能等），同时还受到人际因素（如社会支持）、组织因素（如学校体育健康促进相关环境和政策）、社区因素（如社区锻炼设施的可及性）乃至国家层面相关政策的影响。强调个体、环境和政策的结合，从多维度、多层面探究影响行为改变因素间的相互作用，并以此为基础设计综合干预策略，应用于群众样本以解决具有普适性问题的社会生态模型，突破了以往理论的局限性。模型是世界卫生组织全球范围内控制肥胖的最重要策略之一，同时它也是美国《健康人群2020》的理论基础，是目前行为改变研究领域内备受关注的理论模型之一。

二、体质健康促进研究

（一）国际青少年体质健康社会决定因素研究现状及热点

当前，不论是发达国家还是发展中国家，青少年面临的健康危机已普遍存在。在我国，随着社会经济结构转型，城市化进程加快的同时，青少年"动、静"平衡被打破，正向营养过剩快速转变，其形态指标止跌回升，生理机能、身体素质日趋下降[11-15]，并伴有外显与内隐健康危险行为的共存，这无疑增加了成年期罹患疾病的概率[16-18]。《"健康中国2030"规划纲要》要求"将青少年作为重点人群，实施体质健康干预计划，加快形成有利于健康的生活方式和生态环境"。青少年体质健康是"健康中国"战略的重要内容，解决好我国青少年体质健康问题已成当务之急[19]。

"健康社会决定因素"是指在那些直接导致疾病的因素之外，由人们的社会地位和拥有的资源所决定的生活、工作环境，及其对健康产生影响的因素。它们是导致疾病"原因的原因"（Cause of cause），包括了人们从出生、生活、工作到衰老的全部社会环境特征[20]。社会因素被视作社会致病因子，具有非特异性、广泛性、累积性以及交互作用等特点，其经个体感知觉系统作用于人的心理，并产生心理应激反应，进而引起身体机能的变化[21-23]。自 1978 年《阿拉木图宣言》以来，各国开始探索实现全民健康覆盖的道路，但与健康有关的社会因素造成的青少年体质健康不平等却受到忽略[24]。随着"生物-心理-社会医学"模式的产生，人们越来越深刻地意识到社会决定因素在疾病的发生、发展、转归及疾病防控与健康促进中发挥关键性作用[22,25,26]。

目前，国际上对青少年体质健康研究已从关注个体行为影响因素转向于社会决定因素的研究[27]，研究者们主要运用描述性分析、观察性分析和实验性分析等方法，以数理统计为工具，通过主观、客观综合评价模式，已形成了一批初具规模的分析成果。由于受到时间和空间的限制，厘清辨别哪些主要社会因素造成了青少年可避免的健康差异具有极大的现实意义[28]。基于此，以 Web of Science 核心合集收录 2012—2021 年青少年体质健康社会决定因素相关文献为样本文献，采用 CiteSpaceV 工具绘制知识图谱，从计量学角度量化分析国际青少年体质健康社会决定因素研究现状及其热点，梳理归纳导致青少年健康差异的作用路径，旨在为制定有效干预策略、促进青少年健康成长提供一定参考。

1. 文献增势分析

文献的年度分布变化趋势能揭示该领域研究发展趋势[29]。通过绘制年度发文量与引文量（见图 1-1），可以观察该领域在不同时期获得的关注度。在 2012—2021 年期间青少年体质健康社会决定因素研究发文量总体上呈逐步增长态势，印证了近几年学界对该领域相关研究再次升温。当下全球青少年的生命与健康面临严重威胁，如何维持青少年终身健康和生活质量成为学界研究的关键一环。从文献分析法的视角，其发展趋势公式表达为：$y=0.193\ 2x^2-773.86x+775\ 013$，$R^2=0.928\ 1$。

$R^2=0.928\ 1$ 说明国外研究发文量与时间分布的拟合度良好，且趋势线呈波浪式演进特点，这一趋势与国际上政策密切相关，进入 21 世纪，健康受到了前所未有的重视，在 2000 年 9 月召开的联合国（United Nations，

UN）千年首脑会议上，189 个成员国共同签署了《联合国千年宣言》，充分说明健康是一个综合性目标，需其他社会环境的改善方可达成，同时表明没有健康的良性进步，其他社会目标亦难以实现。

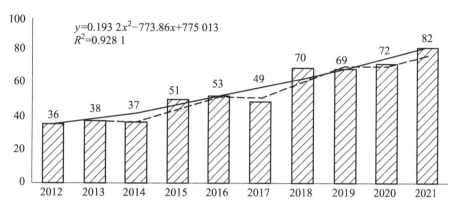

图 1-1　2012—2021 年青少年体质健康社会决定因素研究年发文情况

2. 涉及相关学科

文献样本共涉及 77 个学科领域，由表 1-1 可见，发文量排名前 10 的领域分别是：公共健康、环境与职业卫生（224 篇），儿科医学（57 篇），营养学（44 篇），环境科学（39 篇），普通内科医学（36 篇），护理学（26 篇），运动科学（24 篇），卫生保健科学与服务（23 篇），多学科科学（21 篇），生理学（20 篇）。

表 1-1　青少年体质健康社会决定因素研究相关学科领域（前 10）

排列序号	研究领域	文献数量
1	公共健康、环境与职业卫生（Public Environmental Occupational Health）	224
2	儿科医学（Pediatrics）	57
3	营养学（Nutrition Dietetics）	44
4	环境科学（Environmental Sciences）	39
5	普通内科医学（Medicine General Internal）	36

排列序号	研究领域	文献数量
6	护理学（Nursing）	26
7	运动科学（Sport Sciences）	24
8	卫生保健科学与服务（Health Care Sciences Services）	23
9	多学科科学（Multidisciplinary Sciences）	21
10	生理学（Physiology）	20

通过 CiteSpaceV 对文献样本主题聚类分析，发现该领域聚焦儿童青少年身体活动不足、超重肥胖等世界公共卫生问题提出循证干预策略。青少年的体质水平是儿童早期发展以及伴随青春期而来的特定生物学与社会角色变化相互作用的结果，这些变化由影响健康相关行为的社会决定因素而形成[30]。鉴于此，公共健康、环境与职业卫生和儿科学领域的文献量增加较快，形成以这 2 个学科为核心，以预防医学、临床医学、行为科学、心理学、康复学、免疫学等为外围的跨学科渗透与交叉体系。

3. 主要期刊来源

对研究领域学术期刊进行分析，发现青少年体质健康社会决定因素样本文献分载于 200 多个期刊，发文量排在前 10 名的期刊，主要为医学类相关杂志（见表 1-2），平均影响因子约 3.589。由期刊类型与影响因子可见，该领域发文量有待进一步提高，尤其是青少年健康杂志（JOURNAL OF ADOLESCENT HEALTH）、预防医学（PREVENTIVE MEDICINE）和发育障碍研究（RESEARCH IN DEVELOPMENTAL DISABILITIES）等期刊。

表 1-2　青少年体质健康社会决定因素领域主要文献来源杂志

序号	期刊名称	影响因子（2020）	文献数/篇
1	BMC PUBLIC HEALTH	3.295	39
2	INTERNATIONAL JOURNAL OF ENVIRONMENTAL RESEARCH AND PUBLIC HEALTH	3.390	35
3	PLOS ONE	3.240	20

续表

序号	期刊名称	影响因子（2020）	文献数/篇
4	INTERNATIONAL JOURNAL OF BEHAVIORAL NUTRITION AND PHYSICAL ACTIVITY	6.457	18
5	JOURNAL OF PHYSICAL ACTIVITY HEALTH	2.592	10
6	JOURNAL OF ADOLESCENT HEALTH	4.828	9
7	BMJ OPEN	2.692	8
8	JOURNAL OF PEDIATRIC NURSING NURSING CARE OF CHILDREN FAMILIES	2.145	7
9	RESEARCH IN DEVELOPMENTAL DISABILITIES	3.230	7
10	PREVENTIVE MEDICINE	4.018	6

4. 主要研究国家

该领域近十年来发文量排在前 5 位的国家分别是美国（178 篇）、加拿大（62 篇）、澳大利亚（58 篇）、英格兰（56 篇）、荷兰（44 篇），而中国在该领域研究未在前 10 行列，有待进一步加强。科研合作的广度与深度有利于科研成果的产出，英国与美国、德国、苏格兰、瑞典、挪威、意大利、巴西、智力等 14 个国家间有合作关系，合作范围最广，表明英国在该领域的科研成果处于领先地位。此外，加拿大、英格兰、澳大利亚具有较高的中介作用，说明这些国家研究思路与实验方法在国际范围广受认可，研究范式有较高的应用价值（见表 1-3）。

表 1-3　青少年体质健康社会决定因素研究主要涉及国家（前 10）

序号	研究国家	发文量/篇
1	美国	178
2	加拿大	62
3	澳大利亚	58
4	英国	56
5	荷兰	44
6	德国	38
7	巴西	27

续表

序号	研究国家	发文量/篇
8	西班牙	23
9	瑞典	21
10	意大利	19

如果某一阶段某国的科研产出超过世界总数的 25%，则该国被称为世界科学中心[30]，20 世纪 70 年代，美国 75%死亡人数由退行性疾病诱发，同时环境与个人因素使美国为健康付出了高昂的代价[31]。为深入探究影响健康的社会决定因素，消除健康公平的差距，美国健康与人类服务部、美国医疗保险与救助服务中心、国立卫生研究院、美国医疗保健研究与质量局、疾病防控中心等对健康的社会决定因素进行了系统阐释，为美国政策制订与修改发挥了重要作用[32]。1979 年美国首发《健康公民：卫生总监关于健康促进和疾病预防的报告》被认为是健康公民计划战略实施的开端，这份报告将健康的视线从治病逐渐转移到预防上来。此后，美国健康公民计划每 10 年更新一次[33]。2010 年美国发布的第 4 次《健康公民 2020》将涵盖 1200 多个研究主题分布在涵盖健康问题社会决定因素等 42 个领域中，并专门增设"青少年健康计划"项目[34]，指导青少年除每天 60 分钟的有氧运动外，还应增加每周 3 天的肌肉力量及剧烈有氧运动[35]。美国敏锐地捕捉到社会健康问题的变化，引领青少年体质健康研究迭代发展[36]。近年来，我国青少年体质健康社会决定因素研究取得了一定成果，但仍面临学科综合性、评价系统性、跨机构协作等瓶颈问题亟待关注与破解。

5. 研究热点分析

关键词是文献内容的高度凝练，出现频次相对较高的关键词，可在一定程度上视作该领域的研究热点[29]。基于关键词网络知识图谱和关键词频次以及中心性排名表（见表 1-4），发现青少年（adolescent）是最大节点，但由于其本身就是本次研究领域的指代词，因此 adolescent（青少年）与 youth（青年）、young people（年轻人）、children/child（儿童）等高频词并无实际学术内涵。而与青少年体质健康相关的关键词与特征词主要包括 physical activity（PA，身体活动）、sedentary behavior（久坐行为）、overweight（超重）、obesity（肥胖）、health（身心健康）、prevalence（患病率）、activity（活动状况）、mental health（心理健康）、Risk factor（危险系数）、health promotion（健康促进）、quality of life（生活质量）、inequality（不平等）、epidemiology（流行病学）、body mass index（体质指数）、intervention（干预）、reliability（可靠性）等，即它们代表了当前国际上研究该领域的核心内容。此外，较大的关键词与特征词周围还分布着一些关系密切的小节点，表明青少年体质健康与社会决定因素之间相互作用。据高频词的内在联系、聚类分析和文献样本属性，对青少年体质健康社会决定因素研究热点归纳为 Individual lifestyle（个体生活方式）、Social support network（社会支持网络）、socio-economic status（社会经济地位）3 个方面。

（1）社会经济地位。所包含关键词有 education、income、income inequality、low income、socioeconomic factor、consumption、disparity performance 等。在所有社会中都存在社会分层，不同个体和群体处在不同的社会层级。社会经济地位（socio-economic status，SES）是指个体在社会中因教育、收入、性别和种族的不同而导致其所处的社会阶层和等级不同，其常用的衡量指标包括受教育程度、收入水平以及职业等级和地位[37]。大量研究成果表明，SES 与儿童早期肥胖及相关问题呈反比关系，SES 越低，健康问题发生率越高[38-39]。SES 与超重肥胖流行病的两个决定性因素（饮食和 PA）之间存在联系，SES 低，一般有更差的饮食习惯[40-41]。同时，SES 与 PA 呈正相关关系，前者越低，后者越少[42]。来自高 SES 家庭或社区的青少年更有可能参与 PA[43]。父母教育水平较高的青少年比父母教育水平较低的青少年更有可能在闲暇时间参加有组织的体育运动[44]。然而在 5～6 岁和 10～12 岁儿童青少年中，有关研究表明，母亲教育水平和客观测量的 PA 之间没有前瞻性联系[45]。关于职业层面研究显示，一个或两个失业父母的青少年参加 PA 的可能性比那些两个就业父母的青少年更低[46]。低收入家庭的青少年在体质健康、学业成绩和幸福感知等多项指标上表现较差，其身心健康易出现一种"双重劣势"[47-48]。

（2）社会支持网络。所包含关键词有 social support、social network、neighborhood、association、family support、school、parent、peer 等。每个人从出生之后就处在各种社会关系网络中，每种社会关系对个体健康产生重要影响，个体从社会网络中获得的物质性和情感性支持越多，其获得的身心健康效益越大[37,49]。既往研究表明，家庭、社区、学校、同伴支持是显著影响青少年 PA 行为的关键因素[50-52]，其中包括参与休闲时间的 PA[53]。Davison C 等人[54]分析了家庭、社区、学校和同龄人群体的累积社会支持水平与自我报告的健康状况之间的关联，发现社会支持及其累积可用性与青少年感知健康密切相关，支持越多，自我感知健康越好。Pyper E 等人[55]认为，父母的支持行为被分为动机性、工具性、规范性和条件性，在控制模型中所有其他因素之后，发现父母的这些支持行为是青少年达到既定健康指南的重要预测因子。在不同性别青少年层面有着不同影响，Peterson M S 等人[56]发现，父母工具性支持与女孩心理水平直接相关，父母情感性支持与女孩心理水平呈负相关，父母工具性支持与男孩的 PA 相关，男孩中 SES 与 PA 的共变相关性显著，而女孩中则处于边缘。此外，越来越多的文献还表明，来自同伴/朋友的支持比来自父母的支持对 PA 行为更具预测性[57-60]。

（3）个人生活方式。所包含关键词有 life course、life style、risk factor、sedentary behavior、physical activity、screen time、alcohol、substance use、nutritional status、epidemiology、mobile phone、stress、anxiety、quality of life 等。个体不良生活方式会增加患病的风险，有些生活方式是可以避免的，如吸烟、饮酒、使用精神活性物质、高危性行为、出行方式、身体活动、电子产品过度使用等[61-62]，而有些是由更深层次的社会结构所决定，个体不可以选择，如人群的饮食结构、风俗习惯等[37]。在经济全球化快速发展的今天，青少年面临营养不良和营养过剩"双重"负担[16]，焦虑、抑郁症状在青少年群体中普遍存在，并与不健康的生活方式紧密相关[63]。如Winter A D 等人[64]研究认为，不经常吃水果、蔬菜和早餐、吸烟、酗酒和缺乏身体活动等可共同预测出青少年未来发生健康的风险。Burdette，Amy M 等人[65]研究发现，在全球范围内，青少年时期 BMI（Body Mass Index，身体质量指数）上升会导致成年后血压升高、心血管疾病增多，其中部分原因由电子产品、劳动生产和交通工具等渗透到生活中的变化，导致青少年身体活动的减少与久坐行为的增加。另外，Dabelea 等人[66]研究强调，青春期是生命历程中一个快速发展的"关键期"，这一时期，青少年健康生活方式开始自主性、具体化，其不良健康的轨迹开始显现，如果青少年早期形成了不健康的生活方式，可能会对成年期的健康风险埋下隐患。

表 1-4　2012—2021 年青少年体质健康社会决定因素研究文献中的关键词（前 20）

序号	关键词	频次	序号	关键词	中介中心性
1	adolescent	312	1	epidemiology	0.2
2	children	241	2	adult	0.17
3	physical activity	226	3	young people	0.17
4	determinant	153	4	health promotion	0.14
5	health	130	5	parent	0.14
6	obesity	104	6	Meta-analysis	0.13
7	youth	85	7	girl	0.12
8	behavior	75	8	child	0.12
9	social determinant	66	9	child health	0.12
10	association	60	10	gender difference	0.11
11	mental health	59	11	self-efficacy	0.11
12	quality of life	55	12	activity	0.11
13	overweight	51	13	body mass index	0.10
14	Prevalence	51	14	inequality	0.10
15	intervention	50	15	adolescent health	0.09
16	sedentary behavior	48	16	age	0.09
17	childhood	39	17	survivor	0.09

序号	关键词	频次	序号	关键词	中介中心性
18	social support	38	18	united states	0.08
19	school	37	19	reliability	0.08
20	Risk factor	37	20	social determinants of health	0.08

综上所述：2012—2021 年国际青少年体质健康社会决定因素研究：① 年发文量呈稳步增长趋势；研究领域以公共健康、环境与职业卫生和儿科医学为主，辅以交叉学科研究态势；载文期刊主要分布于医学类相关杂志；研究国家以美国和加拿大为主，英国合作关系最广。② 研究热点主要围绕青少年的身体活动不足和超重肥胖展开，具体聚焦于个人生活方式、社会经济地位、社会支持网络等社会决定性因素对青少年健康不平等的影响。

（二）我国青少年体质健康促进研究

我国青少年健康促进的研究晚于西方发达国家，不同领域的学者进行过大量的研究探索，研究成果归纳起来主要集中在四个方面：

一是青少年体质健康促进模式研究。如：张瑛秋（2005）就青少年在青春发育期时的生物、心理、社会三个维度相关性进行测量，提出构建多维健康促进的环境与主体参与服务的健康促进行动方案。李凌（2007）在探寻促进青少年健康的有效途径时，提出家庭是青少年健康的可靠保障、学校是牢固的基础以及社区是三者之间的纽带。汪晓赞（2012）在对上海市青少年学生进行身体活动干预的相关研究中，通过营养膳食、健康知识教育、运动促进以及设置体育课后作业等方式并有效结合家庭、学校与社区的多元联动的模式，能非常显著地提高青少年学生的身体活动水平，同时对抑制学生肥胖具有一定的作用。陈培友（2014）认为创新青少年体质健康促进管理模式、完善管理机制、改进管理工作方式和方法，是提高青少年健康促进工作效率和有效解决青少年体质下降问题的重要途径。卢秉旭（2017）提出"体医结合"健康促进模式是青少年慢性病的"克星"，是新形势下有效解决青少年体质健康情况最具象的方式，也是最具有效果的方法，可以最快效率地满足青少年运动健康的需求。徐振华（2020）从媒介化社会视域下探索青少年体质健康促进的新模式：推行"互联网+"政务服务，构建国家青少年体质健康促进管理系统；基于大数据创新"家庭—学校—社区—医院"四位一体的体质健康促进服务体系；运用移动社交媒体建立青少年体质健康促进管理服务平台。朱厚伟（2021）基于时空社会学理论，构建青少年体质健康促进的新模式，认为青少年体质健康促进的关键在于减少不利于青少年体质健康的时间和空间配比，增加有益于青少年体质健康的时间和空间配比，在适度范围内提高有益于青少年体质健康实践的时空效益等。

二是青少年体质健康促进服务体系与政策研究。如：林朝晖（2005）根据国内外学校体育、社会体育和家庭体育的发展方向，提出整合学校、家庭、社区三者的体育资源和体育工作，构建三者体育一体化的网络服务体系。岳保柱（2011）在分析如何有效开展青少年健康促进行动计划时，提出国内青少年健康促进的发展应该从管理体系、实施体系、评价体系等多方面进行完善。青少年体质健康促进服务体系是指一切能够满足并有益于促进青少年身体和精神向着健康方向发展的策略和环境的总和，其内容包括管理体系、实施体系、监督体系和评价体系 4 大体系。李林林（2014）从静态视角看，学生体质健康促进政策是一个完整的系统。从动态视角看，学生体质健康促进政策的演变与社会发展水平、学校体育教育价值的转向密切相关。秦婕（2015）从政策的视角深入分析青少年体质健康促进的出发点和落脚点，明确政策的逻辑关联、价值导向、目标指向、存在问题及原因、政策对现实的回应和局限性，并从宏观微观政策、政策配套体系建设及政策的调整等维度加强青少年体质健康研究，对切实增强青少年体质健康意义重大。李宝国（2017）依据管理学和教育学相关理论，从青少年体质健康促进管理模式的层面出发，建议构建青少年体质健康促进决策与组织机构，完善青少年体质健康促进管理激励机制，探索青少年体质健康促进管理综合干预途径，保障青少年体质健康促进管理有效实施。王先亮（2021）认为学生体质健康促进分为全域协同、政府主导、学校主导、家庭主导和社会主导 5 类发展模式，家庭主导模式对学生体育锻炼行为促进的效果最为显著，全域化协同发展模式对学生体质健康水平促进的效果最为显著。促进学生体质健康水平提升，应树立全域化理念，重新界定学生体质健康促进问题；构建全域化系统，形成政府、学校、家庭、社会共同促进学生体质健康的新型格局；整合全域化要素，建立协同促进学生体质健康的新模式；抓住体育锻炼"牛鼻子"，建设学生体质健康促进的良性闭环循环系统等。

三是青少年体质健康促进的影响因素研究。如：郝英（2008）在《论青少年体质健康促进中教师的责任》中强调：学校阶段是提高青少年体质健康水平的关键时期，而教师则是促进青少年体质健康水平提高的关键。张家鲲（2014）在《青少年体质健康促进中的政府责任及实现路径》中强调了政府在青少年体质健康促进中有着指导责任、监督责任、协调责任、保障责任化及引导责任。董静梅（2014）在《我国青少年体质健康促进的社会学归因与策略》中提道：单一的高考升学考试模式及职业教育不平等等原因形成的文化考试至上、分数至上的传统教育理念，家长望子成龙、追求高学历造成全社会性的应试教育、择校热，最终以一代又一代的学子的体质降低、性格扭曲为代价等。

四是青少年体质健康促进其他方面研究。如：刘书元（2007）以"健康促进"的理念，讨论我国青少年体质健康问题，提出青少年体质优化的"健康—健壮—健美"三层次说。许婉敏（2010）在青少年体育健康促进机制的研究中提出：建立以政府促进为主，社会各方面形成合力，充分发挥政府在组织机制层面的主导作用，形成青少年体育发展的长效机制。杜海燕（2011）着重分析了美国青少年体质健康促进的有关策略，得到对我国青少年体质健康服务体系构建的启示：积极争取社会力量支持，构建"家庭—社区—学校"一体化发展战略。周丛改（2011）阐述青少年体质健康与体育强国的关系，分析青少年体质健康促进的理论框架，提出了决策、激励、管理、保障、评价与监督等五个方面的促进机制。汪晓赞（2014）通过梳理国内外青少年健康促进理论与实践的历史发展，分析国内、外青少年体育健康促进的发展规律和内在价值基础，结合我国实际情况，尝试提出包含身体干预、心理调适和营养膳食的多维发展格局，学校、家庭、社区联动的多维发展策略和基于现代信息技术的监测、评价、管理等多维监管机制的中国青少年健康促进框架体系，从而推动以积极生活方式为核心的具有中国特色的体育健康促进理论与实践的全面发展。王玉秀（2014）认为青少年体质健康促进从宏观层面要注重意识的提升与管理的优化，微观方面必须从学生体育行为的机制入手，关注学生产生与维持健康的体育锻炼行为的各个环节。方放（2014）认为国内青少年健康促进的研究与实践，要突出自我干预，目的就是加强青少年自身健康管理由被动到主动的重要转变过程；它不仅是健康教育，也是对青少年身心健康全面发展的完善。曲鲁平（2015）运用 Spss19.0 和 Amos16.0，从生物、社会和心理等要素入手系统构建我国青少年体质健康促进模型。李卫东（2016）通过对湖北省青少年体质健康促进政策的发展现状进行分析，认为缺乏行之有效的督导机制和激励措施、缺乏深度融合的组织形式与长效机制、缺少因地制宜的政策内容和配套措施是当前存在的主要问题。吕和武（2016）提出未来生态模型在我国青少年体质健康促进问题的研究应趋向于实证性、科学性和融合性。吕和武（2018）从青少年体质健康促进的理论基础（社会学习理论、生命历程论、行为改变理论、社会生态学理论）、实践模式（生态模式、格林模式、多层次社区健康、干预规划图、健康社区）两个层面进行分析，进而提出主体意志、政策体制机制保障和社会治理三条促进路径。牟晓龙（2022）在体育强国视域下提出青少年体质健康促进的发展路径：改进学校体育课程，建立科学高效评价与监督体系；优化体育教师师资队伍，加快学校体育场地设施完善；纠正家庭健康思维意识，唤醒家长榜样行为，培养青少年体育锻炼习惯；激活家庭体育氛围，创建良好体育运动环境；完善青少年公共体育服务体系，提供高效公共体育服务体系；营造政策实施法制氛围，强化监督体系等。

PART TWO

第二章

武陵山区农村儿童青少年体质状况

第一节　儿童青少年营养状况

儿童青少年的营养健康水平代表着一个国家的综合实力和社会文明程度。营养状况与学生的健康成长密切相关，决定着学生的健康水平，营养不良与肥胖都会影响其生长发育和学习，是学生的严重健康问题。随着我国经济的快速发展，人们生活水平的不断提高，儿童青少年营养状况有了大幅改善，但由于城乡经济发展不平衡，一方面农村中小学生营养缺乏问题仍然存在；另一方面学生超重和肥胖检出率还在不断增加。武陵山区地理自然环境独特，经济、文化和教育发展相对落后，交通不便，信息较闭塞，人们生活水平较低，为了解该地区儿童青少年营养状况，并探讨其影响因素，开展了相关研究，旨在为改善武陵山区儿童青少年营养健康状况提供参考。

一、研究对象与方法

（一）研究对象

2018 年 2—3 月，采用分层整群随机抽样的方法，从地处武陵山区腹地的湘西州农村抽取 4 所学校，再从每个被抽中的学校一至九年级中各抽取 1 个教学班，共 36 个班，实测人数为 1 443 名，其中：男生 747 名，女生 696 名；土家族学生 456 名，苗族学生 987 名；1～3 年级学生 477 名，4～6 年级学生 480 名，7～9 年级学生 486 名。年龄为 6～17 岁，平均年龄（12.13±2.28）岁。调查对象纳入条件：（1）属当地常住农村户口（或在当地居住满 3 年及以上）；（2）排除患有心理疾病、智力缺陷、神经及精神方面疾病的学生。调查得到了吉首大学生物医学伦理委员会审批（No.20160012），所有测试对象均知情同意。

（二）研究方法

1. 体格测试法

严格按照《中国学生体质与健康调研检测细则》中的测试要求对武陵山区土家族、苗族 1 ~ 9 年级学生的身高、体重进行测量。营养状况的筛查：首先计算 BMI=体重（kg）/身高^2（m^2），然后根据各个年龄段的 BMI 值，营养不良采用《中华人民共和国卫生行业标准（学龄儿童青少年营养不良筛查）》进行筛查，营养不良率（%）=生长迟缓检出率（%）+消瘦检出率（%）；营养过剩采用《中华人民共和国卫生行业标准（学龄儿童青少年超重与肥胖筛查）》进行筛查，分为超重和肥胖。

2. 问卷调查法

为探讨学生营养状况的影响因素，采用自行编制的调查问卷，经预调查后修订而成。调查内容包括学生基本情况、学生对体育课的态度、家庭平均月收入、父母文化程度、父母职业、家庭类型等。问卷的信度检验采用再查法，两次调查结果（前后间隔 15 天）的 Pearson 系数为 0.833，$P < 0.05$；问卷的效度检验采用专家判断法，经 3 次修改后，最终有 91.67% 的专家认为问卷效度达到较高和高水平。对参加体格测试的 4 ~ 9 年级学生采取现场发放、现场回收的形式发放调查问卷。由经过专门培训的人员进行问卷讲解和发放，班主任给予配合。共发放问卷 982 份，收回有效问卷 966 份，有效问卷回收率为 98.37%。

3. 数理统计法

所有数据经反复检查、核对后，用 EpiData3.1 进行双录入，用 SPSS22.0 软件进行数据统计分析。不同特征学生营养状况差异检验方法

采用 χ^2 检验，影响因素分析采用非条件 logistic 回归分析。以 $P<0.05$ 为差异有统计学意义。

二、营养状况构成情况

（一）营养状况总体分布情况

由表 2-1 可见，学生营养正常占 72.3%、营养不良占 14.5%，其中生长迟缓发生率为 7.3%，消瘦发生率为 7.2%；营养过剩占 13.3%，其中肥胖发生率为 5.1%、超重发生率为 8.2%。

表 2-1　武陵山区农村学生营养状况总体分布情况（N=1 443）

生长迟缓		消瘦		正常		超重		肥胖		合计	
n	%	n	%	n	%	n	%	n	%	n	%
106	7.3	104	7.2	1 044	72.3	118	8.2	74	5.1	1 443	100

（二）营养不良分布情况

由表 2-2 可见，在不同性别中，男生营养不良发生率比女生高；在不同民族中，苗族学生营养不良发生率比土家族高，经 χ^2 检验得出，不同民族学生生长迟缓发生率差异具有高度显著性（χ^2=14.421，$P<0.01$）；在不同学段中，4～6 年级学生营养不良发生率最高，经 χ^2 检验得出，不同学段学生消瘦发生率差异具有显著性（χ^2=8.595，$P<0.05$）。

表 2-2　武陵山区农村学生营养不良分布情况（N=1 443）

		N	生长迟缓		消瘦		合计	
			n	%	n	%	n	%
性别	男	747	58	7.8	61	8.2	119	15.9
	女	696	48	6.9	43	6.2	91	13.1
	χ^2 值		0.399		2.129			
民族	苗族	987	90	9.1	79	8.0	169	17.1
	土家族	456	16	3.5	25	5.5	41	9.0
	χ^2 值		14.421**		2.965			

续表

		N	生长迟缓		消瘦		合计	
			n	%	n	%	n	%
学段	1～3 年级	477	29	6.1	33	6.9	62	13.0
	4～6 年级	480	40	8.3	47	9.8	87	18.1
	7～9 年级	486	37	7.6	24	4.9	61	12.6
	χ^2 值		1.862		8.595*			

注：*$P<0.05$，差异具有显著性；**$P<0.01$，差异具有高度显著性。下同。

（三）营养过剩分布情况

由表 2-3 可见，在不同性别中，女生营养过剩发生率比男生高，经 χ^2 检验，差异不具统计学意义（$P>0.05$）；在不同民族中，土家族学生肥胖发生率比苗族高，经 χ^2 检验，差异具有高度显著性（$\chi^2=7.426$，$P<0.01$）；在不同学段中，7～9 年级学生营养过剩发生率最高，经 χ^2 检验，不同学段学生超重发生率差异具有显著性（$\chi^2=8.856$，$P<0.05$）。

表 2-3　武陵山区农村学生营养过剩分布情况（$N=1\,443$）

		N	超重		肥胖		合计	
			n	%	n	%	n	%
性别	男	747	53	7.1	45	6.0	98	13.1
	女	696	65	9.3	29	4.2	94	13.5
	χ^2 值		2.416		2.555			
民族	苗族	987	78	7.9	40	4.1	118	12.0
	土家族	456	40	8.8	34	7.5	74	16.3
	χ^2 值		0.314		7.426**			
学段	1～3 年级	477	26	5.5	31	6.5	57	12.0
	4～6 年级	480	40	8.3	20	4.2	60	12.5
	7～9 年级	486	52	10.7	23	4.7	75	15.4
	χ^2 值		8.856*		2.911			

三、营养状况影响因素

（一）影响因素变量赋值

从个人、家庭、体育锻炼、学习时间等方面分析学生营养状况的影响因素，选取可能影响武陵山区农村学生营养状况的 9 个变量进行赋值（见表 2-4）。

表 2-4　学生营养状况影响因素赋值表

因素	变量名	赋值说明
	Y	营养不良（否=0，是=1）
		营养过剩（否=0，是=1）
年龄段	X_1	6～8 岁=0，9～11 岁=1，12～14 岁=2，15～17 岁=3
民族	X_2	土家族=0，苗族=1
家庭平均月收入	X_3	1 000 元以下=0，1 000～3 000 元=1，3 001～5 000 元=2，5 001～10 000 元=3，1 万元以上=4，不知道=9
父母文化程度	X_4	没上学或小学=0，初中=1，高中或中专=2　大学或大专=3，研究生=4
父母职业	X_5	公务员与教师=0，工人=1，无固定职业=2，农民=3，其他=4
家庭类型	X_6	核心家庭=0，单亲家庭=1，三代同堂家庭=2　再婚家庭=3，其他类型=4
学生对体育课态度	X_7	喜欢=0，一般=1，不喜欢=2
学生对长跑态度	X_8	愿意=0，一般=1，不愿意=2
每周几节体育课	X_9	0 节=0，1 节=1，2 节=2，3 节=3，4 节及以上=4

（二）营养不良的多因素 Logistic 回归分析

由表 2-5 可见，不同年龄段中的 12～14 岁、不同民族中的土家族和母亲职业为农民的学生营养不良发生风险高，OR 值分别为 1.893、1.886、1.721（均 $P<0.05$）；对长跑持一般态度的学生营养不良发生风险低，OR 值为 0.596（$P<0.05$）。

表 2-5　学生营养不良的多因素 Logistic 回归分析

影响因素	参照组	B 值	S.E	Waldχ^2 值	P 值	OR 值（OR 值 95%CI）
年龄分组（岁）	15~17					
6~8		0.946	0.491	3.714	0.054	2.575（0.984~6.7380）
9~11		0.582	0.381	2.339	0.126	1.790（0.849~3.774）
12~14		0.638	0.281	5.152	0.023	1.893（1.091~3.283）
民族	苗族					
土家族		0.634	0.186	11.678	0.001	1.886（1.311~2.2713）
母亲职业	其他					
公务员或教师		−0.421	0.566	0.554	0.457	0.656（0.216~1.990）
工人		0.278	0.291	0.914	0.339	1.321（0.747~2.335）
无固定职业		0.556	0.284	3.819	0.051	1.743（0.998~2.930）
农民		0.543	0.272	3.993	0.046	1.721（1.010~2.930）
家庭类型	其他类型					
核心家庭		0.157	0.258	0.369	0.543	1.170（0.705~1.941）
单亲家庭		0.173	0.353	0.239	0.625	1.188（0.595~2.372）
三代同堂家庭		0.439	0.282	2.411	0.120	1.550（0.891~2.697）
再婚家庭		0.370	0.584	0.402	0.526	1.448（0.461~4.552）
对长跑态度	不喜欢					
喜欢		−0.031	0.270	0.013	0.910	0.970（0.571~1.648）
一般		−0.517	0.255	4.113	0.043	0.596（0.362~0.983）

（三）营养过剩的多因素 Logistic 回归分析

由表 2-6 可见，不同民族中的土家族学生营养过剩发生风险较苗族学生低，OR 值为 0.711（$P < 0.05$）。

表 2-6　学生营养过剩的多因素 Logistic 回归分析

影响因素	参照组	B 值	S.E	Waldχ^2 值	P 值	OR 值（OR 值 95%CI）
民族	苗族					
土家族		−0.341	0.162	4.422	0.035	0.711（0.517~0.977）

续表

影响因素	参照组	B 值	S.E	Waldχ² 值	P 值	OR 值（OR 值95%CI）
年龄分组（岁）	15～17					
6～8		-0.871	0.580	2.252	0.133	0.419（0.134～1.305）
9～11		-0.80	0.398	0.041	0.840	0.923（0.423～2.014）
12～14		0.120	0.262	0.211	0.646	1.128（0.675～1.884）
每周体育课节数4节及以上						
0 节		0.512	1.125	0.207	0.649	1.669（0.184～15.128）
1 节		-0.214	0.551	0.151	0.698	0.807（0.274～2.378）
2 节		-0.021	0.264	0.006	0.938	0.938（0.584～1.642）
3 节		0.185	0.292	0.400	0.527	1.203（0.678～2.134）
家庭类型	其他类型					
核心家庭		0.229	0.259	1.336	0.248	1.348（0.812～2.238）
单亲家庭		0.221	0.352	0.395	0.530	1.247（0.626～2.486）
三代同堂家庭		0.547	0.281	3.781	0.052	1.728（0.996～3.000）
再婚家庭		0.235	0.583	0.162	0.687	1.265（0.403～3.969）
家庭平均月收入	不知道					
1000 元以下		0.430	0.421	1.044	0.307	1.538（0.674～3.510）
1000～3000 元		0.023	0.228	0.010	0.920	1.023（0.654～1.601）
3001～5000 元		-0.197	0.304	0.419	0.517	0.0821（0.453～1.490）
5001～10000 元		0.701	0.616	1.295	0.255	2.016（0.603～6.743）
1 万元以上		-0.428	0.531	0.650	0.420	0.651（0.230～1.846）

以上分析结果发现，不同民族是影响学生营养状况的因素之一，这可能与不同民族的膳食结构、饮食习惯、生活方式等有关。12～14岁的学生相对于低年龄的学生，他们开始有自己的想法，可能受电视媒体广告宣传的影响较大，对食物的选择不讲究营养而只注重口味，造成营养不均衡，易发生营养不良。职业为农民的母亲，可能要花费大部分时间务农，照顾儿童的精力减少，再加上缺乏营养健康相关知识，从而导致学生营养不良发生风险增高。

武陵山区农村儿童青少年营养状况存在"双峰"现象，即营养不良与营养过剩同时存在，需要当地政府充分发挥职能，一方面，加强营养健康知识的宣传，积极引导监护人重视家庭健康教育，同时，支持并鼓励学校大力开展健康促进活动；另一方面，应针对不同特征儿童青少年营养健康问题制定相应干预措施。

第二节　儿童青少年皮褶厚度及体成分

皮褶厚度是反映人体皮下脂肪发育分布、营养水平和体质状况的"视觉效应器"，成为健康促进评价的骨干指标[67]。评价体脂含量方法有多种，其中皮褶测量值估计体成分是一种简易、廉价、非侵入性的体脂推测方法[68]。随着年龄的增长，体脂会呈现一定规律性变化[69]，但不同人群受地理环境、遗传因素、饮食文化和生活方式等不同，皮褶厚度和脂肪分布及其占体质量的构成比等均呈一定特征[70]。湘西土家族苗族自治州（以下简称湘西州）地处武陵山区腹地，是土家族苗族的主要聚居区。目前国内少数民族群体中关于湘西州土家族、苗族学生皮褶厚度的研究较少。为了解土家族、苗族学生皮褶厚度与体成分及其年龄变化规律，并探讨皮褶发育族群特点，于 2019 年 10—11 月对湘西州土家族、苗族学生皮褶厚度及体成分进行了调查，旨在丰富少数民族学生体质健康数据库，为促进少数民族儿童青少年体质健康水平提供参考。

一、研究对象与方法

（一）研究对象

2019 年 10—11 月，采用分层整群随机抽样的方法，从地处武陵山区腹地的湘西州土家族聚居区随机抽取吉首市和永顺县初中、小学各 2 所作为调查学校，再从每个被抽中的学校一至九年级中各抽取 1 个教学班，共 36 个班，实测人数为 1 472 名，其中：男生 800 名、女生 672 名，平均年龄为（10.55±2.35岁）；测试对象标准：年龄为7~15岁且身体形态正常，三代直亲均为土家族。从苗族聚居区随机抽取吉首市和花垣县初中、小学各2所作为调研学校，再以年级分层（一至九年级），从每个年级随机抽取1个教学班，共36个班，实测人数为1 064名，其中：男生574名、女生490名，平均年龄为（10.79±2.39）岁；测试对象标准：年龄为7~15岁且身体形态正常，三代直亲均为苗族。调查得到了吉首大学生物医学伦理委员会审批（No.20160012），所有测试对象均知情同意。

（二）研究方法

1. 测量法

严格遵照《人体测量方法》[71]相关要求，测量肱三头肌皮褶（triceps skinfold，TS）、肩胛下皮褶（subscapular skinfold，SS）、腹部皮褶（abdominal skinfold，AS）、身高（H）、体重（M），3项皮褶均取右侧部位进行测量。测试前对测试人员统一培训，统一测量标准、仪器及质控方法。各测试员测量2次，所得结果进行相关分析，相关系数$r > 0.9$方可进行现场测量。将所测数据按照性别、年龄分组，通过长岭公式[72]计算体密度（D），7~11岁男生：$D=1.087\ 9-0.001\ 51X$；12~14岁：$D=1.086\ 8-0.001\ 33X$；15~18岁：$D=1.097\ 7-0.001\ 46X$。7~11岁女生：$D=1.079\ 4-0.001\ 42X$；12~14岁：$D=1.088\ 8-0.001\ 53X$；15~18岁：$D=1.093\ 1-0.001\ 60X$。其中：$X=TS+SS$；通过Brozek公式[73]计算体脂率（percent of body fat，BF%），$BF\%=(4.570/D-4.142)\times100$；通过公式计算脂肪质量（fat mass，FM）和瘦体质量（Lean body mass，LBM）：$FM=M\times BF\%$，$LBM=M-FM$；根据FM、LBM和H计算脂肪质量指数（fat mass index，FMI）和瘦体质量指数（lean mass index，LMI）：$FMI=FM/H^2$，$LMI=LBM/H^2$。

2. 数理统计法

采用EpiData3.1软件建立数据库并录入数据，应用SPSS22.0软件进行统计学分析。计量数值用$\bar{x}\pm s$表示，组间比较采用独立样本t检验。皮褶厚度及体成分各项指标值与年龄之间相关性用相关分析进行检验。

聚类方法运用组间联结法，用平方 Euclidean 距离法计算族群间距离。检验水准为 $P<0.05$。

二、皮褶厚度与体成分发育特征

（一）土家族学生皮褶厚度发育特征

随着年龄的增长，土家族男女学生 3 项皮褶总体趋势均逐渐增厚。男生皮褶厚度呈波浪式上升趋势，先迅速增至 8 岁后下降，9~11 岁又逐渐增厚，11 岁出现下降拐点并呈负增长，肩胛下和腹部皮褶下降至 12 岁、肱三头肌皮褶下降至 13 岁后又缓慢增厚。而女生 3 项皮褶厚度在 10 岁之前增幅并不明显，10~13 岁逐渐增厚，并在 13 岁出现 1 次突增拐点，并与相邻下一年龄组进行比较，差异有统计学意义（$P<0.05$）。3 项皮褶厚度均值女生大都高于男生，在 7 岁、10 岁和 13~15 岁等年龄组进行比较，差异具有统计学意义（$P<0.05$）（见表 2-7、表 2-9，图 2-1）。相关分析显示，男女学生皮褶厚度与年龄均呈正相关（$P<0.01$）（见表 2-10）。

表 2-7　湘西州 7~15 岁土家族学生皮褶厚度发育状况（$\bar{x}\pm s$，mm）

年龄	男				女			
	n	TS/mm	SS/mm	AS/mm	n	TS/mm	SS/mm	AS/mm
7	90	7.71±1.42	5.14±1.39	5.61±1.41	80	9.68±1.93※※	7.39±1.48※	8.55±1.45※※
8	86	10.93±1.79	8.14±1.35	9.42±1.73	68	9.78±1.32	6.93±1.05	8.75±1.91
9	126	9.55±1.66	7.04±1.52	8.61±1.42	110	9.86±1.31	7.05±1.13	9.84±1.69
10	116	11.30±1.11	9.71±1.84	11.49±1.88	96	10.08±1.82	7.40±1.23※	9.30±1.45
11	98	12.64±1.81	10.41±1.35	12.97±1.28	86	11.55±1.45	10.00±1.08	12.74±1.78
12	68	11.66±1.22	9.18±1.27	11.78±1.97	72	13.58±1.96	10.76±1.21	13.62±1.41
13	96	10.79±1.98	9.92±1.33	12.70±1.72	74	14.51±1.06※	11.73±1.08	14.11±1.27
14	74	11.18±1.95	10.80±1.12	13.20±1.68	64	16.68±1.21※※	15.39±1.66※	17.28±1.39※
15	46	11.20±1.57	10.86±1.75	13.77±1.07	22	19.55±1.85※※	18.37±1.36※	18.84±1.42※

注：※$P<0.05$，※※$P<0.01$ 与同年龄组男生比较。

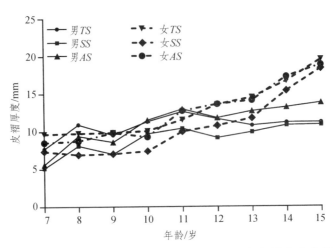

图 2-1 湘西州 7~15 岁土家族学生皮褶厚度年龄变化曲线

（二）土家族学生体成分发育特征

由表 2-8、表 2-9、图 2-2 可见，随着年龄的增长，男生体脂率 7~11 岁呈波浪式上升趋势，11 岁达到峰值后又缓慢下降；各年龄组体脂率、脂肪质量及其指数男生大多低于女生，在 7 岁、9 岁、13~15 岁等年龄组比较，差异具有统计学意义（$P<0.05$）。女生体脂率、脂肪质量及其指数在 13~15 岁年龄组之间出现突增，与相邻下一年龄组比较，差异有统计学意义（$P<0.05$）。男女学生瘦体质量及其指数随着年龄增长逐渐递增，其中瘦体质量年龄变化曲线出现 2 次交叉，在 12 岁交叉后 2 项指标值女生均低于男生，在 8 岁、9 岁、13~15 岁等年龄组进行比较，差异具有统计学意义（$P<0.05$）。相关分析显示，除男生体脂率外，男女学生体成分各指标与年龄均呈正相关（$P<0.01$）（见表 2-10）。

表 2-8 湘西州 7~15 岁土家族学生体成分发育特征（$\bar{x}\pm s$, mm）

年龄	男					女				
	BF/%	FM/kg	LBM/kg	FMI/(kg/m²)	LMI/(kg/m²)	BF/%	FM/kg	LBM/kg	FMI/(kg/m²)	LMI/(kg/m²)
7	13.52±2.14	3.16±0.93	19.81±2.45	2.16±0.53	13.65±0.89	18.97±5.49***	4.80±1.85***	18.18±2.84***	3.23±1.75***	13.08±1.42***
8	17.42±3.66	5.48±1.56	22.89±3.69	3.26±1.42	14.02±1.48	18.74±4.21	4.91±1.30	20.38±3.08***	3.11±1.35	12.95±1.34***
9	15.85±5.56	4.96±1.11	24.46±3.62	2.82±1.59	14.13±1.33	18.85±3.66***	5.57±1.49	23.03±3.80*	3.19±1.13	13.37±1.18***
10	18.66±5.78	7.02±2.19	26.53±4.26	3.62±1.71	14.29±1.11	19.17±3.43	6.19±2.21	25.45±3.19	3.27±0.98	13.50±1.03***
11	19.35±1.20	7.85±1.50	29.24±1.51	3.89±1.53	14.77±1.41	19.90±4.43	7.94±3.48	30.54±5.67	3.74±1.35	14.58±1.46
12	17.39±5.12	7.32±2.48	32.18±5.56	3.45±1.03	15.29±1.93	19.27±5.38	8.40±4.30	32.98±5.35	3.75±1.77	14.97±1.63
13	17.33±5.85	8.99±2.87	39.78±5.51	3.70±1.27	16.49±1.57	20.31±5.10*	9.43±3.85	35.54±4.35*	4.08±1.63	15.45±1.26*
14	16.33±5.56	9.70±2.83	43.50±8.56	3.74±1.18	17.02±2.54	24.19±6.53***	12.74±3.15***	36.66±4.48***	5.46±1.59***	15.63±1.48***
15	13.97±5.31	7.77±2.87	45.56±5.42	3.00±1.51	17.54±1.81	26.77±8.61***	17.10±4.66***	38.28±3.47***	7.13±1.85***	16.08±1.30***

注：*P<0.05，***P<0.01 与同年龄组男生比较。

表 2-9　湘西州 7~15 岁土家族学生皮褶厚度与体成分年增长值

年龄	男								女							
	TS	SS	AS	BF	FM	LBM	FMI	LMI	TS	SS	AS	BF	FM	LBM	FMI	LMI
7	3.22***	3.00***	3.81***	3.90***	2.32**	3.08***	1.10***	0.37	0.10	-0.46	0.20	-0.23	0.11	2.20	-0.12	-0.13
8	-1.38	-1.10	-0.81	-1.57	-0.52	1.57**	-0.44	0.11	0.08	0.12	1.09	0.11	0.66	2.65***	0.08	0.42
9	1.75	2.67*	2.88*	2.81*	2.06*	2.07***	0.80	0.16	0.22	0.35	-0.54	0.32	0.62	2.42***	0.08	0.13
10	1.34	0.70	1.48	0.69	0.83	2.71***	0.27	0.48	1.47*	2.6***	3.44***	0.73	1.75***	5.09***	0.47	1.08***
11	-0.98	-1.23	-1.19	-1.96	-0.53	2.94***	-0.44	0.52	2.03*	0.76	0.88	-0.63	0.46	2.44	0.01	0.39
12	-0.87	0.74	0.92	-0.06	1.67	7.60***	0.25	1.20***	0.93	0.97	0.49	1.04	1.03	2.56*	0.33	0.48
13	0.39	0.88	0.50	-1.00	0.71	3.72*	0.04	0.53	2.17*	3.66*	3.17*	3.88*	3.31*	1.12	1.38*	0.18
14~15	0.02	0.06	0.57	-2.36	-1.93	2.06	-0.74	0.52	2.87	2.98	1.56	2.58	4.36	1.62	1.67	0.45

注：表中数据为同指标下一年龄组与该年龄组的均值差，两组均值比较，*P<0.05，***P<0.01。

表 2-10 　湘西州 7～15 岁土家族学生皮褶厚度、体成分指标与
年龄之间相关性分析（r）

性别	TS	SS	AS	BF	FM	LBM	FMI	LMI
男	0.140[※※]	0.240[※※]	0.276[※※]	0.045	0.320[※※]	0.840[※※]	0.148[※※]	0.600[※※]
女	0.500[※※]	0.468[※※]	0.464[※※]	0.274[※※]	0.521[※※]	0.630[※※]	0.353[※※]	0.593[※※]

注：[※※]$P<0.01$。

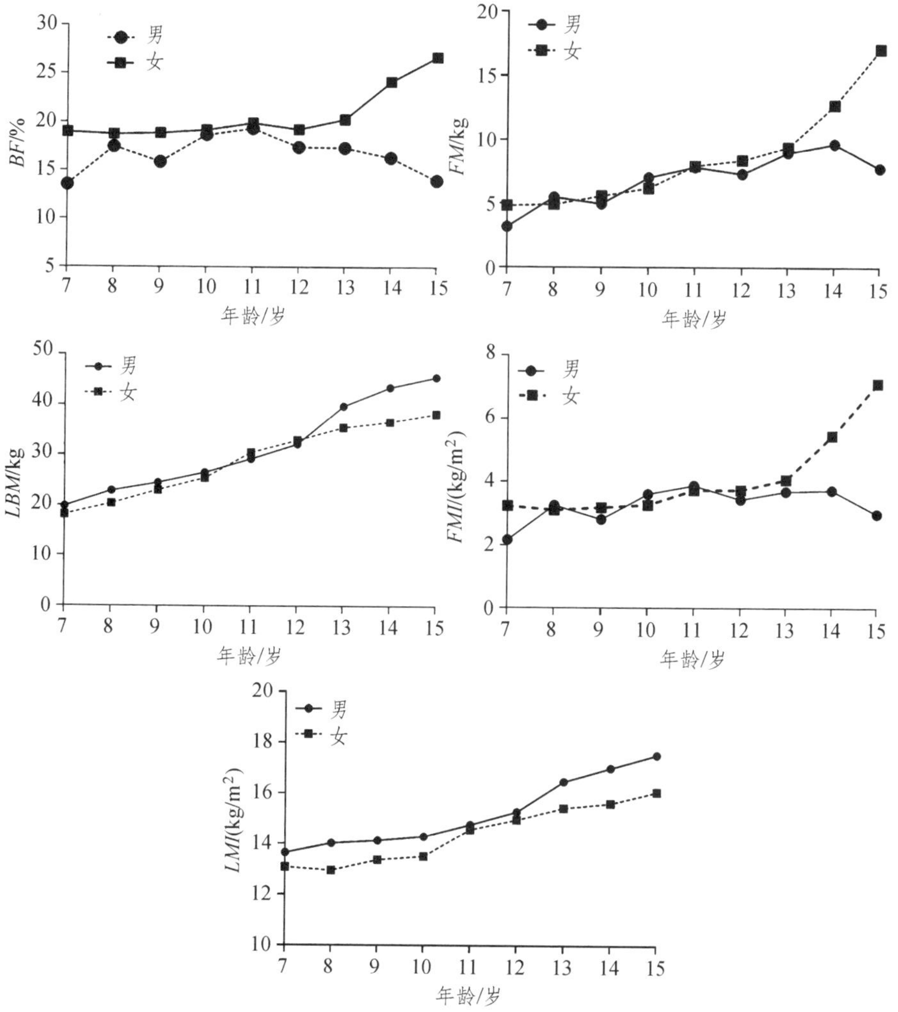

图 2-2　湘西州 7～15 岁土家族学生 BF、FM、LBM、FMI、LMI 年龄变化曲线

（三）土家族学生皮褶厚度与其他族群比较

搜集近 10 多年来代表我国南方和北方不同族群的相关报道，选取年龄范围相近似的总体，分别将 12 个族群的皮褶厚度均值与湘西州土家族进行比较。由表 2-11 可见，湘西州土家族男生肱三头肌皮褶厚度（10.69 mm）与重庆汉族、云南摩梭人接近；肩胛下皮褶厚度（8.83 mm）与内蒙古达斡尔族、重庆汉族接近。土家族女生肱三头肌皮褶厚度（11.95 mm）与内蒙古达斡尔族、广东瑶族接近；肩胛下皮褶厚度（9.58 mm）与广东瑶族、潍坊汉族接近。

表 2-11　湘西州 7~15 岁土家族学生与其他 12 个族群学生 *TS*、*SS* 均值比较（$\bar{x}$，mm）

族群	男		女	
	TS	*SS*	*TS*	*SS*
土家族（湘西）	10.69	8.83	11.95	9.58
达斡尔族（内蒙古）[74]	9.28	8.50	11.78	10.46
藏族（西藏）[75]	7.72	6.10	10.42	8.08
怒族（怒江）[76]	8.18	7.08	10.26	8.48
壮族（百色）[77]	7.70	6.02	11.40	8.56
壮族（广西）[78]	7.00	4.94	9.21	6.49
白族（湖南）[79]	6.62	6.08	8.23	7.82
瑶族（广东）[80]	8.10	6.79	12.77	8.86
维吾尔族（新疆）[81]	11.64	10.09	13.92	12.11
汉族（重庆）[82]	10.22	9.03	13.98	10.58
汉族（潍坊）[83]	8.54	7.63	13.08	9.87
摩梭人（云南）[84]	11.37	10.12	14.39	11.80
黎族（海南）[85]	5.80	9.17	7.70	8.80

聚类分析显示，当族群间聚合距离为 10 时，13 个族群男生和女生均聚为 3 组，其中，与湘西州土家族男生聚为一组的有新疆维吾尔族、云南摩梭人、重庆汉族、内蒙古达斡尔族；与土家族女生聚为一组的有西藏藏族、百色壮族、怒江怒族、内蒙古达斡尔族、潍坊汉族、广东瑶族（见图 2-3）。

本研究显示，湘西州 7~15 岁土家族男女学生 3 项皮褶发育具有差异性，男生皮褶发育呈波浪式增厚趋势，先迅速增至 8 岁后下降，9~11 岁又逐渐增厚，11 岁出现下降拐点，而女生先缓慢增至 13 岁后又加速增长；男女学生皮褶各指标与年龄均呈正相关，说明随着年龄的增长，土家族学生四肢、躯干皮褶均逐渐增厚。各年龄组 3 项皮褶女生大都厚于男生，与有关报道基本一致[79、86-90]。由于雌激素具有促进脂肪沉积作用，使女生从发育开始就有脂肪不断积聚，其体脂含量在整个青春期呈持续、快速增长的趋势，因此女生皮褶随着年龄的上升而明显增厚；而男生皮褶则表现为青春早期少量增加，青春后期出现下降或者增加不明显，即雄激素的抑制作用使男生在整个发育期皮下脂肪堆积并不明显，而以肌肉和骨骼组织发育为主[75、79-80]。

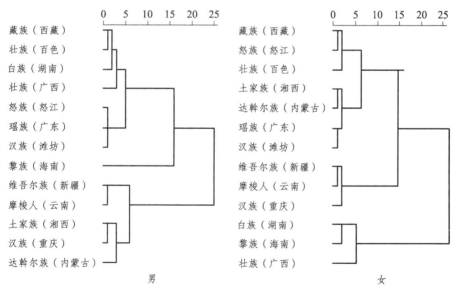

图 2-3　13 个族群男女学生皮褶厚度的聚类树状图

湘西州土家族男女学生体成分总量均在增加，但不同成分增加的比例、数量以及在身体不同部位的分布呈现明显的性别差异。各年龄组体脂率、脂肪质量及其指数女生高于男生，这与性激素分泌有关，雌激素促发女生脂肪堆积，其体质量低于男生，但脂肪质量高于男生[79、90]。男女学生瘦体质量及其指数年龄变化趋势基本一致，但各年龄组的年增长值不同，使男女学生瘦体质量年龄变化曲线出现 2 次交叉，这可能与女生比男生进入青春期提前有关，而在 12 岁后，男生分泌雄激素逐渐增多，促发骨骼肌发育以及蛋白质合成，致使男生瘦体质量及其指数高于女生。此外还与运动量有关，青春期男生运动量较女生大，而运动可增加瘦体质量，皮下脂肪含量也相应减少。一般认为轻、中、重度肥胖体脂率标准[91]：男生≥20%，≥25%，≥30%；14 岁以下女生≥25%，≥30%，≥35%；15 岁以上女生≥30%，≥35%，≥40%。土家族男生体脂率范围为 13.52% ~ 19.35%，女生为 18.74% ~ 26.77%，可见土家族学生总体上未达到肥胖标准。

在 13 个族群中，聚类分析显示，无论男生还是女生，与湘西州土家族聚类一起的有南、北方族群，但以南方族群为主，说明土家族男女学生皮褶发育呈南方族群特征，这主要是受到环境因素的影响。除内分泌和遗传相关外，环境是影响脂肪分布与堆积的主要因素[92]。湘西州土家族聚居区封闭偏远，经济欠发达，经济文化类型属"山地耕猎型"[16,93]，致使皮褶发育低于南方的云南摩梭人、重庆汉族和北方的新疆维吾尔族等族群，另外该地区外出务工人员较多，学生缺乏父母监管[94]，可能导致皮褶发育水平低于其他族群。高于广东瑶族、海南黎族、百色壮族、潍坊汉族、湖南白族等族群，可能由于该区域位于云贵高原边缘，海波较高，山峦起伏所致；也可能与调查年代经济发展水平有关，客观真实反映了国家脱贫攻坚的实际成效。

综上所述，不同民族的环境条件、生活方式、饮食文化的不同，都会影响群体或个体的脂肪发育。武陵山区是我国跨省交界面积最大、人口最多的少数民族聚居区，是中原文化与西南少数民族文化的交汇地[16]。由于该地区独特的自然地理环境和生活方式与民风习俗，导致了湘西州土家族学生体质发育在一定程度表现出特殊性。为使湘西州土家族学生健康成长，在满足其生长所需营养的同时，也应注重膳食结构的平衡，避免营养过剩。因此，应持续实施"营养改善计划"，结合土家族学生生长发育年龄变化规律，合理搭配不同年龄段的营养供给；着力培养学生体育爱好、运动兴趣和技能特长，使学生养成良好体育锻炼习惯和健康生活方式；积极开展皮褶厚度与体成分的研究，尽早筛查超重肥胖或营养不良学生，最大限度地减少和预防因营养问题引发慢性疾病的风险。

（四）苗族学生皮褶厚度发育特征

总体上看，随着年龄的不断增长，苗族 7～15 岁男女学生 3 项皮褶逐渐增厚。男生肱三头肌皮褶（TS）、腹部皮褶（AS）的厚度增至 10 岁后又逐渐变薄，10 岁时峰值分别为 9.77 mm 和 9.10 mm，在 10～13 岁之间厚度呈波浪式上升趋势，13 岁后又逐步上升；肩胛下皮褶（SS）随年龄增长呈缓慢增厚趋势。女生肱三头肌皮褶（TS）、肩胛下皮褶（SS）、腹部皮褶（AS）的厚度缓慢增至 8 岁后下降，9 岁后 3 处皮褶逐渐增厚，12～14 岁年龄组皮褶厚度增速较为明显，与相邻下一年年龄组进行比较，差异均具有统计学意义（$P<0.05$）。3 处皮褶厚度均值大多女生高于男生，其皮褶在 8 岁、11 岁和 13～15 岁等年龄组进行比较，差异具有统计学意义（$P<0.05$）（见图 2-4、表 2-12、表 2-14）。相关分析显示，男、女皮褶厚度均值与年龄之间具有正相关性（$P<0.01$），说明男女学生皮褶随着年龄的增长呈现规律性变化（见表 2-15）。

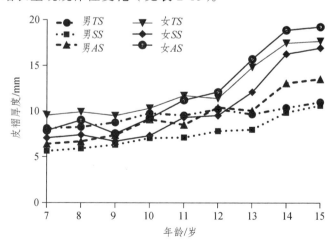

图 2-4　湘西州 7～15 岁苗族学生皮褶厚度年龄变化曲线

表 2-12　湘西州 7～15 岁苗族学生皮褶厚度发育特征（ $\bar{x} \pm s$ ，mm）

年龄	男				女			
	n	TS/mm	SS/mm	AS/mm	n	TS/mm	SS/mm	AS/mm
7	50	8.14±3.05	5.65±2.39	6.44±4.26	33	9.56±4.19	7.09±5.23	7.89±6.26
8	75	8.27±3.08	5.94±2.85	6.71±4.42	58	9.92±4.12[※※]	7.43±5.56[※]	9.03±6.74[※]
9	71	8.77±3.82	6.34±3.51	7.39±5.49	68	9.50±2.92	6.73±3.03	7.55±3.52
10	87	9.77±4.45	7.08±4.37	9.10±6.44	83	10.32±3.21	7.34±3.47	9.24±4.76
11	102	9.56±4.41	7.14±4.32	8.52±5.74	79	11.71±4.18[※※]	9.34±4.64[※※]	11.23±5.61[※※]
12	44	10.23±4.62	7.85±4.54	10.43±6.99	51	11.39±3.32	9.54±3.82	12.10±5.00
13	66	9.67±4.79	8.01±4.83	10.07±5.84	34	14.84±4.56[※※]	12.11±5.14[※※]	15.73±5.63[※※]
14	36	10.39±5.69	9.87±6.07	13.11±9.69	49	17.48±5.25[※※]	16.29±6.49[※※]	18.90±5.45[※※]
15	43	11.00±6.54	10.65±6.28	13.55±8.67	35	17.69±5.48[※※]	16.94±6.62[※※]	19.25±6.58[※※]

注：[※]$P<0.05$，[※※]$P<0.01$ 与同年龄组男生比较。

本研究结果显示，随着年龄的增长，苗族男生皮褶厚度在 13 岁之前逐渐增厚，15 岁维持在一定水平，但各年龄组别 3 处皮褶厚度增速缓慢，相关分析表明，男生肱三头肌皮褶（TS）、肩胛下皮褶（SS）、腹部皮褶（AS）均与年龄呈正相关关系。这说明苗族男生 3 处皮褶随着年龄的增长逐渐上升；苗族女生 3 处皮褶指标均与年龄呈正相关关系，从 10 岁年龄组开始出现大幅增长，各年龄组别 3 处皮褶厚度测量均值女生大都高于男生。可见，苗族男女学生符合儿童生长发育一般规律，但不同部位皮褶发育状况不尽相同，与有关报道基本一致[95,96]。这与青春期性激素分泌有关，男生进入青春期雄激素大量分泌，生长激素核酸复制作用增强，脂肪沉积受到抑制，同时加速了蛋白质的合成，促使男生肌肉、骨骼组织等瘦体质量（LBM）增速较快；而女生进入青春期雌激素开始增加，生长激素得到抑制，而胰岛素增强，促使细胞质增大，沉积了大量脂肪，使女生皮下脂肪合成迅速[96]。提示应加强学生营养膳食结构，科学引导健康锻炼，以预防肥胖的发生，增进儿童体质健康水平。

（五）苗族学生体成分发育特征

由表 2-13、表 2-14、图 2-5 可见，随着年龄的不断增长，男生体脂率（BF）呈逐渐上升后缓慢下降趋势，10 岁年龄组增幅明显，而脂肪质量（FM）、脂肪质量指数（FMI）逐渐增加，在 7~10 岁年龄组增幅明显。男生体脂率（BF）、脂肪质量（FM）、脂肪质量指数（FMI）各年龄组均低于女生，除 10 岁和 12 岁年龄组外，差异均具有统计学意义（$P<0.05$）。女生在 11 岁之前体脂率（BF）、脂肪质量指数（FMI）变化并不明显，而脂肪质量（FM）随着年龄的不断增长逐渐增加，在 12~14 岁年龄组出现突增期；女生体脂率（BF）、脂肪质量（FM）、脂肪质量指数（FMI）在 11 岁出现明显下降，与 12 岁年龄组进行比较，差异具有统计学意义（$P<0.05$）。男女学生瘦体质量（LBM）与瘦体质量指数（LMI）年龄变化趋势大致相同，且 2 项指标曲线出现 2 次重合，第 1 次在 11 岁，第 2 次在 13 岁，2 次重合瘦体质量与瘦体质量指数值女生均低于男生，与相邻前、后年龄组比较均有统计学意义（$P<0.01$）。相关分析显示，除男生体脂率（BF）外，男女学生体成分各项指标与年龄之间均呈正相关（$P<0.01$）（见表 2-15）。

苗族学生体成分各项指标比例、增幅及分布均明显呈现出性别差异。女生体脂率（BF）与年龄呈正相关，随着年龄的增长呈现波浪式增加；男生年龄与体脂率（BF）不相关，在生长发育进程中呈缓慢下降趋势。男女学生脂肪质量（FM）、脂肪质量指数（FMI）均与年龄呈正相关，在 12 岁时女生增加迅速，而男生则增速缓慢。各年龄组别体脂率（BF）、脂肪质量（FM）、脂肪质量指数（FMI）女生均明显高于男生。这主要与青春期体内的性激素分泌有关。雌激素促使女生脂肪在体内积累以及身体的特定部位分布，使女生体质量（W）虽轻于男生，但脂肪质量（FM）却高于男生[90]。瘦体质量（LBM）及其指数（LMI）均与年龄呈正相关，男女学生两项指标变化趋势大致相同，随着年龄的增长急剧上升，但各年龄组别增长值又不尽相同，致使男女学生两项指标变化曲线出现两次

表 2-13　湘西州 7～15 岁苗族学生体成分发育特征（$\bar{x}\pm s$，mm）

年龄	男					女				
	BF/%	FM	LBM	FMI	LMI	BF/%	FM	LBM	FMI	LMI
7	14.10±3.20	3.40±1.59	19.96±3.00	2.28±0.87	13.58±1.16	18.73±5.52***	4.67±3.33*	18.65±3.16	3.21±1.95*	13.04±1.34
8	14.35±3.45	3.81±1.76	21.96±2.84	2.41±1.01	13.94±1.20	19.07±5.58***	5.27±3.20***	20.87±3.50	3.25±1.71***	13.10±1.23***
9	14.90±4.44	4.28±2.44	23.08±3.46	2.55±1.28	13.93±1.24	18.44±3.24***	5.05±1.87*	21.74±3.23*	2.94±0.88***	12.76±1.00***
10	15.99±5.47	5.34±3.31	26.21±3.67	2.86±1.54	14.34±1.28	19.29±3.69***	6.01±2.34	24.33±3.71***	3.26±1.11	13.32±1.30***
11	15.56±5.10	5.45±3.27	27.96±4.34	2.78±1.54	14.39±1.29	19.86±5.32***	7.35±3.61***	28.12±5.09	3.62±1.55*	14.03±1.47
12	15.86±4.85	6.58±3.81	32.74±6.27	3.06±1.63	15.36±1.84	17.38±3.55	7.05±2.74	32.28±5.06	3.24±1.10	14.96±1.59
13	15.65±5.09	6.99±4.11	35.91±6.48	3.06±1.65	15.79±1.60	20.70±5.09***	10.00±3.78***	36.92±4.18	4.31±1.67***	15.95±1.22
14	15.09±6.37	8.43±6.16	43.56±7.03	3.22±2.16	16.94±1.70	25.08±6.77***	13.27±5.43***	38.36±3.90***	5.70±2.41***	16.40±1.22
15	13.80±7.65	8.20±7.00	46.00±5.02	3.06±2.49	17.41±1.65	26.34±8.04***	14.19±6.09***	38.03±3.76***	6.14±2.88*	16.27±1.10***

注：*$P<0.05$，***$P<0.01$ 与同年龄组男生比较。

表 2-14 湘西州 7~15 岁苗族学生皮褶厚度与体成分年增长值

年龄	男								女							
	TS	SS	AS	BF	FM	LBM	FMI	LMI	TS	SS	AS	BF	FM	LBM	FMI	LMI
7	0.12	0.29	0.26	0.26	0.41	2.00***	0.12	0.36	0.37	0.34	1.14	0.34	0.60	2.22***	0.04	0.06
8	0.50	0.40	0.69	0.57	0.47	1.12*	0.15	-0.01	-0.43	-0.70	-1.48	-0.63	-0.22	0.88	-0.31	-0.33
9	1.00	0.74	1.71	1.08	1.06*	3.14***	0.31	0.41*	0.83*	0.61	1.69	0.84	0.96***	2.58***	0.32	0.56***
10	-0.21	0.07	-0.58	-0.44	0.11	1.75***	-0.08	0.05	1.38***	2.00***	1.99*	0.58	1.35***	3.80***	0.36	0.70***
11	0.66	0.70	1.91	0.30	1.13	4.77***	0.28	0.97***	-0.32	0.21	0.87	-2.48***	-0.30	4.16***	-0.39	0.93***
12	-0.56	0.16	-0.36	-0.21	0.41	3.17***	0.00	0.43	3.45***	2.57*	3.63***	3.32***	2.94***	4.64***	1.08***	1.00***
13	0.72	1.86	3.04	-0.56	1.44	7.66***	0.16	1.15***	2.64***	4.18***	3.16**	4.38***	3.27***	1.44	1.39***	0.45
14~15	0.62	0.78	0.44	-1.30	-0.23	2.44	-0.16	0.48	0.21	0.65	0.36	1.26	0.92	-0.33	0.44	-0.13

注：*P<0.05，***P<0.01 与同指标下下一年龄组比较。

重合，第 1 次重合前与第 2 次重合后，女生两项指标值均低于男生。这
主要由于女生比男生进入青春期早所致，13 岁后，男生体内分泌的雄激
素增多，其能促发骨骼肌发育以及蛋白质合成，致使男生瘦体质量
（ *LBM* ）、瘦体质量指数（ *LMI* ）两项指标高于女生。

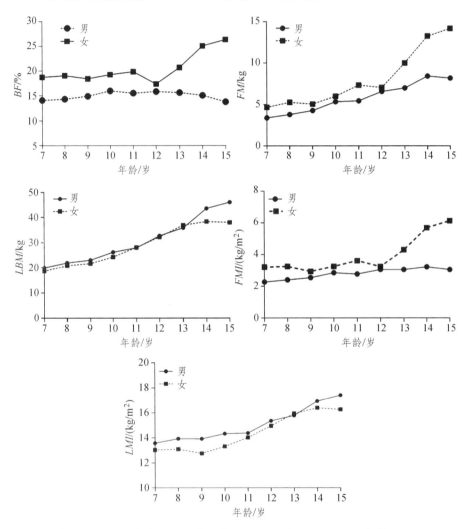

图 2-5　湘西州 7 ~ 15 岁苗族学生体脂率（ *BF* ）、脂肪质量（ *FM* ）、瘦体质量（ *LBM* ）、
　　　　脂肪质量指数（ *FMI* ）、瘦体质量指数（ *LMI* ）年龄变化趋势

表 2-15　湘西州 7～15 岁苗族学生皮褶厚度、体成分指标与年龄之间相关性分析

性别	TS	SS	AS	BF	FM	LBM	FMI	LMI
男	0.171[※]	0.294[※※※]	0.307[※※※]	0.030	0.378[※※※]	0.836[※※※]	0.168[※]	0.598[※※※]
女	0.512[※※※]	0.530[※※※]	0.554[※※※]	0.339[※※※]	0.603[※※※]	0.841[※※※]	0.436[※※※]	0.674[※※※]

注：[※※※]$P<0.01$。

（六）苗族学生皮褶厚度与其他族群比较

为更多了解湘西州苗族学生脂肪发育以及分布特征，搜集近 10 多年来的文献关于少数民族儿童青少年的报道，并提取年龄组别相近似群体 2 项皮褶厚度均值与湘西苗族进行比对。由表 2-16 可见，苗族男生肱三头肌皮褶厚度（TS）与拉萨藏族、广西壮族和潍坊汉族最接近；肩胛下皮褶厚度（SS）与拉萨藏族和怒江怒族、张家界白族和广东瑶族接近。苗族女生肱三头肌皮褶厚度（TS）与内蒙古达斡尔族、广东瑶族、张家界白族和蒙古族接近；肩胛下皮褶厚度（SS）与达斡尔族和蒙古族最为接近。

聚类分析结果显示，当族群平均连接组间聚类合并距离为 10 时，男生 22 个族群聚为 4 组，第 1 组由藏族（西藏）、苗族（湘黔边区）、壮族（百色）、汉族（潍坊）、怒族（怒江）、瑶族（广东）、苗族（湘西）、藏族（拉萨）等族群组成；第 2 组由维吾尔族（乌鲁木齐）、哈萨克族（乌鲁木齐）、苗族（邵阳）、普米族（云南）、达斡尔族（内蒙古）、白族（张家界）、回族（乌鲁木齐）等组成；其他 2 组由黎族（海南）与摩梭人（云南）各单独聚类一组。女生 22 个族群聚为 4 组，第 1 组由维吾尔族（乌鲁木齐）、藏族（西藏）、苗族（湘黔边区）、壮族（百色）、怒族（怒江）、汉族（潍坊）、白族（张家界）、瑶族（广东）、苗族（湘西）、达斡尔族（内蒙古）、蒙古族；第 2 组由摩梭人与普米族（云南）、苗族（邵阳）等组成；第 3 组由苗族（广西）、白族（湖南）、黎族（海南）、壮族（广西）等组成；仫佬族（广西）单独聚为一组，如图 2-6 所示。

表 2-16　湘西州 7~15 岁苗族学生与其他族群学生 TS、SS 值比较

族群	男		女	
	TS_1	SS_1	TS_2	SS_2
苗族（湘西）	7.38	7.38	12.04	9.75
达斡尔族（内蒙古）[74]	9.28	8.50	11.78	10.46
藏族（拉萨）[97]	7.47	7.68	10.74	11.17
藏族（西藏）[75]	7.72	6.10	10.42	8.08
怒族（怒江）[76]	8.18	7.08	10.26	8.48
壮族（百色）[77]	7.70	6.02	11.40	8.56
壮族（广西）[78]	7.00	4.94	9.21	6.49
仫佬族（广西）[98]	5.68	4.62	6.25	5.29
苗族（邵阳）[99]	9.00	8.01	13.62	12.17
苗族（广西）[100]	6.39	5.13	8.68	7.58
苗族（湘黔边区）[101]	7.71	6.10	10.66	7.82
白族（湖南）[79]	6.62	6.08	8.23	7.82
白族（张家界）[102]	9.87	7.99	12.31	8.50
瑶族（广东）[80]	8.10	6.79	12.77	8.86
汉族（潍坊）[83]	8.54	7.63	13.08	9.87
黎族（海南）[85]	5.80	9.17	7.70	8.80
蒙古族[103]	6.45	5.91	12.79	10.28
维吾尔族（乌鲁木齐）[104]	9.50	6.60	11.10	7.70
哈萨克族（乌鲁木齐）[104]	9.80	6.40	11.20	7.40
回族（乌鲁木齐）[104]	10.80	8.10	11.30	7.90
摩梭人（云南）[84]	11.37	10.12	14.39	11.80
普米族（云南）[84]	9.01	8.14	13.96	11.44

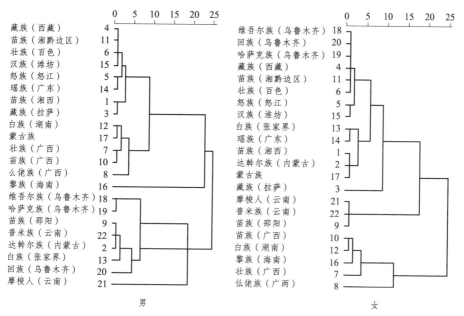

图 2-6　22 个族群男女学生皮褶厚度聚类树状图

　　苗族男生体脂率（BF）在 13.89%～15.99%，女生在 17.38%～26.34%，苗族学生体脂率（BF）与理想构成比[105]（男生：15%～20%，女生：20%～23%）相比较存在一定差距。一般认为轻、中、重度肥胖体脂率（BF）标准[91]：男生分布分别为≥20%，≥25%，≥30%；14 岁以下女生分布为≥25%，≥30%，≥35%；15 岁以上女生分布为≥30%，≥35%，≥40%。由此可见，苗族学生总体上未达到肥胖标准，且在 15 岁时男生体脂率（BF）出现下降趋势。将苗族学生体脂率、皮褶厚度与部分北方族群比较，低于北方达斡尔族[74]、藏族[97]和汉族[83]等族群，这可能与北方气候比南方寒冷有关，且饮食多以乳制品、豆制品、肉类等为主，此外，该地区外出打工人员较多，学生缺乏监管，致使学生营养不均衡[94]，生长发育落后其他族群；高于湘黔边区苗族[101]、湖南白族[79]，可能由于该区域位于云贵高原边缘地带，海拔 400～1 500 m，气温低，日照少所致，也可能与调查年代不同有关，同时也表明，即使同一民族人群在不同区域也存在差别[16]。聚类结果显示，无论男女学生，与湘西州苗族集合类似的有南、北方族群，但以南方为主，说明苗族儿童皮褶发育呈南方族群特征，这主要由环境因素造成的。地处武陵山片区的湘西聚居区，封闭边远，地形崎岖，经济文化类型属生态环境下的"山地耕猎型"，商品经济欠发达，一日三餐主食以稻米为主[93]。因此，特有的地理条件、经济文化和风俗习惯造就了湘西苗族人独有的体质特征。

综上所述，不同民族、地区、饮食习惯、生活方式的不同，都会造成群体或个体皮下脂肪发育的差异。为了使儿童少年拥有强健的体魄，既要满足其生长发育的必需营养，也要考虑到膳食平衡，避免营养过剩。同时，也应加强儿童少年体育锻炼，以提高体质健康整体水平。因此，开展皮褶厚度与体成分研究，有利于早期发现超重肥胖儿童，即时给予膳食指导和训练，对预防成年肥胖症，控制冠心病等有着深远意义。

第三节 "课间营养餐"干预儿童青少年体质健康

国外对学生营养改善计划的实施起步早、历史悠久、体系完善，最早可追溯至 20 世纪初。至 2015 年年底，世界上大约有 90 多个国家实施学生营养计划，总体目的都是让学生更加健康地成长，其中美国和日本取得较好成效。美国于 1946 年以来先后通过午餐法案、白皮书和相关卫生法令等文件，从而形成以"全国学校午餐条例"和"营养教育和训练计划"为主的法律体系。日本立足于自身特点，于 1954 年以来先后为保障营养餐的实施颁布 4 部法律，逐渐形成较为完善的学生营养餐法律保障体系，为其他国家相关法律的制定提供一定的借鉴。英国也在 1944 年通过立法要求地方教育部门必须为学生提供营养餐，使得这项制度成为全国性的举措。国外的相关学者从宏观和微观层面对影响儿童营养健康的因素进行了分析。如，Baulch 等（2003）认为家庭收入水平高低影响食物的获得性，从而进一步影响儿童食物营养的摄取不足，一定程度上阻碍其正确营养观念的形成；Frost（2005）认为母亲的知识水平是影响儿童营养状况的一个重要影响因素；Phomets（2006）也突出家庭营养观念和饮食习惯影响程度，强调父母对孩子的影响；Paminzio（2007）则认为在营养教务过程中，学校是最佳的教育场所，教师是较为理想的教育知识传授者，学生对于这一模式营养知识的接受程度更高等。

我国对学生营养改善计划的实施与国外相比起步晚、发展慢。为贯彻落实《国家中长期教育改革和发展规划纲要（2010—2020年）》，提高农村学生尤其是贫困地区和家庭经济困难学生营养健康水平，从2011年秋季学期起，启动实施农村义务教育学生营养改善计划。营养改善计划实施前，国内学者主要是对营养餐实施必要性和儿童身体健康及营养状况进行研究，只是简单地进行相关分析；营养改善计划实施后，国内学者的研究呈现多元化趋势，不仅仅是现状分析，而是关注营养改善计划对学生营养健康的影响及成效的研究。目前国内有关营养餐的研究主要集中在三个方面：

一是营养改善计划实施问题研究。如，马文起（2013）、张书梅（2013）、宋乃庆（2014）、张倩（2016）、邵忠祥（2019）认为营养计划的实施存在营养不均衡、硬件设施薄弱、供餐模式单一、细节管理不充分、制度保障规范性缺乏、食品安全监管存在漏洞等问题。陈建锋（2015）针对江西省营养改善计划实施过程中存在的问题，从立法、监管、营养食谱等方面提出对策。施涌（2016）则从食堂建设、建立标准、加强安全监管等方面提出相关对策建议。郑田宏（2018）调查中发现学校和食堂对于营养午餐的重视不够、食堂工作人员营养知识匮乏等问题。曹文科（2019）提出营养改善计划的实施使农村学生的用餐质量大大提高，但是在农村寄宿制学校，学生营养餐的浪费现象也十分普遍。吴萍（2021）发现缙云县存在的共性问题主要有：投入不均衡、食堂专职人员不足、政策宣传不到位、营养餐浪费等；特殊问题主要有：缺乏执行能力、申报体制不完善、统购管理存在漏洞、食堂工作人员业务能力不高、监督体制不健全等。

二是营养改善计划实施实证研究。如，张海柱（2013）阐述了营养计划实施的因果关系，对其实施的必要性和可行性进行分析。徐海泉等（2014）对我国农村义务教育学生营养改善计划实施的社会效益进行研究。杨国华等（2014）运用案例分析的方法，分析存在的问题和取得的成绩。王瑞娟（2015）分析了营养改善计划实施对学生饮食习惯、行为和营养均衡等各项的影响因素。孙洪（2015）认为试点地区积极落实国家的政策要求，严格执行营养改善计划，在这些地区取得一定的成效。郑永红（2017）运用层次分析法构建营养改善计划实施评价指标体系，对长汀县"课间营养餐计划"实施情况进行评价。程茅伟（2017）运用广义估计方程评价得出营养宣教能显著性提高"计划"地区中小学生营养知识知晓率并促进日常健康饮食行为水平。任春荣（2019）调查表明农村义务教育学生营养改善计划的投入和管理运行机制逐渐成熟，具有支撑营养改善计划长期实施的能力。许凤鸣（2021）通过对河南省营养改善计划地区学生贫血状况的监测发现，营养改善计划的实施使学生贫血状况得到明显改善，进一步干预应重点关注女生和初中生等。

三是营养改善计划实施中营养状况研究。如，史耀疆（2013）主要分析微量的营养素干预对学生的营养、生活和健康等方面的影响，得出我国贫困农村地区的学生存在严重的微量元素缺乏问题。张帆（2015）通过记账法对学校食堂的食物供应进行调查，结果表明蛋白质、钙、铁、锌的供应情况相对较好，能量、维生素 A、维生素 C 供应情况相对较差。范彦娜（2016）对学生营养知识态度行为进行调查，表明营养改善计划的实施在一定程度上对中小学生产生积极影响，但营养态度方面整体水平不高，需加强营养宣教。杨依哲（2019）收集海南省 3 个"营养改善计划"试点县的监测数据，分析表明学生生长迟缓及消瘦有明显改善、微量元素缺乏得到缓解。曹薇（2021）分析 2012—2017 年农村义务教育学生营养改善计划监测中 6~15 岁学生的身高数据显示，学生生长迟缓检出率呈逐年下降趋势，但总体仍较高，且存在地区差异等。

朱镕基同志于 2013 年设立以"扶贫济困，助学育人"为宗旨的实事助学基金会，以贫困地区和家庭经济困难学生为重点，启动贫困农村义务教育学校"课间营养餐"实施计划，湘西土家族苗族自治州（以下简称为湘西州）3所农村中小学成为首批试点学校。2018年湘西州教育和体育局在湘西州农村学校全面启动"课间营养餐"实施计划。"课间营养餐"作为国家实施"农村义务教育学生营养改善计划"的重要补充，有利于改善贫困地区农村儿童青少年的营养健康状况，有利于促使其健康成长和正常生长发育。湘西州地处武陵山区腹地，受地域环境、社会经济、生活方式、风俗习惯等多因素的综合影响，使得该地区农村学生的营养健康问题尤为突出。在"健康中国"的时代背景下，加强"课间营养餐"对湘西州农村学生生长发育和营养状况的影响研究更具意义和价值。

一、研究对象与方法

（一）研究对象

1. 调研学校

试点学校（实施"课间营养餐"学校）：吉首矮寨小学、吉首矮寨中学、古丈红石林九年制学校、花垣排料九年制学校等4所；对照学校（没有实施"课间营养餐"学校）：吉首寨阳小学、吉首寨阳中学、古丈断龙九年制学校、花垣排碧九年制学校等4所。共计8所学校。

2. 调研样本构成

（1）抽样方法。调查采用分层随机整群抽样调查方法，即首先确定调研点校，再以年级分层，以教学班为单位随机整群抽样构成调研样本。调研样本由随机整群抽取的教学班全体正常学生构成。正常学生指能从事各项体育锻炼活动，发育健全、身体健康的学生。凡心、肝、脾、肾等主要脏器有病者，身体残缺、畸形者，急性病患者或一月内患过高烧、腹泻等急性病的学生均不得参加测试。

（2）样本分组。幼儿园学生（学前班）：按男、女分为两类，共2个年龄组；小学生（6~12岁）：按男、女分为两类，共14个年龄组；初中学生（13~15岁）：按男、女分为两类，共6个年龄组。共22个年龄组。

（3）样本含量。2019 年 3 月份调研总计样本含量为 3 062 人，其中，试点学校 1 516 人，对照学校 1 546 人；2019 年 11 月份调研总计样本含量为 2 984 人，其中，试点学校 1 493 人，对照学校 1 491 人。各年龄组样本含量详见表 2-17。

表 2-17　2019 年湘西州农村学校"课间营养餐"调研人数汇总表

年龄组	11 月份调研人数统计						3 月份调研人数统计					
	试点学校			对照学校			试点学校			对照学校		
	男生	女生	合计	男生	女生	合计	男生	女生	合计	男生	女生	合计
学前班	23	26	49	19	38	57	27	16	43	19	29	48
6 岁	34	37	71	31	26	57	18	21	39	4	10	14
7 岁	65	48	113	71	67	138	82	59	141	71	57	128
8 岁	85	86	171	77	63	140	75	72	147	84	74	158
9 岁	110	80	190	90	98	188	105	96	201	94	106	200
10 岁	106	104	210	103	106	209	98	102	200	116	111	227
11 岁	113	90	203	101	99	200	87	93	180	85	116	201
12 岁	67	74	141	64	83	147	94	87	181	81	89	170
13 岁	88	55	143	77	79	156	77	64	141	78	68	146
14 岁	57	58	115	56	63	119	80	57	137	70	70	140
15 岁	51	36	87	47	33	80	60	46	106	50	64	114
合计	799	694	1493	736	755	1491	803	713	1516	752	794	1546
总计	2 984 人						3 062 人					

注：学前班由 5 岁儿童构成。

（二）研究方法

1. 干预实验法

（1）测试指标。2019 年湘西州农村学校"课间营养餐"调研指标共计 7 项，其中，学前班共计 3 项，小学、初中分别为 7 项。详见表 2-18。

表 2-18　2019 年湘西州农村学校"课间营养餐"测试指标

指标	学前班（5 岁）	小学（6～12 岁）	初中（13～15 岁）
身　高/cm	△	△	△
坐　高/cm	△	△	△
体　重/kg	△	△	△
胸　围/cm		△	△
上臂部皮褶厚度/mm		△	△
肩胛部皮褶厚度/mm		△	△
腹部皮褶厚度/mm		△	△

注：1. 填△的表示有此检测项目；2. 检测方法严格按《中国学生体质与健康调研检测细则》执行。

（2）试点学校干预。干预时间：2019 年 3—11 月。干预手段：试点学校上午大课间每人每天一个鸡蛋、一杯牛奶、一份糕点（节假日除外）；对照学校上午大课间无营养餐。干预人群：吉首矮寨小学、吉首矮寨中学、古丈红石林九年制学校（含学前班）、花垣排料九年制学校（含学前班）全体正常学生。干预指标：身高、体重、坐高、胸围、上臂部皮褶厚度、肩胛部皮褶厚度、腹部皮褶厚度；检测方法严格按《中国学生体质与健康调研检测细则》执行。

（3）质量监控。对测试指标的仪器统一购置，统一校对，并按照统一方法，统一标准，统一流程在集中的地点和时间内完成测试；调研前，就本次调研的目的、测试标准及测试时注意的事项进行详细讲解和专业培训，每个调研人员明确自己的职责，严格考核，合格后担任测试员一职；本次调研得到了州教体局及调研学校的大力支持，现场测试均在班主任配合及专业调研小组的指导下完成。

2. 数理统计法

采用 EpiData3.1 软件建立数据库并录入有效数据，应用 SPSS22.0 软件进行统计学分析。（1）计量数值用 $\bar{x} \pm s$ 表示，组间比较采用独立样本 t 检验。（2）计数资料采用 χ^2 检验（当 $n \geq 40$ 且所有 $T \geq 5$ 时，用普通的

χ^2 检验；当 $n \geqslant 40$ 但有 $1 \leqslant T < 5$ 时，用校正的 χ^2 检验；当 $n < 40$ 或有 $T < 1$ 时，改用确切概率法进行检验）。

二、"课间营养餐"干预生长发育效果分析

（一）干预前学生生长发育水平

1. 学生身高情况

表 2-19、表 2-20 结果显示，学前班男、女儿童身高均值试点学校高于对照学校，提高幅度分别为 0.94 cm、2.22 cm；中小学男生 6 岁、8～9 岁、14～15 岁年龄组身高均值试点学校高于对照学校，提高幅度变化在 0.38～1.89 cm，其中 8 岁年龄组差异有统计学意义（$P < 0.05$）；中小学女生除 14 岁年龄组外，其余年龄组身高均值试点学校高于对照学校，提高幅度变化在 0.05～2.75 cm，其中 7 岁、10 岁年龄组差异有统计学意义（均 $P < 0.05$）。

表 2-19 "课间营养餐"干预前试点学校与对照学校男生身高情况（cm）

年龄组	试点学校男生		对照学校男生		差值	t 值	P 值
	n	$\bar{x} \pm s$	n	$\bar{x} \pm s$			
学前班	27	109.38±5.48	19	108.44±5.23	0.94	0.586	0.561
6 岁	18	118.52±3.86	4	117.83±4.42	0.69	0.290	0.786
7 岁	82	120.01±4.99	71	120.94±5.59	-0.93	-1.078	0.283
8 岁	75	126.19±5.75	84	124.30±5.92	1.89	2.043	0.043
9 岁	105	129.98±5.64	94	129.60±5.34	0.38	0.483	0.629
10 岁	98	134.34±5.43	116	134.72±5.39	-0.38	-0.510	0.611
11 岁	87	138.56±6.89	85	139.13±5.86	-0.57	-0.581	0.562
12 岁	94	144.39±7.80	81	144.60±7.64	-0.21	-0.183	0.855
13 岁	77	151.24±8.94	78	151.95±8.03	-0.71	-0.518	0.605
14 岁	80	160.01±5.90	70	159.25±6.55	0.76	0.749	0.455
15 岁	60	161.72±5.61	50	160.50±6.91	1.22	1.019	0.310

注：1. 学前班由 5 岁儿童构成；2. 差值=试点学校学生指标均值-对照学校学生指标均值。

表 2-20 "课间营养餐"干预前试点学校与对照学校女生身高情况（cm）

年龄组	试点学校女生		对照学校女生		差值	t 值	P 值
	n	$\overline{x} \pm s$	n	$\overline{x} \pm s$			
学前班	16	109.51±5.58	29	107.30±4.02	2.22	1.540	0.131
6 岁	21	118.93±5.29	10	117.68±4.38	1.25	0.649	0.521
7 岁	59	120.81±4.82	57	118.07±4.35	2.75	3.219	0.002
8 岁	72	125.50±5.33	74	124.16±5.51	1.34	1.488	0.139
9 岁	96	129.25±4.98	106	128.63±5.25	0.62	0.860	0.391
10 岁	102	136.92±7.86	111	134.78±6.01	2.15	2.223	0.027
11 岁	93	141.95±7.79	116	141.41±7.63	0.54	0.502	0.616
12 岁	87	147.12±6.04	89	145.84±6.13	1.28	1.394	0.165
13 岁	64	152.10±4.40	68	151.29±5.34	0.81	0.942	0.348
14 岁	57	151.49±5.94	70	152.22±5.75	-0.73	-0.700	0.485
15 岁	46	152.69±5.64	64	152.64±5.07	0.05	0.047	0.963

注：1. 学前班由 5 岁儿童构成；2. 差值=试点学校学生指标均值-对照学校学生指标均值。

2. 学生体重情况

表 2-21、表 2-22 结果显示，学前班男、女儿童体重均值试点学校高于对照学校，提高幅度分别为 0.50 kg、0.87 kg；中小学男生 6 岁、8~9 岁、14 岁年龄组体重均值试点学校高于对照学校，提高幅度变化在 0.16~3.05 kg；中小学女生除 14 岁年龄组外，其余年龄组体重均值试点学校高于对照学校，提高幅度变化在 0.16~2.91 kg，其中 10 岁年龄组差异有统计学意义（$P<0.05$）。

表 2-21 "课间营养餐"干预前试点学校与对照学校男生体重情况（kg）

年龄组	试点学校男生		对照学校男生		差值	t 值	P 值
	n	$\overline{x} \pm s$	n	$\overline{x} \pm s$			
学前班	27	19.49±4.76	19	18.99±2.88	0.50	0.403	0.689
6 岁	18	23.06±4.40	4	22.90±3.14	0.16	0.067	0.948
7 岁	82	22.97±3.77	71	23.22±3.80	-0.25	-0.414	0.680

续表

年龄组	试点学校男生		对照学校男生		差值	t 值	P 值
	n	$\bar{x} \pm s$	n	$\bar{x} \pm s$			
8 岁	75	26.91±5.55	84	25.72±7.71	1.19	1.103	0.272
9 岁	105	28.75±5.91	94	27.89±6.00	0.86	1.109	0.310
10 岁	98	31.22±6.75	116	32.04±7.19	-0.83	-0.865	0.388
11 岁	87	34.17±8.48	85	34.88±8.06	-0.61	-0.562	0.575
12 岁	94	38.72±8.12	81	38.96±9.19	-0.24	-0.182	0.856
13 岁	77	44.53±10.80	78	46.24±13.43	-1.71	-0.873	0.384
14 岁	80	52.38±10.97	70	49.33±8.21	3.05	1.903	0.059
15 岁	60	54.14±11.57	50	54.18±12.14	-0.04	-0.016	0.987

注：1. 学前班由 5 岁儿童构成；2. 差值=试点学校学生指标均值-对照学校学生指标均值。

表 2-22 "课间营养餐"干预前试点学校与对照学校女生体重情况（kg）

年龄组	试点学校女生		对照学校女生		差值	t 值	P 值
	n	$\bar{x} \pm s$	n	$\bar{x} \pm s$			
学前班	16	18.73±2.42	29	17.87±1.70	0.87	1.404	0.168
6 岁	21	22.95±6.15	10	20.90±2.44	2.05	1.008	0.322
7 岁	59	22.35±4.13	57	21.30±3.03	1.05	1.550	0.124
8 岁	72	25.26±4.80	74	24.69±4.64	0.57	0.732	0.465
9 岁	96	27.25±4.84	106	27.09±4.57	0.16	0.243	0.808
10 岁	102	32.52±7.51	111	29.61±4.92	2.91	3.316	0.001
11 岁	93	36.26±8.68	116	35.58±7.83	0.68	0.595	0.553
12 岁	87	40.30±7.80	89	39.54±8.42	0.76	0.623	0.534
13 岁	64	47.43±5.93	68	45.53±7.86	1.91	1.564	0.120
14 岁	57	49.23±8.11	70	49.50±9.59	-0.27	-0.170	0.865
15 岁	46	50.12±6.83	64	49.51±6.71	0.61	0.463	0.644

注：1. 学前班由 5 岁儿童构成；2. 差值=试点学校学生指标均值-对照学校学生指标均值。

3. 学生坐高情况

表 2-23、表 2-24 结果显示，学前班男、女儿童坐高均值试点学校高于对照学校，提高幅度分别为 0.19 cm、1.37 cm；中小学男生 6 岁、8 ~ 9 岁、11 ~ 12 岁、14 ~ 15 岁年龄组坐高均值试点学校高于对照学校，提高幅度变化在 0.12 ~ 1.57 cm，其中 8 岁年龄组差异有统计学意义（$P<0.05$）；中小学女生除 14 岁年龄组外，其余年龄组坐高均值试点学校高于对照学校，提高幅度变化在 0.17 ~ 1.68 cm，其中 7 岁、10 岁、12 ~ 13 岁、15 岁年龄组差异有统计学意义（均 $P<0.05$）。

表 2-23　"课间营养餐"干预前试点学校与对照学校男生坐高情况（cm）

年龄组	试点学校男生		对照学校男生		差值	t 值	P 值
	n	$\bar{x} \pm s$	n	$\bar{x} \pm s$			
学前班	27	61.61±3.25	19	19.61±2.74	0.19	0.209	0.835
6 岁	18	66.60±2.10	4	66.30±2.34	0.30	0.258	0.799
7 岁	82	67.22±2.86	71	67.32±2.83	-0.10	-0.206	0.837
8 岁	75	70.07±2.93	84	68.83±3.07	1.24	2.596	0.010
9 岁	105	71.42±2.90	94	70.87±3.02	0.55	1.308	0.192
10 岁	98	72.95±2.91	116	73.15±2.72	-0.20	-0.536	0.593
11 岁	87	74.75±3.54	85	74.55±3.3.	0.20	0.377	0.706
12 岁	94	77.53±3.96	81	77.20±3.95	0.33	0.548	0.585
13 岁	77	80.52±5.88	78	81.09±4.19	-0.57	-0.695	0.486
14 岁	80	85.53±5.27	70	83.69±4.86	1.57	1.882	0.062
15 岁	60	86.04±4.65	50	85.92±3.73	0.12	0.145	0.886

注：1. 学前班由 5 岁儿童构成；2. 差值=试点学校学生指标均值-对照学校学生指标均值。

表 2-24　"课间营养餐"干预前试点学校与对照学校女生坐高情况（cm）

年龄组	试点学校女生		对照学校女生		差值	t 值	P 值
	n	$\bar{x} \pm s$	n	$\bar{x} \pm s$			
学前班	16	62.16±3.11	29	60.78±2.34	1.37	1.673	0.102
6 岁	21	66.40±2.74	10	65.61±2.86	0.80	0.745	0.463

续表

年龄组	试点学校女生		对照学校女生		差值	t 值	P 值
	n	$\bar{x}\pm s$	n	$\bar{x}\pm s$			
7 岁	59	67.43±2.67	57	65.75±2.70	1.68	3.361	0.001
8 岁	72	69.46±3.00	74	68.55±2.73	0.91	1.911	0.058
9 岁	96	70.84±2.83	106	70.29±2.78	0.55	1.380	0.169
10 岁	102	74.45±3.73	111	72.95±3.01	1.50	3.206	0.002
11 岁	93	76.56±4.24	116	76.40±4.35	0.17	0.276	0.783
12 岁	87	79.57±3.42	89	78.41±3.53	1.17	2.228	0.027
13 岁	64	82.56±2.31	68	81.36±3.09	1.20	2.530	0.013
14 岁	57	82.30±3.21	70	82.33±3.08	-0.03	-0.047	0.962
15 岁	46	83.49±3.11	64	82.38±2.69	1.11	2.000	0.048

注：1. 学前班由 5 岁儿童构成；2. 差值=试点学校学生指标均值-对
照学校学生指标均值。

4. 学生胸围情况

表 2-25、表 2-26 结果显示，中小学男生 6~9 岁、12 岁、14 岁年龄组胸围均值试点学校高于对照学校，提高幅度变化在 0.28~2.21 cm，其中 8 岁年龄组差异有统计学意义（$P<0.05$）；中小学女生除 12 岁年龄组外，其余年龄组胸围均值试点学校高于对照学校，提高幅度变化在 0.01~2.92 cm，其中 10 岁、13 岁年龄组差异有统计学意义（均 $P<0.05$）。

表 2-25　"课间营养餐"干预前试点学校与对照学校男生胸围情况（cm）

年龄组	试点学校男生		对照学校男生		差值	t 值	P 值
	n	$\bar{x}\pm s$	n	$\bar{x}\pm s$			
6 岁	18	60.71±5.11	4	58.50±3.25	2.21	0.882	0.421
7 岁	82	59.41±4.03	71	59.00±3.83	0.41	0.641	0.523
8 岁	75	62.58±5.95	84	60.41±6.37	2.14	2.210	0.029
9 岁	105	63.82±5.90	94	62.29±5.78	1.53	1.839	0.067
10 岁	98	65.83±6.40	116	65.93±7.09	-0.10	-0.113	0.910

年龄组	试点学校男生		对照学校男生		差值	t 值	P 值
	n	$\overline{x} \pm s$	n	$\overline{x} \pm s$			
11 岁	87	67.71±7.62	85	67.71±7.69	0.00	0.004	0.997
12 岁	94	71.13±6.71	81	70.85±7.58	0.28	0.263	0.793
13 岁	77	74.85±7.80	78	75.99±10.25	-1.14	-0.775	0.439
14 岁	80	80.13±7.63	70	78.01±6.31	2.21	1.835	0.068
15 岁	60	80.55±8.21	29	82.06±8.08	-1.51	0.964	0.337

注：差值=试点学校学生指标均值-对照学校学生指标均值。

表 2-26　"课间营养餐"干预前试点学校与对照学校女生胸围情况（cm）

年龄组	试点学校女生		对照学校女生		差值	t 值	P 值
	n	$\overline{x} \pm s$	n	$\overline{x} \pm s$			
6 岁	21	58.34±7.52	10	55.54±2.03	2.80	1.148	0.260
7 岁	59	57.09±4.25	57	55.83±3.11	1.26	1.819	0.071
8 岁	72	59.65±4.82	74	58.92±4.90	0.72	0.900	0.369
9 岁	96	61.07±5.33	106	61.06±4.62	0.01	0.015	0.988
10 岁	102	65.81±6.65	111	62.89±4.88	2.92	3.625	0.000
11 岁	93	68.83±7.61	116	68.52±6.79	0.31	0.310	0.757
12 岁	87	72.12±7.14	89	72.18±7.08	-0.06	-0.055	0.956
13 岁	64	78.86±5.81	68	76.42±6.27	2.44	2.319	0.022
14 岁	57	81.61±6.75	70	80.11±8.66	1.50	1.070	0.287
15 岁	46	81.42±6.43	64	79.85±5.13	1.57	1.423	0.158

注：差值=试点学校学生指标均值-对照学校学生指标均值。

5. 学生上臂部皮脂情况

表 2-27、表 2-28 结果显示，中小学男生 6～9 岁、14 岁年龄组上臂部皮脂均值试点学校高于对照学校，提高幅度变化在 0.15～2.13 mm，其中 14 岁年龄组差异有统计学意义（$P<0.05$）；中小学女生 6～8 岁、10 岁、13 岁年龄组上臂部皮脂均值试点学校高于对照学校，提高幅度变化在 0.15～1.95 mm。

表 2-27 "课间营养餐"干预前试点学校与对照学校男生上臂部皮脂情况（mm）

年龄组	试点学校男生		对照学校男生		差值	t 值	P 值
	n	$\bar{x} \pm s$	n	$\bar{x} \pm s$			
6 岁	18	9.20±3.77	4	9.05±1.69	0.15	0.077	0.940
7 岁	82	8.43±3.42	71	8.16±3.25	0.27	0.488	0.626
8 岁	75	10.48±5.57	84	9.40±5.41	1.08	1.235	0.219
9 岁	105	10.11±4.70	94	9.10±4.63	1.01	1.533	0.127
10 岁	98	11.04±5.45	116	11.76±6.42	-0.72	-0.875	0.383
11 岁	87	10.30±5.46	85	11.77±5.57	-1.46	-1.746	0.083
12 岁	94	10.79±5.77	81	11.39±5.60	-0.59	-0.692	0.490
13 岁	77	11.19±6.07	78	12.38±7.72	-1.18	-1.059	0.291
14 岁	80	12.22±6.80	70	10.09±3.56	2.13	2.445	0.016
15 岁	60	11.42±7.07	50	11.89±6.78	-0.46	-0.350	0.727

注：差值=试点学校学生指标均值-对照学校学生指标均值。

表 2-28 "课间营养餐"干预前试点学校与对照学校女生上臂部皮脂情况（mm）

年龄组	试点学校女生		对照学校女生		差值	t 值	P 值
	n	$\bar{x} \pm s$	n	$\bar{x} \pm s$			
6 岁	21	10.54±5.60	10	8.59±2.54	1.95	1.045	0.304
7 岁	59	10.15±4.22	57	9.06±2.89	1.09	1.623	0.108
8 岁	72	11.43±4.41	74	11.28±5.25	0.15	0.183	0.855
9 岁	96	11.19±4.85	106	12.55±5.17	-1.37	-1.933	0.055
10 岁	102	13.54±5.45	111	12.39±4.18	1.14	1.706	0.090
11 岁	93	15.05±6.06	116	15.36±6.08	-0.31	0.368	0.713
12 岁	87	15.67±6.22	89	17.46±8.04	-1.79	-1.696	0.092
13 岁	64	19.95±5.99	68	19.55±7.32	0.40	0.341	0.733
14 岁	57	21.88±7.69	70	22.85±7.99	-0.97	-0.695	0.489
15 岁	46	21.51±6.91	64	23.47±6.74	-1.96	-1.486	0.140

注：差值=试点学校学生指标均值-对照学校学生指标均值。

6. 学生肩胛部皮脂情况

表 2-29、表 2-30 结果显示，中小学男生 8～9 岁、14 岁年龄组肩胛部皮脂均值试点学校高于对照学校，提高幅度变化在 0.15～2.00 mm，其中 14 岁年龄组差异有统计学意义（$P<0.05$）；中小学女生 6～7 岁、10～11 岁年龄组肩胛部皮脂均值试点学校高于对照学校，提高幅度变化在 0.57～3.84 mm，其中 7 岁、10 岁年龄组差异有统计学意义（均 $P<0.05$）。

表 2-29　"课间营养餐"干预前试点学校与对照学校男生肩胛部皮脂情况（mm）

年龄组	试点学校男生		对照学校男生		差值	t 值	P 值
	n	$\bar{x}\pm s$	n	$\bar{x}\pm s$			
6 岁	18	5.92±3.39	4	6.95±3.21	-1.02	-0.552	0.593
7 岁	82	5.79±3.42	71	5.81±3.11	-0.02	-0.040	0.965
8 岁	75	7.32±5.18	84	7.17±6.38	0.15	0.163	0.871
9 岁	105	7.20±4.84	94	7.00±5.49	0.20	0.279	0.780
10 岁	98	8.46±6.33	116	9.54±7.81	-1.07	-1.095	0.275
11 岁	87	8.13±6.57	85	9.22±6.70	-1.09	-1.076	0.283
12 岁	94	9.15±6.93	81	9.96±7.18	-0.81	-0.759	0.449
13 岁	77	9.00±7.27	78	10.57±8.58	-0.97	-0.761	0.448
14 岁	80	10.76±6.59	70	8.75±3.10	2.00	2.326	0.021
15 岁	60	10.90±7.53	50	11.35±6.92	-0.44	-0.322	0.748

注：差值=试点学校学生指标均值-对照学校学生指标均值。

表 2-30　"课间营养餐"干预前试点学校与对照学校女生肩胛部皮脂情况（mm）

年龄组	试点学校女生		对照学校女生		差值	t 值	P 值
	n	$\bar{x}\pm s$	n	$\bar{x}\pm s$			
6 岁	21	9.25±9.52	10	5.41±1.21	3.84	1.261	0.217
7 岁	59	6.95±5.43	57	5.36±1.51	1.58	2.157	0.035
8 岁	72	7.64±5.06	74	7.79±5.08	-0.15	-0.174	0.862
9 岁	96	8.37±5.15	106	8.50±5.52	-0.13	-0.170	0.865
10 岁	102	9.95±5.45	111	7.99±3.59	1.96	3.066	0.003

续表

年龄组	试点学校女生		对照学校女生		差值	t 值	P 值
	n	$\bar{x} \pm s$	n	$\bar{x} \pm s$			
11 岁	93	11.37±6.28	116	10.80±5.44	0.57	0.703	0.483
12 岁	87	11.83±5.87	89	13.66±8.26	-1.83	-1.696	0.092
13 岁	64	15.71±7.16	68	16.66±8.77	-0.95	-0.679	0.499
14 岁	57	18.82±7.36	70	20.60±11.36	-1.78	-1.063	0.290
15 岁	46	19.08±6.86	64	20.32±8.27	-1.24	-0.830	0.408

注：差值=试点学校学生指标均值-对照学校学生指标均值。

7. 学生腹部皮脂情况

表 2-31、表 2-32 结果显示，中小学男生 8～9 岁、14 岁年龄组腹部皮脂均值试点学校高于对照学校，提高幅度变化在 0.31～2.88 mm，其中 14 岁年龄组差异有统计学意义（$P < 0.05$）；中小学女生 6～8 岁、10～11 岁年龄组腹部皮脂均值试点学校高于对照学校，提高幅度变化在 0.53～3.75 mm，其中 6～7 岁、10 岁年龄组差异有统计学意义（均 $P < 0.05$）。

表 2-31 "课间营养餐"干预前试点学校与对照学校男生腹部皮脂情况（mm）

年龄组	试点学校男生		对照学校男生		差值	t 值	P 值
	n	$\bar{x} \pm s$	n	$\bar{x} \pm s$			
6 岁	18	7.53±6.83	4	7.97±3.79	-0.43	-0.122	0.904
7 岁	82	6.76±4.33	71	7.02±4.48	-0.26	-0.367	0.714
8 岁	75	9.20±7.62	84	8.28±7.75	0.92	0.756	0.451
9 岁	105	8.97±7.20	94	8.66±6.34	0.31	0.316	0.753
10 岁	98	10.54±8.08	116	12.13±9.23	-1.59	-1.328	0.186
11 岁	87	10.56±8.79	85	12.19±8.92	-1.63	-1.203	0.231
12 岁	94	11.68±8.93	81	12.41±8.91	-0.73	-0.539	0.590
13 岁	77	12.46±9.18	78	13.75±10.35	-1.28	-0.816	0.416
14 岁	80	14.11±9.65	70	11.23±5.92	2.88	2.164	0.027
15 岁	60	13.18±9.22	50	14.15±8.99	-0.96	-0.554	0.581

注：差值=试点学校学生指标均值-对照学校学生指标均值。

表 2-32 "课间营养餐"干预前试点学校与对照学校女生腹部皮脂情况（mm）

年龄组	试点学校女生		对照学校女生		差值	t 值	P 值
	n	$\overline{x}\pm s$	n	$\overline{x}\pm s$			
6 岁	21	9.26±7.36	10	5.51±1.52	3.75	2.234	0.035
7 岁	59	7.71±4.62	57	5.78±1.89	1.93	2.963	0.004
8 岁	72	9.12±5.46	74	8.56±6.00	0.56	0.592	0.555
9 岁	96	9.68±5.84	106	9.96±6.38	-0.28	-0.322	0.748
10 岁	102	11.79±7.04	111	9.50±4.79	2.29	2.757	0.006
11 岁	93	13.76±7.82	116	13.11±7.03	0.53	0.634	0.527
12 岁	87	14.67±6.72	89	16.25±9.20	-1.58	-1.305	0.194
13 岁	64	18.32±6.14	68	19.00±8.16	-0.69	-0.546	0.586
14 岁	57	20.73±6.71	70	21.04±9.05	-0.31	-0.223	0.824
15 岁	46	19.59±5.89	64	21.65±6.67	-2.06	-1.678	0.096

注：差值=试点学校学生指标均值-对照学校学生指标均值。

（二）干预后学生生长发育水平

1. 学生身高情况

表 2-33、表 2-34 结果显示，除学前班和 13 岁年龄组外，其余年龄组男生身高均值试点学校高于对照学校，提高幅度变化在 0.26～2.21 cm；中小学女生 6～9 岁、11～13 岁年龄组身高均值试点学校高于对照学校，提高幅度变化在 0.93～2.37 cm，其中 7 岁、12 岁年龄组差异有统计学意义（均 $P<0.05$）。

表 2-33 "课间营养餐"干预后试点学校与对照学校男生身高情况（cm）

年龄组	试点学校男生		对照学校男生		差值	t 值	P 值
	n	$\overline{x}\pm s$	n	$\overline{x}\pm s$			
学前班	23	107.94±4.62	19	109.15±4.64	-1.21	-0.951	0.346
6 岁	34	118.38±6.17	31	116.69±4.98	1.69	1.212	0.230
7 岁	65	120.33±5.24	71	119.79±5.65	0.54	0.574	0.770
8 岁	85	125.78±5.49	77	125.52±5.22	0.26	0.314	0.754

续表

年龄组	试点学校男生		对照学校男生		差值	t 值	P 值
	n	$\bar{x} \pm s$	n	$\bar{x} \pm s$			
9 岁	110	129.81±5.73	90	128.81±5.55	1.00	1.249	0.213
10 岁	106	134.73±6.15	103	134.40±5.98	0.33	0.387	0.699
11 岁	113	139.02±6.55	101	138.39±6.01	0.63	0.727	0.468
12 岁	67	145.94±7.91	64	143.73±6.15	2.21	1.784	0.077
13 岁	88	151.38±8.05	77	153.21±8.45	-1.83	-1.424	0.156
14 岁	57	159.06±7.29	56	158.62±7.02	0.44	0.330	0.742
15 岁	51	161.69±5.86	47	161.24±6.00	0.45	0.373	0.710

注：1. 学前班由 5 岁儿童构成；2. 差值=试点学校学生指标均值-对
照学校学生指标均值。

表 2-34 "课间营养餐"干预后试点学校与对照学校女生身高情况（cm）

年龄组	试点学校女生		对照学校女生		差值	t 值	P 值
	n	$\bar{x} \pm s$	n	$\bar{x} \pm s$			
学前班	26	107.11±4.52	38	107.95±4.01	-0.84	-0.783	0.436
6 岁	37	116.61±4.28	26	115.65±6.17	0.98	0.691	0.493
7 岁	48	120.52±5.42	67	118.43±4.59	2.09	2.228	0.028
8 岁	86	125.60±5.46	63	124.17±5.81	1.44	1.543	0.125
9 岁	80	130.65±6.12	98	129.72±5.91	0.93	1.033	0.303
10 岁	104	135.02±6.47	106	135.10±5.78	-0.09	-0.101	0.920
11 岁	90	142.00±7.66	99	140.76±7.31	1.24	1.135	0.258
12 岁	74	148.09±6.14	83	145.73±6.62	2.37	2.315	0.022
13 岁	55	151.56±5.79	79	150.33±5.92	1.23	1.197	0.234
14 岁	58	152.64±4.54	63	153.08±5.13	-0.44	-0.492	0.624
15 岁	36	152.44±5.69	33	152.89±5.09	-0.45	-0.342	0.733

注：1. 学前班由 5 岁儿童构成；2. 差值=试点学校学生指标均值-对
照学校学生指标均值。

2. 学生体重情况

表 2-35、表 2-36 结果显示，中小学男生 6 ~ 9 岁、12 岁、14 ~ 15 岁年龄组体重均值试点学校高于对照学校，提高幅度变化在 0.02 ~ 1.55 kg；中小学女生 6 ~ 8 岁、10 ~ 14 岁年龄组体重均值试点学校高于对照学校，提高幅度变化在 0.08 ~ 1.70 kg。

表 2-35　"课间营养餐"干预后试点学校与对照学校男生体重情况（kg）

年龄组	试点学校男生		对照学校男生		差值	t 值	P 值
	n	$\bar{x} \pm s$	n	$\bar{x} \pm s$			
学前班	23	18.16±1.97	19	19.07±2.79	-0.91	-1.336	0.187
6 岁	34	23.01±7.18	31	21.46±4.98	1.55	1.005	0.319
7 岁	65	23.28±4.11	71	22.60±3.55	0.67	1.027	0.306
8 岁	85	26.86±5.93	77	25.93±5.60	0.93	1.026	0.306
9 岁	110	28.65±6.64	90	27.74±6.04	0.90	0.998	0.319
10 岁	106	31.69±7.66	103	31.71±7.73	-0.19	-0.0187	0.986
11 岁	113	33.88±7.32	101	34.58±7.92	-0.070	-0.676	0.500
12 岁	67	39.65±9.90	64	38.27±8.08	1.38	0.872	0.385
13 岁	88	44.59±9.49	77	46.32±10.04	-1.73	-1.140	0.256
14 岁	57	52.30±14.35	56	50.82±11.89	1.48	0.597	0.552
15 岁	51	53.29±9.00	47	53.27±10.56	0.02	0.007	0.995

注：1. 学前班由 5 岁儿童构成；2. 差值=试点学校学生指标均值-对照学校学生指标均值。

表 2-36　"课间营养餐"干预后试点学校与对照学校女生体重情况（kg）

年龄组	试点学校女生		对照学校女生		差值	t 值	P 值
	n	$\bar{x} \pm s$	n	$\bar{x} \pm s$			
学前班	26	17.40±2.17	38	17.62±1.63	-0.22	-0.463	0.645
6 岁	37	21.44±3.70	26	21.24±5.15	0.19	0.173	0.863
7 岁	48	23.36±4.77	67	22.16±5.06	1.20	1.288	0.200
8 岁	86	25.32±5.41	63	25.24±5.72	0.08	0.090	0.929
9 岁	80	27.36±4.90	98	27.81±6.03	-0.44	-0.531	0.596

续表

年龄组	试点学校女生		对照学校女生		差值	t 值	P 值
	n	$\bar{x} \pm s$	n	$\bar{x} \pm s$			
10 岁	104	30.57±5.94	106	30.13±4.42	0.44	0.608	0.544
11 岁	90	36.66±8.91	99	34.96±7.18	1.70	1.452	0.148
12 岁	74	40.85±8.31	83	39.78±8.73	1.07	0.786	0.433
13 岁	55	46.05±8.02	79	44.91±8.39	1.15	0.791	0.430
14 岁	58	50.39±7.62	63	49.81±8.86	0.58	0.385	0.701
15 岁	36	51.06±6.26	33	52.62±9.86	-1.56	-0.775	0.442

注：1. 学前班由 5 岁儿童构成；2. 差值=试点学校学生指标均值-对
照学校学生指标均值。

3. 学生坐高情况

表 2-37、表 2-38 结果显示，中小学男生 6～9 岁、11～12 岁、14～
15 岁年龄组坐高均值试点学校高于对照学校，提高幅度变化在 0.03～
1.24 cm；中小学女生 6～13 岁、15 岁年龄组坐高均值试点学校高于对照
学校，提高幅度变化在 0.24～1.29 cm，其中 7 岁、12 岁年龄组差异有统
计学意义（均 $P < 0.05$）。

表 2-37 "课间营养餐"干预后试点学校与对照学校男生坐高情况（cm）

年龄组	试点学校男生		对照学校男生		差值	t 值	P 值
	n	$\bar{x} \pm s$	n	$\bar{x} \pm s$			
学前班	23	60.76±2.78	31	61.83±2.79	-1.07	-1.391	0.170
6 岁	34	66.07±3.57	31	65.34±2.42	0.73	0.981	0.331
7 岁	65	66.95±2.95	71	66.92±2.93	0.03	0.059	0.953
8 岁	85	69.57±2.80	77	69.41±2.86	0.16	0.368	0.714
9 岁	110	71.25±2.93	90	70.64±2.72	0.61	1.527	0.128
10 岁	106	72.91±3.10	103	72.99±3.27	-0.08	-0.173	0.863
11 岁	113	74.93±3.59	101	74.30±2.94	0.62	1.399	0.163
12 岁	67	78.04±3.99	64	76.80±3.54	1.24	1.882	0.062

年龄组	试点学校男生		对照学校男生		差值	t 值	P 值
	n	$\overline{x}\pm s$	n	$\overline{x}\pm s$			
13 岁	88	80.86±4.47	77	81.73±4.45	-0.87	-1.249	0.214
14 岁	57	85.47±4.58	56	84.51±3.96	0.95	1.180	0.240
15 岁	51	86.63±2.95	47	86.24±3.53	0.39	0.599	0.550

注：1. 学前班由 5 岁儿童构成；2. 差值=试点学校学生指标均值-对照学校学生指标均值。

表 2-38　"课间营养餐"干预后试点学校与对照学校女生坐高情况（cm）

年龄组	试点学校女生		对照学校女生		差值	t 值	P 值
	n	$\overline{x}\pm s$	n	$\overline{x}\pm s$			
学前班	26	60.38±2.81	38	60.79±2.15	-0.42	-0.669	0.506
6 岁	37	65.49±2.22	26	65.05±3.80	0.43	0.522	0.605
7 岁	48	67.06±3.10	67	65.95±2.63	1.11	2.071	0.041
8 岁	86	69.11±2.77	63	68.62±3.063	0.50	1.036	0.302
9 岁	80	71.23±3.22	98	70.90±3.10	0.37	0.707	0.480
10 岁	104	73.09±3.59	106	72.85±2.75	0.24	0.535	0.593
11 岁	90	76.31±4.10	99	75.85±4.23	0.47	0.768	0.444
12 岁	74	79.78±3.47	83	78.50±3.60	1.29	2.272	0.024
13 岁	55	81.79±3.62	79	80.91±3.41	0.89	1.443	0.151
14 岁	58	82.83±2.60	63	82.90±2.58	-0.07	-0.154	0.878
15 岁	36	83.39±2.73	33	82.58±3.31	0.81	1.112	0.270

注：1. 学前班由 5 岁儿童构成；2. 差值=试点学校学生指标均值-对照学校学生指标均值。

4. 学生胸围情况

表 2-39、表 2-40 结果显示，中小学男生 6～10 岁、12 岁年龄组胸围均值试点学校高于对照学校，提高幅度变化在 0.35～1.66 cm，其中 7 岁年龄组差异有统计学意义（$P<0.05$）；中小学女生 7～8 岁、11～14 岁年龄组胸围均值试点学校高于对照学校，提高幅度变化在 0.41～1.08 cm。

表 2-39 "课间营养餐"干预后试点学校与对照学校男生胸围情况（cm）

年龄组	试点学校男生		对照学校男生		差值	t 值	P 值
	n	$\bar{x} \pm s$	n	$\bar{x} \pm s$			
6 岁	34	58.44±7.77	31	57.84±6.01	0.59	0.345	0.731
7 岁	65	59.46±4.30	71	57.91±3.49	1.55	2.304	0.023
8 岁	85	61.92±5.99	77	60.79±5.54	1.13	1.243	0.216
9 岁	110	63.80±6.36	90	62.19±6.10	1.61	1.815	0.071
10 岁	106	65.63±7.01	103	65.28±7.56	0.35	0.352	0.725
11 岁	113	67.09±6.43	101	67.44±7.91	-0.35	-0.356	0.722
12 岁	67	71.54±9.24	64	69.88±7.30	1.66	1.136	0.258
13 岁	88	74.22±7.53	77	75.61±7.91	-1.39	-1.154	0.250
14 岁	57	78.59±9.70	56	78.85±8.69	-0.26	-0.150	0.881
15 岁	51	79.13±6.62	47	80.38±7.73	-1.25	-0.863	0.390

注：差值=试点学校学生指标均值-对照学校学生指标均值。

表 2-40 "课间营养餐"干预后试点学校与对照学校女生胸围情况（cm）

年龄组	试点学校女生		对照学校女生		差值	t 值	P 值
	n	$\bar{x} \pm s$	n	$\bar{x} \pm s$			
6 岁	37	56.30±4.33	26	56.59±6.39	-0.30	-0.205	0.839
7 岁	48	58.16±5.37	67	56.94±5.96	1.08	1.129	0.261
8 岁	86	59.43±6.07	63	59.01±5.68	0.42	0.427	0.670
9 岁	80	60.67±4.61	98	61.75±5.92	-1.08	-1.335	0.184
10 岁	104	63.36±5.13	106	63.45±4.12	-0.01	-0.154	0.878
11 岁	90	68.04±7.39	99	67.57±6.11	0.46	0.470	0.639
12 岁	74	71.55±6.62	83	70.84±6.99	0.71	0.653	0.514
13 岁	55	75.85±6.44	79	74.94±6.30	0.91	0.815	0.416
14 岁	58	79.01±5.60	63	78.60±7.05	0.41	0.355	0.725
15 岁	36	79.79±5.09	33	81.62±6.97	-1.83	-1.250	0.216

注：差值=试点学校学生指标均值-对照学校学生指标均值。

5. 学生上臂部皮脂情况

表 2-41、表 2-42 结果显示，中小学男生 6～8 岁年龄组上臂部皮脂均值试点学校高于对照学校，提高幅度变化在 0.13～0.85 mm；中小学女生 6～7 岁、11～12 岁年龄组上臂部皮脂均值试点学校高于对照学校，提高幅度变化在 0.35～1.05 mm。

表 2-41 "课间营养餐"干预后试点学校与对照学校男生上臂部皮脂情况（mm）

年龄组	试点学校男生		对照学校男生		差值	t 值	P 值
	n	$\overline{x} \pm s$	n	$\overline{x} \pm s$			
6 岁	34	9.30±4.44	31	8.48±3.38	0.82	0.839	0.405
7 岁	65	8.09±3.59	71	7.96±2.39	0.13	0.257	0.789
8 岁	85	9.61±4.69	77	8.76±4.12	0.85	1.217	0.225
9 岁	110	9.18±4.60	90	9.18±3.99	0.00	0.004	0.997
10 岁	106	9.82±4.82	103	10.52±5.62	-0.70	-0.967	0.335
11 岁	113	9.45±4.75	101	11.68±5.82	-2.23	-3.078	0.002
12 岁	67	10.33±4.87	64	11.57±5.13	-1.24	-1.413	0.160
13 岁	88	9.61±4.78	77	11.53±6.03	-1.92	-2.240	0.027
14 岁	57	10.04±5.89	56	11.24±6.08	-1.20	-1.065	0.592
15 岁	51	10.31±5.48	47	11.64±6.17	-1.33	-1.128	0.262

注：差值=试点学校学生指标均值-对照学校学生指标均值。

表 2-42 "课间营养餐"干预后试点学校与对照学校女生上臂部皮脂情况（mm）

年龄组	试点学校女生		对照学校女生		差值	t 值	P 值
	n	$\overline{x} \pm s$	n	$\overline{x} \pm s$			
6 岁	37	9.38±3.88	26	8.59±2.43	0.79	0.992	0.325
7 岁	48	9.41±3.48	67	9.07±3.57	0.35	0.519	0.605
8 岁	86	9.46±3.49	63	9.93±3.59	-0.47	-0.794	0.427
9 岁	80	9.61±2.87	98	10.33±4.33	-0.72	-1.323	0.187
10 岁	104	9.74±3.33	106	10.27±2.97	-0.53	-1.220	0.224
11 岁	90	12.04±4.24	99	10.99±3.82	1.05	1.785	0.076

续表

年龄组	试点学校女生		对照学校女生		差值	t 值	P 值
	n	$\bar{x} \pm s$	n	$\bar{x} \pm s$			
12 岁	74	12.80±4.19	83	12.43±4.53	0.37	0.535	0.594
13 岁	55	14.79±5.20	79	14.91±5.41	-1.12	-0.125	0.901
14 岁	58	16.83±4.77	63	17.46±6.31	-0.62	-0.609	0.544
15 岁	36	17.71±4.31	33	17.90±6.83	-0.20	-0.143	0.887

注：差值=试点学校学生指标均值-对照学校学生指标均值。

6. 学生肩胛部皮脂情况

表 2-43、表 2-44 结果显示，中小学男生 6~9 岁年龄组肩胛部皮脂均值试点学校高于对照学校，提高幅度变化在 0.12~0.78 mm；中小学女生 7~8 岁、10~14 岁年龄组肩胛部皮脂均值试点学校高于对照学校，提高幅度变化在 0.09~1.14 mm。

表 2-43 "课间营养餐"干预后试点学校与对照学校男生肩胛部皮脂情况（mm）

年龄组	试点学校男生		对照学校男生		差值	t 值	P 值
	n	$\bar{x} \pm s$	n	$\bar{x} \pm s$			
6 岁	34	6.50±5.16	31	5.72±4.59	0.78	0.639	0.525
7 岁	65	5.48±2.38	71	5.31±1.90	0.17	0.475	0.636
8 岁	85	6.90±4.74	77	6.21±3.91	0.69	1.008	0.315
9 岁	110	6.72±4.41	90	6.60±3.79	0.12	0.201	0.841
10 岁	106	7.73±5.95	103	7.75±5.73	-0.02	-0.024	0.981
11 岁	113	7.52±5.21	101	8.59±5.58	-1.07	-1.446	0.150
12 岁	67	8.21±5.45	64	8.26±4.68	-0.05	-0.048	0.962
13 岁	88	8.53±5.11	77	9.71±5.49	-1.18	-1.423	0.157
14 岁	57	9.67±5.91	56	10.08±6.09	-0.41	-0.363	0.717
15 岁	51	10.09±5.51	47	10.82±5.99	-0.73	-0.632	0.529

注：差值=试点学校学生指标均值-对照学校学生指标均值。

表 2-44　"课间营养餐"干预后试点学校与对照学校女生肩胛部皮脂情况（mm）

年龄组	试点学校女生		对照学校女生		差值	t 值	P 值
	n	$\bar{x} \pm s$	n	$\bar{x} \pm s$			
6 岁	37	6.08±3.25	26	6.54±3.19	-0.46	-0.551	0.584
7 岁	48	6.93±5.13	67	6.23±3.87	0.71	0.844	0.400
8 岁	86	6.96±4.79	63	6.69±4.53	0.27	0.351	0.726
9 岁	80	6.86±2.92	98	7.16±3.93	-0.30	-0.570	0.569
10 岁	104	7.43±3.55	106	6.88±2.44	0.56	1.325	0.186
11 岁	90	9.88±5.21	99	8.74±3.72	1.14	1.716	0.088
12 岁	74	10.42±4.57	83	9.74±4.41	0.67	0.939	0.349
13 岁	55	12.07±5.39	79	11.98±5.81	0.09	0.088	0.930
14 岁	58	15.43±5.49	63	15.04±8.30	0.38	0.300	0.764
15 岁	36	16.03±5.12	33	17.57±8.561	-1.53	-0.893	0.376

注：差值=试点学校学生指标均值-对照学校学生指标均值。

7. 学生腹部皮脂情况

表 2-45、表 2-46 结果显示，中小学男生 6～10 岁、15 岁年龄组腹部皮脂均值试点学校高于对照学校，提高幅度变化在 0.01～1.27 mm；中小学女生 7～8 岁、10～15 岁各年龄组腹部皮脂均值试点学校高于对照学校，提高幅度变化在 0.13～1.77 mm，其中 11 岁年龄组差异有统计学意义（$P < 0.05$）。

表 2-45　"课间营养餐"干预后试点学校与对照学校男生腹部皮脂情况（mm）

年龄组	试点学校男生		对照学校男生		差值	t 值	P 值
	n	$\bar{x} \pm s$	n	$\bar{x} \pm s$			
6 岁	34	7.61±6.25	31	6.34±4.68	1.27	0.919	0.360
7 岁	65	6.47±5.11	71	5.77±2.81	0.70	1.001	0.319
8 岁	85	8.09±5.64	77	7.26±5.65	0.83	0.929	0.354
9 岁	110	8.37±6.78	90	7.78±5.75	0.59	0.652	0.515
10 岁	106	9.55±7.44	103	9.50±7.44	0.05	0.046	0.964

年龄组	试点学校男生		对照学校男生		差值	t 值	P 值
	n	$\bar{x}\pm s$	n	$\bar{x}\pm s$			
11 岁	113	8.94±6.76	101	11.26±8.07	-2.33	-2.291	0.023
12 岁	67	10.43±6.89	64	11.70±7.22	-1.03	-1.025	0.307
13 岁	88	10.73±6.67	77	12.33±7.89	-1.60	-1.411	0.165
14 岁	57	12.34±8.41	56	12.99±9.91	-0.065	-0.373	0.706
15 岁	51	12.95±8.10	47	12.94±7.97	0.01	0.010	0.992

注：差值=试点学校学生指标均值-对照学校学生指标均值。

表 2-46　"课间营养餐"干预后试点学校与对照学校女生腹部皮脂情况（mm）

年龄组	试点学校女生		对照学校女生		差值	t 值	P 值
	n	$\bar{x}\pm s$	n	$\bar{x}\pm s$			
6 岁	37	7.31±4.16	26	7.53±4.10	-0.22	-0.210	0.835
7 岁	48	7.94±5.08	67	6.89±4.85	1.05	1.123	0.264
8 岁	86	8.43±5.93	63	5.30±5.14	0.13	0.144	0.886
9 岁	80	8.60±4.24	98	8.89±5.35	-0.29	-0.401	0.689
10 岁	104	9.16±4.76	106	8.65±4.12	0.51	0.825	0.410
11 岁	90	12.51±6.37	99	10.74±4.97	1.77	2.116	0.036
12 岁	74	13.50±6.08	83	12.39±5.87	1.11	1.166	0.245
13 岁	55	15.47±5.76	79	14.65±6.65	0.82	0.736	0.463
14 岁	58	18.45±4.92	63	17.18±6.80	1.27	1.186	0.238
15 岁	36	18.87±5.467	33	18.72±7.85	0.15	0.092	0.927

注：差值=试点学校学生指标均值-对照学校学生指标均值。

三、"课间营养餐"干预营养状况效果分析

（一）干预前学生营养状况

1. 学生生长迟缓状况

表 2-47 结果显示，中小学男生 10 岁、15 岁年龄组生长迟缓发生率

试点学校低于对照学校，分别下降了 1.09%、0.59%；中小学女生 7~8 岁、11 岁、15 岁年龄组生长迟缓发生率试点学校低于对照学校，下降范围变化在 0.07%~4.02%。

2. 学生消瘦状况

表 2-48 结果显示，中小学男生 7 岁、9~10 岁、12 岁、14 岁年龄组消瘦发生率试点学校低于对照学校，下降范围变化在 0.07%~3.52%；中小学女生 6 岁、8~9 岁、12~14 岁年龄组消瘦发生率试点学校低于对照学校，下降范围变化在 0.49%~2.80%。

3. 学生营养不良状况

表 2-49 结果显示，中小学男生 9~10 岁、12 岁、14 岁年龄组营养不良发生率试点学校低于对照学校，下降范围变化在 0.98%~2.29%；中小学女生 6 岁、8 岁、11~13 岁、15 岁年龄组营养不良发生率试点学校低于对照学校，下降范围变化在 0.07%~6.57%。

（二）干预后学生营养状况

1. 学生生长迟缓状况

表 2-50 结果显示，中小学男生 7 岁、9~11 岁、14 岁年龄组生长迟缓发生率试点学校低于对照学校，下降范围变化在 0.06%~3.96%；中小学女生 6~8 岁、12~14 岁年龄组生长迟缓发生率试点学校低于对照学校，下降范围变化在 0.16%~8.84%，其中 12 岁年龄组差异有统计学意义（$P<0.05$）。

2. 学生消瘦状况

表 2-51 结果显示，中小学男生 6~9 岁、13 岁年龄组消瘦发生率试点学校低于对照学校，下降范围变化在 0.57%~11.27%，其中 7 岁年龄组有统计学意义（$P<0.05$）；中小学女生 6 岁、8~9 岁、11 岁、14 岁年龄组消瘦发生率试点学校低于对照学校，下降范围变化在 0.71%~4.99%。

表 2-47 "课间营养餐" 干预前试点学校与对照学校学生生长迟缓状况

年龄/岁	试点学校 男生		对照学校 男生		差值	χ²值	P值	试点学校 女生		对照学校 女生		差值	χ²值	P值
	n	%	n	%				n	%	n	%			
6	0	0.00	0	0.00	0.00	—	—	0	0.00	0	0.00	0.00	—	—
7	4	4.88	2	2.82	2.06	0.429	0.512	0	0.00	2	3.51	-3.51	2.106	0.147
8	6	8.00	4	4.76	3.24	0.705	0.401	1	1.39	4	5.41	-4.02	1.780	0.182
9	8	7.62	6	6.38	1.24	0.116	0.734	6	6.25	4	3.77	2.48	0.657	0.418
10	4	4.08	6	5.17	-1.09	0.142	0.706	3	2.94	2	1.80	1.14	0.301	0.583
11	9	10.34	3	3.53	6.81	3.077	0.079	5	5.38	8	6.90	-1.52	0.205	0.651
12	7	7.45	5	6.17	1.28	0.111	0.740	4	4.60	4	4.49	0.10	0.001	0.974
13	5	6.49	3	3.84	2.65	0.555	0.456	0	0.00	0	0.00	0.00	—	—
14	0	0.00	0	0.00	0.00	—	—	4	7.02	3	4.29	2.73	0.450	0.502
15	2	3.33	2	3.92	-0.59	0.027	0.868	5	10.87	7	10.94	-0.07	0.000	0.991

注：差值=试点学校学生生长迟缓发生率-对照学校学生生长迟缓发生率。

表 2-48 "课间营养餐"干预前试点学校与对照学校学生消瘦状况

年龄/岁	试点学校 男生		对照学校 男生		差值	χ²值	P值	试点学校 女生		对照学校 女生		差值	χ²值	P值
	n	%	n	%				n	%	n	%			
6	0	0.00	0	0.00	0.00	—	—	2	9.52	1	10.00	-0.49	0.002	0.967
7	4	4.88	4	5.63	-0.75	0.044	0.834	8	13.56	4	7.02	6.60	1.338	0.247
8	2	2.67	2	2.38	0.29	0.013	0.909	4	5.56	6	8.11	-2.50	0.373	0.542
9	3	2.86	6	6.38	-3.52	1.428	0.232	6	6.25	8	7.55	-1.23	0.131	0.717
10	5	5.10	6	5.17	-0.07	0.001	0.981	5	4.90	5	4.50	0.37	0.019	0.891
11	15	17.24	9	10.59	6.65	1.585	0.208	6	6.45	7	6.03	0.49	0.015	0.091
12	6	6.38	7	8.64	-2.26	0.323	0.570	2	2.30	3	3.37	-1.12	0.183	0.669
13	6	7.79	4	5.13	2.66	0.456	0.500	1	1.56	3	4.41	-2.80	0.911	0.340
14	4	5.00	5	7.14	-2.14	0.304	0.581	0	0.00	1	1.43	-1.40	0.821	0.365
15	6	10.00	1	1.96	8.04	3.015	0.082	0	0.00	0	0.00	0.00	—	—

注：差值=试点学校学生消瘦发生率-对照学校学生消瘦发生率。

表 2-49 "课间营养餐"干预前试点学校与对照学校学生营养不良状况

年龄/岁	试点学校 男生		对照学校 男生		差值	χ²值	P值	试点学校 女生		对照学校 女生		差值	χ²值	P值
	n	%	n	%				n	%	n	%			
6	0	0.00	0	0.00	0.00	—	—	2	9.52	1	10.00	-0.48	0.002	0.967
7	8	9.76	6	8.45	1.31	0.078	0.780	8	13.56	6	10.53	3.03	0.251	0.616
8	8	10.67	6	7.14	3.53	0.613	0.434	5	6.94	10	13.51	-6.57	1.708	0.191
9	11	10.48	12	12.77	-2.29	0.254	0.614	12	12.50	12	11.32	1.18	0.067	0.796
10	9	9.18	12	10.34	-1.16	0.081	0.776	8	7.84	7	6.31	1.54	0.192	0.661
11	24	27.59	12	14.12	13.47	4.713	0.030	11	11.83	15	12.93	-1.10	0.058	0.810
12	13	13.83	12	14.81	-0.98	0.034	0.853	6	6.90	7	7.87	-0.97	0.060	0.806
13	11	14.29	7	8.97	5.32	1.065	0.302	1	1.56	3	4.41	-2.85	0.911	0.340
14	4	5.00	5	7.14	-2.14	0.304	0.581	4	7.02	4	5.71	1.30	0.090	0.764
15	8	13.33	3	5.88	7.45	1.714	0.190	5	10.87	7	10.94	-0.07	0.000	0.991

注：差值=试点学校学生营养不良发生率-对照学校学生营养不良发生率。

表 2-50 "课间营养餐"干预后试点学校与对照学校学生生长迟缓状况

年龄/岁	男生 试点学校		男生 对照学校		差值	χ²值	P值	女生 试点学校		女生 对照学校		差值	χ²值	P值
	n	%	n	%				n	%	n	%			
6	2	5.88	1	3.23	2.65	0.260	0.610	1	2.70	3	11.54	-8.84	2.005	0.157
7	2	3.08	5	7.04	-3.96	1.093	0.296	1	2.08	2	2.99	-0.91	0.090	0.765
8	5	5.88	3	3.90	1.98	0.340	0.560	3	3.49	5	7.94	-4.45	1.416	0.234
9	7	6.36	6	6.67	-0.31	0.007	0.931	5	6.25	4	4.08	2.17	0.431	0.511
10	8	7.55	8	7.77	-0.22	0.004	0.952	5	4.81	1	0.94	3.86	2.824	0.093
11	7	6.19	7	6.93	-0.74	0.047	0.828	6	6.67	4	4.04	2.63	0.649	0.421
12	6	8.96	1	1.56	7.40	3.537	0.060	0	0.00	6	7.23	-7.23	5.562	0.018
13	5	5.68	1	1.30	4.38	2.252	0.133	2	3.64	3	3.80	-0.16	0.002	0.961
14	2	3.51	2	3.57	-0.06	0.000	0.986	1	1.72	2	3.17	-1.45	0.263	0.608
15	3	5.88	2	4.26	1.62	0.134	0.715	5	13.89	1	3.03	10.86	2.557	0.110

注：差值=试点学校学生生长迟缓发生率-对照学校学生生长迟缓发生率。

表 2-51 "课间营养餐"干预后试点学校与对照学校学校学生消瘦状况

年龄/岁	试点学校 男生		对照学校 男生		差值	χ^2值	P值	试点学校 女生		对照学校 女生		差值	χ^2值	P值
	n	%	n	%				n	%	n	%			
6	2	5.88	2	6.45	-0.57	0.009	0.924	1	2.70	3	7.69	-4.99	0.838	0.360
7	0	0.00	8	11.27	-11.27	7.782	0.005	3	6.25	3	4.48	1.77	0.178	0.673
8	2	2.35	3	3.90	-1.55	0.322	0.571	6	6.98	5	7.94	-0.96	0.049	0.825
9	8	7.27	8	8.89	-1.62	0.176	0.675	5	6.25	9	9.18	-2.93	0.523	0.470
10	8	7.55	6	5.83	1.72	0.248	0.619	7	6.73	5	4.72	2.01	0.395	0.530
11	14	12.39	8	7.92	4.47	1.155	0.283	3	3.33	4	4.04	-0.71	0.066	0.797
12	9	13.43	8	12.50	0.93	0.025	0.874	4	5.41	4	4.82	0.59	0.028	0.868
13	4	4.55	6	7.79	-3.24	0.760	0.383	2	3.64	1	1.27	2.37	0.833	0.362
14	4	7.02	3	5.36	1.66	0.134	0.714	0	0.00	1	1.59	-1.59	0.928	0.335
15	5	9.80	3	6.38	3.42	0.382	0.537	0	0.00	0	0.00	0.00	—	—

注：差值＝试点学校学生消瘦发生率－对照学校学生消瘦发生率。

3. 学生营养不良状况

表 2-52 结果显示，中小学男生 7 岁、9 岁年龄组营养不良发生率试点学校低于对照学校，分别下降了 15.23%、1.92%，其中 7 岁年龄组有统计学意义（$P < 0.05$）。中小学女生 6 岁、8～9 岁、12 岁、14 岁年龄组营养不良发生率试点学校低于对照学校，下降范围变化在 0.77%～13.83%。

调研结果表明：2019 年湘西州农村"课间营养餐"试点学校与对照学校学生生长发育水平相比，学生的身高、体重、坐高、胸围、上臂部皮褶厚度、肩胛部皮褶厚度、腹部皮褶厚度多数年龄组有所提高，女生提高幅度大于男生，但大多数年龄组的差异无统计学意义；试点学校与对照学校学生营养不良发生率相比，男生营养不良发生率各年龄组各有增减，改善不明显；女生营养不良发生率多数年龄组出现下降，营养状况有所改善。因此，要加强湘西州农村学校"课间营养餐"实施工作的组织领导，充分调动学校、家庭、社会团体的参与度，提升湘西州农村学校"课间营养餐"实施的质和量。要加强湘西州农村学校学生营养健康教育，重点关注婴幼儿期、青春期、成年期等整个生长发育阶段的营养需求。要加强湘西州农村学龄儿童"课间营养餐"实施食物配置标准、实施保障机制、实施效果评价等关键技术问题的研究。应建立湘西州农村学校"课间营养餐"实施效果监测系统，定期开展监测、评价及干预等工作，及时进行总结与反馈，为政府有关部门的决策提供依据。

表2-52 "课间营养餐"干预后试点学校与对照学校学生营养不良状况

年龄/岁	试点学校 男生		对照学校 男生		差值	χ^2值	P值	试点学校 女生		对照学校 女生		差值	χ^2值	P值
	n	%	n	%				n	%	n	%			
6	4	11.76	3	9.68	2.08	0.074	0.786	2	5.41	5	19.23	-13.83	2.955	0.086
7	2	3.08	13	18.31	-15.23	8.024	0.005	4	8.33	5	7.46	0.87	0.090	0.765
8	7	8.24	6	7.79	0.45	0.011	0.917	9	10.47	10	15.87	-5.41	0.956	0.328
9	15	13.64	14	15.56	-1.92	0.147	0.701	10	12.50	13	13.27	-0.77	0.023	0.880
10	16	15.09	14	13.59	1.50	0.096	0.757	12	11.54	6	5.66	5.88	2.314	0.128
11	21	18.58	15	14.85	3.73	0.531	0.466	9	10.00	8	8.08	1.92	0.212	0.800
12	15	22.39	9	14.06	8.33	1.516	0.218	4	5.41	10	12.05	-6.64	2.125	0.170
13	9	10.23	7	9.09	1.14	0.061	0.806	4	7.27	4	5.06	2.21	0.282	0.595
14	6	10.53	5	8.93	1.60	0.082	0.775	1	1.72	3	4.76	-3.04	0.872	0.350
15	8	15.69	5	10.64	5.05	0.542	0.461	5	13.89	1	3.03	10.86	2.557	0.110

注：差值=试点学校学生营养不良发生率-对照学校学生营养不良发生率。

PART THREE

第三章

武陵山区农村儿童忽视状况

第一节　儿童忽视概述

儿童忽视是影响儿童发展的影响因素之一，其对儿童的认知、情感和行为都有着不同程度的损害[106]。20世纪60年代，美国学者Henry Kempe开始对儿童虐待问题进行研究。20世纪70年代，世界卫生组织正式提出"儿童忽视"（child neglect）这一概念，并提出儿童虐待与忽视是全球性的公共卫生问题，是一种社会现象，广泛地存在于所有的国家和地区[107]。1984年，Wolock和Horowitz指出"对儿童忽视的不重视是制约儿童健康和幸福的重要问题"。从20世纪90年代开始，有关儿童忽视方面的研究逐渐增多，其影响日益扩大，许多国家还将儿童忽视研究纳入儿童福利问题中，并制定了《儿童福利法》，从制度和法律层面来解决儿童忽视问题[108]。在我国，儿童忽视也是一个重要的公共卫生问题，儿童忽视的现象普遍存在，重视儿童忽视，积极开展此方面的研究，对促进儿童的健康成长具有重要的意义。

一、忽视的概念及分类

（一）忽视的概念

儿童忽视研究始于20世纪60年代的美国。自1962年Henry Kempe等人首次提出"受虐待儿童综合征"一词，儿童虐待问题开始受到国际社会的关注；1977年，世界卫生组织（WHO）正式提出"儿童忽视"的概念，同年成立了"国际防止儿童虐待与忽视协会（ISPCAN）"；从20

世纪 90 年代起儿童忽视研究的影响日益扩大，在欧美国家及日、韩等国广泛开展并被纳入儿童福利问题中。儿童忽视作为一个普遍的社会现象，存在于世界各个国家。受经济、文化、传统观念、社会价值、生活习俗等影响，各国对儿童忽视有不同的理解，对儿童忽视的界定存在一定的差异。目前国际上比较新的定义是 2002 年由英国阿伯丁大学 Golden 名誉教授等提出的，即"由于疏忽而未履行对儿童需求的满足，以致危害或损害了儿童的健康或发展"。我国内地对儿童忽视的关注和研究起步于 20 世纪 90 年代末期。经历了一段时间的发展，不同学者对儿童忽视的认定程度不同。杨玉凤[109]提出忽视是指父母或监护人在具备完全能力的情况下未能提供应有的帮助。陈晶琦[110]等则提出儿童忽视是指家庭或对儿童负有照顾责任的人由于他们的"忽视"没能提供其儿童发展所需要的健康、教育、情感发展、营养、住所、安全的生活环境，对儿童的健康或身体、心理、精神、道德或社会发展造成或极有可能造成伤害。潘建平教授综合起来将儿童忽视定义为"儿童照管者因疏于其对儿童照料的责任和义务，严重或长期地疏忽对儿童基本需要（包括身体、食品与营养、衣着、情感、安全、医疗、教育等）的满足，以致危害或损害了儿童的健康或发展，或在本来可以避免的情况下使儿童面对极大的威胁"[111]。

（二）忽视的分类

国外的忽视研究主要将忽视分为三类：身体忽视（Physical neglect）、情感忽视（Emotional neglect）、教育忽视（Educational neglect）[109]。国内潘建平等参考国外分类方式结合国内实际将忽视分为身体忽视、情感忽视、医疗忽视、教育忽视、安全忽视、社会忽视六种类型。（1）身体忽视：照看者忽略了对儿童身体的照护或对儿童正常生长发育需求的满足（如衣着、食物、住所、环境卫生等），它也可以发生在儿童出生前（如孕妇酗酒、吸烟、吸毒等）。（2）情感忽视：没有给予儿童应有的关爱，忽略了对儿童心理、精神、感情的关心和交流，缺少对儿童情感需求的满足。（3）医疗忽视：忽略、拒绝或拖延儿童对医疗和卫生保健需求的满足，导致儿童受伤害的情形进一步恶化。（4）教育忽视：没有尽可能为儿童提供各种接受教育（包括道德教育）的机会，从而忽略了对儿童智力的开发和知识、技能的学习。（5）安全忽视：由于疏忽孩子成长和生活环境存在的安全隐患，从而使儿童有可能发生健康损害和生命危险。（6）社会忽视：由于社会发展限制或管理部门对儿童权益的保护关注不足，造成社会生活环境中的一些不良现象，可能对儿童健康造成损害，例如：离婚、单亲家庭、未婚妈妈、环境污染；不健康的音像作品及儿童读物；假冒劣质儿童食品和用品；应试教育给儿童带来的巨大压力；贫困对儿童教育和医疗保健的机会影响等[112]。儿童忽视的发生可导致近期或远期不同程度的儿童行为、认知、情感、身体机能和生长发育的障碍，其对儿童造成的多种严重危害，却又不易被人们发现、关注和重视，这引起了世界各国学者的日益重视与深入研究。

二、忽视的危害性

儿童忽视是一个严重的、国际性的公共卫生问题，它既可导致儿童躯体伤害、疼痛和伤残，也可引起心理精神障碍、生长发育落后等。就儿童忽视的危害性国内外学者展开的相关研究，如，Chaffin M，Friedrich B（2004）、Tyler S，Allison K，Winsler A（2006）等学者认为：儿童忽视可对儿童的认知、社会-情感和行为、发育产生短期或长期的严重的有害影响，尤其是发生在生命早期的忽视对儿童以后的发育具有更为严重的危害；它可导致从儿童到成人发育过程中不良的社会或情感反应，造成体格与心理、行为的失常或变态。Klein H，Elifson KW，Sterk CE（2007）提出早期忽视可导致儿童营养不良、发育迟缓、健康受损，甚至死亡；从儿童到成人的发育过程中，忽视可造成体格、心理、行为失常，出现不可治愈的创伤，并产生深远的影响。Desai M（2010）儿童忽视会严重影响儿童心理情感和身体发育，可导致儿童心理、行为异常和生长发育障碍，对儿童的身心健康具有"毁灭性"的打击。Herrenkohl TI，Hong S，Klika JB（2013）指出忽视可能会带来躯体损伤，还可能造成心理障碍及精神创伤。刘春玲、张旭琪（2008）研究表明单纯受到忽视的儿童，比那些仅受到虐待或同时受到忽视和虐待的儿童更容易发生行为、情感以及心理的异常问题。王娜（2011）在对我国农村留守儿童忽视研究中指出农村留守儿童忽视问题对留守儿童的健康成长带来不可逆转的消极影响。潘建平（2014）认为：儿童忽视是影响儿童生长和发育的最普遍形式，其危害及后果主要与受忽视的严重程度、发生的频率、持续时间的长短、儿童自我调节的能力及承受能力和家人及朋友的帮助有关，受忽视的儿童往往存在发育障碍及情感行为问题。潘建平，王飞（2015）身体忽视影响儿童生长发育和营养状况；教育忽视使儿童不能接受全面、正规的教育，从而影响儿童道德取向和社会适应能力的完善，特别是留守儿童；情感忽视可使受忽视儿童感到孤独、害怕甚至缺乏信任，将持续影响他们的一生；安全忽视，由于监护责任不落实、缺乏防范意识，农村留守儿童更容易受到意外伤害。

三、忽视研究现状

（一）忽视流行状况

儿童忽视是一类普遍存在的儿童伤害形式，是儿童伤害中最常见的类型，对儿童的身心发育造成严重威胁，长期而严重的忽视可对儿童造成致命的伤害，甚至死亡[113]。美国每年有超过 600 万例儿童伤害发生，其中 78%为儿童忽视[114]，然而这些被报告的案例只是冰山一角[115]。英国约有 10%的成人在儿童期受到严重的忽视[116]。伊朗一项有关 700 名中学生的伤害调查表明儿童伤害发生率高达 93.5%，其中 83.8%为忽视，儿童伤害和忽视现象极其严重；印度关于忽视的研究较少，德里地区一项针对 1 060 名 7~12 岁女生的儿童伤害调查表明忽视发生率为 40.1%[117]。据 WHO 的新近估计，世界各地约有 4 000 万 0~14 岁的儿童遭受虐待和忽视[118]。2005 年美国儿童虐待或忽视的统计报告显示：全国 2003 年受到虐待或忽视的儿童大约有 90.6 万名，其中 63.2%的儿童为遭受忽视[119]。

美国 2010 年度报告显示：美国儿童忽视发生率为 61%，全国有 77.17 万儿童遭受忽视[120]。

我国内地对儿童忽视的关注和研究起步于 20 世纪 90 年代末期。1999年 11 月在西安召开了全国首届预防虐待、忽视儿童（PCAN）研讨会；2006 年 3 月我国第一个防止虐待与忽视儿童协会"陕西省防止虐待与忽视儿童协会（SSPCAN）"成立。我国地域辽阔，民族众多，不同地区政治、经济、文化、风俗不一，因此不同地区儿童忽视率存在较大差异，但是研究结果一致指出我国儿童忽视现象较为普遍，不容忽视。自 1999年 3 月开始，潘建平教授带领的课题组先后研制了《中国城市 3～17 岁儿童忽视评价常模》《中国农村 0～17 岁儿童忽视评价常模》，并对全国14 个省 25 个市城区进行了儿童忽视的调查分析,结果显示,中国城市 3～6 岁、6～8 岁、9～11 岁、12～14 岁、15～17 岁儿童青少年的忽视率分别为 28.0%、28.8%、27.2%、22.4%、32.8%，农村 0～2 岁与 3～6 岁儿童忽视率分别为 54.9%、53.7%。

（二）忽视影响因素

儿童忽视的发生不是单一原因造成，往往是多种因素相互作用的结果，国内外的专家学者对儿童忽视的影响因素进行了大量的研究，研究成果主要有：Block RW，Krebs NF（2005）、Thurston R C，Bromberger J，Chang Y（2008）、Joy Duva，Sania Metzge（2010）、潘建平（2010）、王飞（2015）等都认为忽视与经济水平之间存在密切的联系；Hildyard K，Wolfe D（2007）研究表明母亲的育儿能力是重要的儿童忽视影响因素，低文化程度、疏忽的母亲影响儿童受忽视；Christian MC，Natasha B（2007）孩子家庭面临多重压力（经济困难、父母滥用药物或酗酒、子女残疾）是儿童忽视主要影响因素；Walker LE（2010）指出父母亲的职业构成、文化程度、家庭结构类型、家庭人均居住面积、家庭经济状况均对儿童忽视有影响；Tursz A（2011）认为家庭特征和父母心理情感是儿童受忽视的主要影响因素，母亲职业、孩子与母亲的关系是另两个重要的影响因素；古桂雄（2007）指出在家庭类型方面，三代同堂家庭和核心家庭的忽视率都较低；曹春红（2010）、潘建平（2012）调查发现6～17岁儿童受忽视的影响因素有：是否住校、家庭类型、有自己的房间、母亲文化程度、与父母的关系、家庭月收入、父母工作变动、家中孩子数量和每月零花钱；顾超美（2012）指出留守、寄宿、家庭功能障碍、生活质量状况差的儿童更易发生忽视，联系频率较少、家庭功能障碍、寄宿的留守儿童更易发生忽视；丁伶灵（2012）认为女性、母亲文化程度高、成绩好是青少年忽视发生的保护因素；而年龄大、与父母关系差是忽视发生的危险因素；杨武悦（2014）调查显示儿童忽视主要影响因素依次为与父母的关系、父母之间的关系、性别、是否有单独房间、父母收入是否减少及其工作地点是否变动；王飞（2015）研究发现父母之间关系不好、孩子与父母之间关系冷淡疏远是儿童忽视的危险因素；汤银霞（2015）研究表明影响忽视的主要因素有：家庭气氛、母亲易冲动烦躁、母亲文化程度、是否独生子女、是否为子女的主要照顾人以及家庭近一年的平均月收入等。

第二节　我国学龄前儿童忽视状况的 Meta 分析

儿童忽视的发生对认知、情绪、人格发展、行为发育等方面产生短期或长期的、严重的有害影响，并产生不良的社会情感反应，造成儿童心理、体格、行为的失常或变态。学龄前儿童易受各种因素影响而出现行为问题，并且可能会延续到学龄期、青少年期甚至成年，这一时期若忽视儿童的成长需要，不仅影响儿童的身心健康，还会给社会和家庭带来沉重负担。因此，及时开展学龄前儿童忽视状况的监测和分析有重要现实意义。本研究采用 Meta 分析方法对我国学龄前儿童忽视状况进行系统分析，为制定有效防控措施提供参考。

一、资料与方法

1. 文献检索策略

通过计算机检索自 2006 年 1 月至 2021 年 10 月在 CNKI、CBM、VIP、万方、PubMed、Embase 和 Web of Science 等中、外文数据库中公开发表的文献。中文检索词包括："忽视""学龄前儿童/学前儿童/3 ~ 6 岁儿童"；英文检索词包括："child neglect""preschool children/children aged 3 ~ 6 years""China/Chinese"。

2. 文献纳入及排除标准

纳入标准：（1）研究对象为中国 3 ~ 6 岁学龄前儿童；（2）文献中报告了儿童忽视率；（3）儿童忽视状况采用潘建平教授编制的"中国城市/农村 3 ~ 6 岁（学龄前）儿童忽视评价常模量表"进行调查。排除标准：（1）主题不相符文献；（2）文献综述/会议/摘要；（3）重复发表的文献；（4）数据来源相同的文献；（5）低质量文献。

3. 文献筛选与资料提取

本研究所包含的数据由 2 位评价员独立进行提取，产生分歧时讨论解决或请求第 3 位评价员进行仲裁。运用 Excel 提取文献的信息，主要包括：第一作者（含发表年份）、调研年份、调研地区及城乡、样本量、受忽视儿童人数、忽视率等。

4. 文献质量评价

采用 Loney 等制定的关于率的研究质量评价标准对文献进行评分，该标准从研究方法的有效性、结果的合理性及适用范围 3 个方面，共 8 个条目对纳入文献进行质量评价，每个条目 1 分，总分为 8 分，将文献分为低质量（0 ~ 3 分）、中质量（4 ~ 6 分）、高质量（7 ~ 8 分）三档。

5. 统计分析

使用 CMA V3.0 进行 Meta 分析，计算合并效应值和 95%CI。通过 I^2

和 Q 检验分析统计学异质性，当 $I^2 \leqslant 50\%$，且 Q 检验 $P > 0.10$ 时，说明研究之间的统计异质性可以接受，采用固定效应模型，反之采用随机效应模型。异质性因素按性别、地区、城乡、时间段进行亚组分析。通过比较固定效应模型和随机效应模型的结果并采用依次逐个剔除单项研究的方法评价敏感性。采用漏斗图判断发表偏倚，并采用 Begg 和 Egger 检验方法定量检测发表偏倚，检验水准为 $\alpha = 0.05$。

二、学龄前儿童忽视状况的 Meta 分析

1. 纳入研究的检索结果及文献特征

根据检索策略初步获得文献 799 篇，阅读标题和摘要 486 篇，阅读全文 40 篇，最终纳入分析的中文文献 25 篇，筛选流程如图 3-1 所示。共纳入研究对象 39 498 人。根据文献质量评价标准，纳入文献均为中、高质量文献，得分在 5~8 分，纳入文献的基本情况见表 3-1。

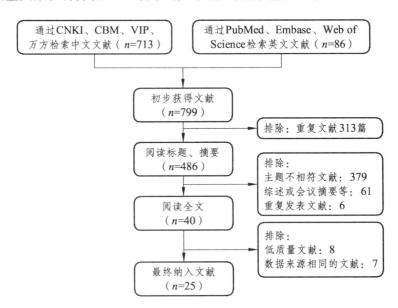

图 3-1　文献筛选流程图

表 3-1　纳入文献的基本信息及质量评价

基本信息	调研年份	地区	城乡	样本量	受忽视人数	忽视率/%	文献质量评分
刘翠霞，2009	未报告	武汉	城市	1 154	288	25.0	5
张丹妮，2010	未报告	武汉	城市	633	126	19.9	6
段志娴，2010	未报告	银川	城市	1 128	275	24.4	6
杨　迪，2011	未报告	哈尔滨	城市	603	94	15.6	6
冼少龙，2011	未报告	广东从化市	城市	536	259	48.3	6
陈素芬，2011	2010	哈尔滨	城市	1 048	366	34.9	8
王　宏，2012	2009	珠三角	城市	2 581	937	36.3	6
潘建平，2012	2008	30 个市	城市	1 163	326	28.0	8
王　飞，2012	2010	10 省 84 个乡镇	农村	4 096	2 203	53.8	8
赵玉霞，2013	2010	信阳市	城市	1 005	319	31.7	8
杜文冉，2014	2013	唐山市	城市	1 642	598	36.4	6
崔立华，2014	2013	唐山市	农村	1 166	557	47.8	7
符勤怀，2014	2012	广东县级市	城市	1 578	724	45.9	6
赵玉霞，2015	2012	河南	农村	450	167	37.1	7
张艺潆，2015	未报告	佳木斯	城市	1 281	441	34.4	7
蒋　武，2015	2009	南宁	城市	3 395	849	25.0	7
周晓军，2015	未报告	重庆主城九区	城市	1 316	302	22.9	7
汤银霞，2015	2013	铜陵市	城市	1 622	576	35.5	7
钟　引，2016	未报告	陕西、重庆	农村	797	261	32.7	6
杨玉玲，2016	2013	淄博市	农村	2 737	1 409	51.5	7
孙　鹏，2018	2016	柳州	城市	1 586	574	36.2	8
李红霞，2018	2015	伊犁州奎屯市	农村	2646	1 376	52.0	6
王玲玲，2019	2017	合肥	农村	1 363	752	55.2	5
李　南，2019	未报告	鲁西南地区	城市	2 646	724	27.4	8
吴萍萍，2020	2018	乌鲁木齐	农村	1 326	688	51.9	8

2. Meta 分析结果

在纳入的 25 项研究间发现明显异质性（I^2=98.879%，$P<0.10$），采用随机效应模型，合并效应量结果显示，我国学龄前儿童忽视率为 36.4%（95%CI：31.8%～40.9%），如图 3-2 所示。亚组分析结果显示：儿童忽视率男童（34.8%）高于女童（32.1%）；北方地区（37.6%）高于南方地区（31.7%）；2015—2018 年（48.7%）高于 2011—2014 年（42.3%）与 2008—2010 年（34.5%）；农村（47.9%）高于城市（30.5%），差异有统计学意义（Q=38.418，$P<0.01$），见表 3-2。

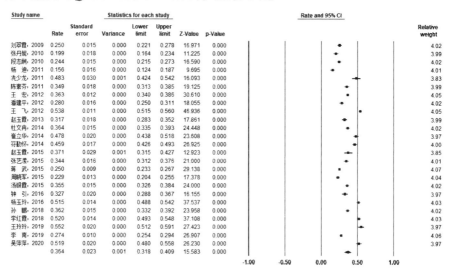

图 3-2　我国学龄前儿童忽视状况的 Meta 分析森林图

表 3-2　我国学龄前儿童忽视状况的亚组分析

亚组因素	研究数量	忽视率（95%CI）/%	异质性检验		效应模型	组间比较	
			I^2/%	P		Q	P
性别						0.515	0.473
男	20	34.8（29.6～40.4）	98.122	<0.001	随机		
女	20	32.1（27.5～37.1）	97.517	<0.001	随机		
地区						1.652	0.199
南方	8	31.7（25.5～38.6）	98.355	<0.001	随机		
北方	14	37.6（31.8～43.7）	98.725	<0.001	随机		

续表

亚组因素	研究数量	忽视率（95%CI）/%	异质性检验		效应模型	组间比较	
			I^2/%	P		Q	P
城乡						38.418	0.000
城市	17	30.5（27.1～34.1）	97.286	＜0.001	随机		
农村	8	47.9（43.8～52.0）	95.727	＜0.001	随机		
调研年份						4.368	0.113
2008—2010	6	34.5（25.1～45.3）	99.312	＜0.001	随机		
2011—2014	6	42.3（36.5～48.4）	96.963	＜0.001	随机		
2015—2018	4	48.7（40.7～56.9）	97.803	＜0.001	随机		

3. 敏感性分析

选用固定效应模型时，我国学龄前儿童忽视率为 34.8%（95%CI：34.2%～35.4%），选用随机效应模型结果为 36.4%（95CI：31.8%～40.9%），二者差异不大；选用随机效应模型时，敏感性分析显示，依次逐个剔除单项研究，忽视率在 35.6%～37.0%，无任一研究对分析结果有较大影响，提示本次 Meta 分析结果稳健。

4. 发表偏倚分析

绘制纳入全部研究的漏斗图，结果显示漏斗图左侧各研究相对更靠近 Y 轴，提示存在发表偏倚的可能性较大，见图 3-3。同时，Begg 秩相关检验（Z=2.27，P＜0.05）和 Egger 回归分析（t=2.63，P＜0.05）结果均提示可能存在发表偏倚。

童年期的忽视经历会对成年期的心身健康和应对方式产生影响，与手机成瘾、抑郁症、孤独感等健康危险行为的发生密切相关。本研究 Meta 分析结果表明，我国有超过三分之一的学龄前儿童受到忽视，忽视状况较为严重。一方面，可能与学龄前儿童年纪尚小，对多方面需求无法准确而有效表达有关；另一方面，可能与人们对儿童忽视认识不足、关注和重视不够等因素有关。

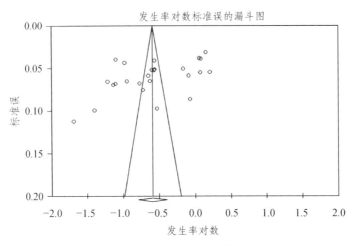

图 3-3　我国学龄前儿童忽视状况的漏斗图

本研究发现，我国学龄前儿童忽视状况存在性别、地区、城乡和时间段差异。男童天生活泼好动且更加顽皮，女童生性乖巧文静且较为听话，加之受"男孩要有男子汉气概""女孩要富养"等思想的影响，人们对男童的监管较为放松、关注度也不及女童，因而男童受到相对较多的忽视。受南、北地区经济发展、人文环境和民风习俗等因素的影响，人们对孩子各种需求的满足不尽相同、对孩子的关注程度也有所区别；另外，北方人性格豪爽、南方人心思细腻，在教育观念、养育方式上存在不同，这些都会对儿童忽视状况产生一定影响。

经济状况是儿童忽视的重要影响因素，农村儿童忽视问题较城市严重，这一方面可能是因为农村成年人迫于生计多数选择进城务工，造成留守儿童数量不断增加。父母在儿童成长关键期的长期缺席，使儿童各方面的需求得不到满足和保障，尤其在情感、教育、安全等方面的忽视时常发生；且留守儿童多由祖辈老人加以照管，受经济条件、思想观念、文化程度等的影响，他们更容易忽视儿童的各种需求。可见，留守儿童数量的增加和生存的状态是儿童忽视率农村高于城市的原因之一。另一方面，农村地区经济发展水平相对较低，在产品供给、医疗服务、文化教育、设施建设等方面的条件不如城市，儿童各方面需求的满足受到一定限制，因而忽视发生率较城市儿童高。

我国学龄前儿童忽视率随着时代发展呈上升趋势，2015—2018年学龄前儿童忽视率已接近50%。这可能是因为随着社会经济飞速发展，社会竞争压力越来越大，人们生活节奏也越来越快，一方面，父母为了给孩子提供更好的物质生活条件，专注于日常工作，对孩子的重视和关注有所减弱；另一方面，生活条件的不断改善又使得孩子对于除物质以外的其他方面的需求越来越高，而孩子照管者受时间和精力限制，往往意识不到孩子真正需要关注的方面，易出现各种疏忽，从而造成儿童忽视率不断上升。另外，随着二胎政策的全面放开，很多家庭掀起了"二孩潮"，家庭模式随之发生改变，从原来的独生子女家庭为主逐步变成多子女家庭，父母对子女的关注也由原来的一个孩子变为了多个孩子，这可能在一定程度上也促使儿童忽视率出现上升。

本研究存在一定的局限性：① 研究是对单个率进行的Meta分析，纳入的文献异质性较高；② 亚组分析中如能进行留守、独生子女等的研究，将有利于全面掌握我国学龄前儿童忽视状况，并且有利于针对不同儿童人群特点制定生命早期的儿童忽视防控措施；③ 本研究只纳入了已公开发表的文献，且可能存在未能检索到的灰色文献，因此不排除发表偏倚的可能性。待更多高质量的相关文献发表或被检索到后，可进行更为深入的研究，为预防学龄前儿童忽视的发生提供更多参考依据。

综上所述，我国学龄前儿童忽视状况不容乐观，农村地区问题更加严峻，为此，应尽早开展儿童尤其是留守儿童忽视的防控工作，将学龄前儿童纳入重点关注对象，加强有关儿童忽视的健康教育，通过教育使照管者了解学龄前儿童的身心发育特点，意识并认识到儿童忽视的危害，正视并重视儿童忽视问题的存在，掌握预防儿童忽视的相关知识，培育群众特别是农村群众正确的养育观和科学的养育技能。我国学龄前儿童忽视现象随着时代的发展和物质生活条件的改善而日益凸显，可见，在我国儿童忽视并没有受到应有的重视，吁请家庭、学校、社会共同关注儿童的忽视问题，关注全生命周期早期的儿童成长，对学龄前儿童忽视给予足够重视，切实维护儿童身心健康、保护儿童权益。

第三节　儿童忽视状况及影响因素

儿童忽视已成为影响我国儿童青少年健康的重要公共卫生问题。国内外多项研究显示，儿童忽视与贫困之间存在密切联系，农村儿童尤其是留守儿童往往更容易受到忽视。武陵山区是我国 14 个集中连片特困地区之一和首批扶贫攻坚试点区，土家族和苗族是该地区的主要世居民族。为了解武陵山区土家族与苗族 6~17 岁农村儿童忽视状况及影响因素，对地处武陵山区腹地的湘西土家族苗族自治州（以下简称湘西州）土家族和苗族农村儿童忽视状况进行调查，并对可能的影响因素进行二元 logistic 回归分析和多元逐步回归分析。

一、研究对象与方法

（一）研究对象

2014 年 11—12 月，采用多阶段分层整群随机抽样方法抽取调查对象。第一阶段从湘西州苗族聚居区抽取凤凰县和花垣县，土家族聚居区抽取龙山县和永顺县；第二阶段在上述 4 个县中各随机抽取 2 所农村中学作为样本学校；第三阶段则在每个被抽中的学校内初一至高三的每个年级中随机抽取 1 个教学班，共 48 个班，该班所有符合条件的学生均作为调查对象。调查对象纳入条件：（1）属于当地常住农村户口（或在当地居住满 3 年及以上）；（2）年龄在 12~17 周岁的在校中学生；（3）排除患有心理疾病、智力缺陷、神经及精神方面疾病的学生；（4）测试对象均知情同意，自愿参加。最终获得调查对象共 1 974 名，样本构成基本情况见表 3-3。以 1 974 名 12~17 岁中学生的忽视状况及其影响因素作为研究对象。

2015 年 9—11 月，采用多阶段分层整群随机抽样方法抽取调查对象。第一阶段从湘西州苗族聚居区抽取凤凰县，土家族聚居区抽取永顺县；第二阶段在上述 2 个县中各随机抽取 2 所农村小学作为调研点校；第三阶段则在每个被抽中的小学 1～6 年级中各随机抽取 1 个教学班，共 24 个班，该班所有符合条件的学生均作为调查对象。调查对象纳入条件：（1）属于当地常住农村户口（或在当地居住满 3 年及以上）；（2）年龄在 6～11 周岁的在校小学生；（3）排除患有心理疾病、智力缺陷、神经及精神方面疾病的学生；（4）测试对象均知情同意，自愿参加。最终获得调查对象 1 162 名，样本构成基本情况见表 3-4。学生年龄为 6～11 岁，平均年龄（9.09±1.48）岁。以 1 162 名 6～11 岁小学生的忽视状况作为研究对象。

表 3-3　土家族与苗族 12～17 岁农村中学生基本情况（N=1 974）

特征	类别	n	%	特征	类别	n	%
民族	土家族	1 020	51.67	是否独生子女	是	195	9.88
	苗族	954	48.33		否	1 779	90.12
性别	男	896	45.39	父亲文化程度	文盲或小学	709	35.92
	女	1 078	54.61		初中	940	47.62
年龄/岁	12～14	917	46.45		高中或中专	236	11.95
	15～17	1 057	53.55		大专及以上	89	4.51
家庭月收入/元	<1 000	368	18.64	母亲文化程度	文盲或小学	1 026	51.98
	1 000～2 999	578	29.28		初中	724	36.67
	3 000～4 999	292	14.79		高中或中专	181	9.17
	≥5 000	125	6.33		大专及以上	43	2.18
	不知道	611	30.95	家庭类型	大家庭	695	35.21
是否住校	是	1 525	77.25		核心家庭	975	49.39
	否	449	22.75		单亲家庭	136	6.89
是否留守	是	1 189	60.23		再婚家庭	46	2.33
	否	785	39.77		其他家庭	122	6.18

表 3-4　土家族与苗族 6～11 岁农村小学生基本情况（N=1 162）

特征	类别	n	%	特征	类别	n	%
民族	土家族	725	62.39	父亲文化程度	文盲或小学	225	19.36
	苗族	437	37.61		初中	646	55.59
性别	男	598	51.46		高中或中专	216	18.59
	女	564	48.54		大专及以上	75	6.45
年龄/岁	6～8	511	43.98	母亲文化程度	文盲或小学	298	25.65
	9～11	651	56.02		初中	630	54.22
是否留守	是	581	50.00		高中或中专	169	14.54
	否	581	50.00		大专及以上	65	5.59
是否独生子女	是	162	13.94	家庭类型	大家庭	444	38.21
	否	1 000	86.06		核心家庭	443	38.12
是否住校	是	263	22.63		单亲家庭	113	9.72
	否	899	77.37		再婚家庭	33	2.84
					其他家庭	129	11.10

（二）研究方法

1. 文献资料法

根据研究目的和研究内容的需要，在图书馆（中山大学图书馆、湖南师范大学图书馆、吉首大学图书馆）、数据库平台（中国期刊全文数据库、万方数据知识服务平台、ScienceDirect 期刊全文数据库）等处查阅儿童忽视与青少年健康危险行为方面文献资料。其中著作类主要有：《现代儿童少年卫生学》《学生体质健康标准研究》《体育统计与 SPSS》《中国民族概论》《体育·环境·健康》《国家学生体质健康标准》等 12 部；期刊类主要有：《体育科学》《北京体育大学学报》《体育学刊》《教育研究》《人类学学报》《中华预防医学杂志》《卫生研究》《中国公共卫生》《中国学校卫生》《心理与行为研究》等 CSSCI、CSCD、中文核心期刊论文 116 篇。

2. 问卷调查法

（1）武陵山区土家族、苗族学生忽视状况采用"中国农村 6～17 岁学生忽视评价常模的研制"中制定的量表，6～8 岁（小学 1～3 年级）、9～11 岁（小学 4～6 年级）、12～17 岁（初一～高三年级）分别采用不同的量表，三份量表的 Cronbach α 值分别为 0.924、0.929、0.914，折半系数分别为 0.891、0.904、0.890，重测信度分别为 0.559、0.892、0.807，说明三份量表均具有良好的信度和结构效度。忽视评价方法：按照国际公认的儿童忽视分类，量表包括身体、情感、医疗、教育、安全、社会等 6 个忽视层面的内容，分别计算各个层面及总层面的分值，儿童在某一层面的得分值超过了该层面的界值（P_{90}），说明在该层面受到了忽视。所调查儿童在 6 个层面中的任何一个受到了忽视，就认为该儿童受到了忽视。忽视率=（受到忽视的儿童数÷被测儿童数）×100%，表示儿童受到忽视的频度，最高值为 100%；忽视度=[测得儿童的忽视分值（或在某一层面的忽视分值）÷忽视满分值（或在该层面的满分值）]×100，表示儿童受到忽视的强度，最高值为 100。

（2）采用现场自填法对忽视状况进行调查。调查前对调查人员进行统一培训，在班主任协调下统一发放问卷，并向学生（6～8 岁组为学生监护人）说明调查的意义，解释问卷的内容及填写方法。其中 6～8 岁（1～3 年级）学生的调查问卷利用家长会组织家长现场填写，9～11 岁（4～6 年级）、12～17 岁（初一～高三年级）学生的调查问卷由学生本人现场填写。问卷调查过程中要求调查人员务必认真负责，在班主任的配合下，调查人员现场进行监督，保证问卷质量。问卷不记名，需独立填写。填写完毕后由调查人员当场对问卷进行检查无误后收回。

3. 数理统计法

采用 EpiData3.1 软件建立数据库并录入数据，应用 SPSS19.0 软件进行统计学分析。不同特征青少年健康危险行为报告率，检验方法采用 χ^2

检验（当 $n \geqslant 40$ 且所有 $T \geqslant 5$ 时，用普通的 χ^2 检验；当 $n \geqslant 40$ 但有 $1 \leqslant T < 5$ 时，用校正的 χ^2 检验；当 $n < 40$ 或有 $T < 1$ 时，改用确切概率法进行检验），以 $P < 0.05$ 为差异有统计学意义。分别计算不同性别、年龄、民族、是否留守儿童组 6 个忽视层面（身体、情感、医疗、教育、安全、社会）以及总的忽视率和忽视度。忽视率的组间比较采用 χ^2 检验；忽视度符合正态分布，采用 $\bar{x} \pm s$ 表示，组间比较采用 t 检验。影响因素分析采用非条件 logistic 回归分析。以 $P < 0.05$ 为差异有统计学意义。

二、不同特征儿童忽视状况

（一）小学生忽视状况

1. 土家族、苗族不同特征小学生忽视率

由表 3-5 可见，土家族、苗族 6～11 岁小学生中忽视儿童总数为 625 名，总忽视率为 53.79%，其中男生 57.36% 高于女生 50.00%（$\chi^2 = 6.322$，$P = 0.012$），苗族 64.76% 高于土家族 47.17%（$\chi^2 = 33.929$，$P = 0.000$）。医疗、教育、安全层面忽视率男生均高于女生（$\chi^2 = 18.432$，$P = 0.000$、$\chi^2 = 7.181$，$P = 0.007$、$\chi^2 = 11.876$，$P = 0.001$）；身体层面、医疗层面忽视率 6～8 岁学生均高于 9～11 岁学生（$\chi^2 = 5.266$，$P = 0.022$、$\chi^2 = 21.062$，$P = 0.000$）；情感层面、教育层面忽视率 9～11 岁学生均高于 6～8 岁学生（$\chi^2 = 12.820$，$P = 0.000$、$\chi^2 = 16.264$，$P = 0.000$）；苗族学生各层面忽视率均高于土家族，差异均有统计学意义（$P < 0.05$）；留守与非留守学生各层面忽视率差异均无统计学意义。

2. 土家族、苗族不同特征小学生忽视度

由表 3-6 可见，土家族、苗族 6～11 岁小学生总忽视度为 49.70±9.76，其中，男生（50.85±9.84）高于女生（48.47±9.52）（$t = 4.184$，$P = 0.000$），苗族（51.93±10.03）高于土家族（48.35±9.34）（$t = 6.156$，$P = 0.000$），留守学生（50.29±9.67）高于非留守学生（49.10±9.82）（$t = 2.071$，$P = 0.039$）。

各层面忽视度中，男生均高于女生，苗族均高于土家族，差异均有统计学意义（$P<0.05$）；社会层面忽视度 6~8 岁学生高于 9~11 岁学生（$t=9.475$，$P=0.000$）、情感层面忽视度 9~11 岁学生高于 6~8 岁学生（$t=-4.495$，$P=0.000$）；身体、医疗层面忽视度留守学生均高于非留守学生（$t=2.379$，$P=0.017$、$t=2.864$，$P=0.004$）。

3. 土家族、苗族小学生忽视项数分布

由表 3-7 可见，土家族、苗族 6~11 岁小学生主要受单项忽视，发生率为 19.02%，构成比为 35.36%；同时受到两项及以上忽视的比率逐步减小。

研究显示，武陵山区土家族、苗族小学 1~3 年级（6~8 岁）与 4~6 年级（9~11 岁）学生总忽视率分别为 53.42% 和 54.07%，总忽视度分别为 49.73±8.93 与 49.67±10.37，均高于我国农村同龄儿童，说明武陵山区土家族、苗族小学生忽视问题严峻。这一方面与武陵山区经济不发达，教育相对落后，人们思想观念陈旧等因素有关，另一方面，由于当地外出务工的父母较多，孩子多由祖辈照顾，而祖辈家长不是儿童最佳的照顾者，同时，父母长期无法陪伴在孩子身边，因而孩子缺少关爱和情感交流，容易受到忽视。

武陵山区土家族、苗族男生在各层面的忽视度均高于女生，这与云南、我国农村、西部地区城市以及全国城市学生的调查结论一致。在医疗、教育、安全层面的忽视率男生也明显高于女生。可见，武陵山区土家族、苗族男生受忽视的现象更为严重，这可能与"女孩要富养，男孩要穷养"的养育观念有关。另外，女孩子在日常生活中常常扮演着被呵护和照顾的角色，再加上青春发育期的女孩子在卫生、安全等方面更容易得到关注和保护，从而使得女孩受到的忽视相对较少。武陵山区苗族小学生受到忽视的频率和强度均比土家族高，这可能与两民族的文化背景、思想观念、风俗习惯、性格特点以及家长的教育理念等因素有关，其深入研究有待加强。

表3-5 土家族、苗族不同特征小学生各层面忽视率比较

特征	人数	身体忽视		情感忽视		医疗忽视		教育忽视		安全忽视		社会忽视		总忽视	
		人数	%	人数	%	人数	%	人数	%	人数	%	人数	%	人数	%
性别															
男	598	193	32.27	152	25.42	152	25.42	169	28.26	134	22.41	76	12.71	343	57.36
女	564	162	28.72	125	22.16	86	15.25	121	21.45	82	14.54	57	10.11	282	50.00
χ^2值		1.725		1.694		18.432		7.181		11.876		1.940		6.322	
P值		0.189		0.193		0.000		0.007		0.001		0.164		0.012	
年龄（岁）															
6~8	511	174	34.05	96	18.79	136	26.61	98	19.18	90	17.61	57	11.15	273	53.42
9~11	651	181	27.80	181	27.80	102	15.67	192	29.49	126	19.35	76	11.67	352	54.07
χ^2值		5.266		12.820		21.062		16.264		0.574		0.076		0.048	
P值		0.022		0.000		0.000		0.000		0.449		0.782		0.826	
民族															
土家族	725	166	22.90	157	21.66	124	17.10	148	20.41	105	14.48	70	9.66	342	47.17
苗族	437	189	43.25	120	27.46	114	26.09	142	32.49	111	25.40	63	14.42	283	64.76
χ^2值		53.232		5.060		13.510		21.246		21.475		6.098		33.929	
P值		0.000		0.024		0.000		0.000		0.000		0.014		0.000	
是否留守															
留守	581	190	32.70	142	24.44	130	22.38	149	25.65	112	19.28	69	11.88	323	55.59
非留守	581	165	28.40	135	23.24	108	18.59	141	24.27	104	17.90	64	11.02	302	51.98
χ^2值		2.535		0.232		2.557		0.294		0.364		0.212		1.527	
P值		0.111		0.630		0.110		0.588		0.546		0.645		0.217	
合计	1162	355	30.55	277	23.84	238	20.48	290	24.96	216	18.59	133	11.45	625	53.79

注：括号外数据为忽视率（%），括号内数据为受到忽视的学生数（名）。

表 3-6　土家族、苗族不同特征小学生各层面忽视度比较（$\bar{x}\pm s$）

特征	人数	身体忽视	情感忽视	医疗忽视	教育忽视	安全忽视	社会忽视	总忽视
性别								
男	598	50.84±10.67	51.70±11.80	50.68±15.08	51.01±11.73	48.12±12.67	52.05±15.16	50.85±9.84
女	564	49.12±10.61	49.95±11.80	47.33±13.63	47.99±11.36	45.17±12.00	49.85±15.50	48.47±9.52
t 值		2.746	2.532	3.984	4.445	4.076	2.451	4.184
P 值		0.006	0.011	0.000	0.000	0.000	0.014	0.000
年龄（岁）								
6~8	511	50.00±9.53	49.14±10.69	49.67±13.34	49.92±9.93	45.93±12.17	55.63±15.60	49.73±8.93
9~11	651	50.01±11.50	52.20±12.49	48.57±15.31	49.25±12.83	47.29±12.62	47.34±14.14	49.67±10.37
t 值		-0.009	-4.495	1.301	1.009	-1.853	9.475	0.105
P 值		0.993	0.000	0.193	0.313	0.064	0.000	0.916
民族								
土家族	725	47.94±9.94	50.22±11.61	47.35±13.93	48.16±11.10	45.26±11.81	49.66±15.50	48.35±9.34
苗族	437	53.43±10.97	51.89±12.12	51.88±14.94	51.83±12.16	49.06±13.08	53.20±14.87	51.93±10.03
t 值		-8.774	-2.336	-5.220	-5.258	-4.968	-3.831	-6.156
P 值		0.000	0.020	0.000	0.000	0.000	0.000	0.000
是否留守								
留守	581	50.75±10.46	51.35±11.72	50.27±14.51	50.21±11.17	46.81±12.33	51.63±15.23	50.29±9.67
非留守	581	49.26±10.83	50.35±11.92	47.84±14.37	48.88±12.07	46.57±12.55	50.35±15.47	49.10±9.82
t 值		2.379	1.445	2.864	1.954	0.322	1.419	2.071
P 值		0.017	0.149	0.004	0.051	0.748	0.156	0.039
合计	1162	50.01±10.67	50.85±11.83	49.06±14.48	49.54±11.64	46.69±12.44	50.99±15.36	49.70±9.76

表3-7 土家族、苗族不同特征小学生同时受到忽视项数的分布情况

特征	人数	1项		2项		3项		4项		5项		6项	
		人数	%	人数	%	人数	%	人数	%	人数	%	人数	%
性别													
男	598	103	17.22	85	14.21	65	10.87	50	8.36	32	5.35	8	1.34
女	564	118	20.92	66	11.70	42	7.45	31	5.50	17	3.01	8	1.42
年龄（岁）													
6~8	511	100	19.57	66	12.92	39	7.63	44	8.61	18	3.52	6	1.17
9~11	651	121	18.59	85	13.06	68	10.45	37	5.68	31	4.76	10	1.54
民族													
土家族	725	130	17.93	96	13.24	45	6.21	45	6.21	23	3.17	3	0.41
苗族	437	91	20.82	55	12.59	62	14.19	36	8.24	26	5.95	13	2.97
是否留守													
留守	581	110	18.93	81	13.94	54	9.29	43	7.40	24	4.13	11	1.89
非留守	581	111	19.10	70	12.05	53	9.12	38	6.54	25	4.30	5	0.86
合计	1162	221	19.02	151	12.99	107	9.21	81	6.97	49	4.22	16	1.38
构成比			35.36		24.16		17.12		12.96		7.84		2.56

表 3-8 土家族、苗族不同特征中学生各层面忽视率比较（%）

特征	人数	身体忽视	情感忽视	医疗忽视	教育忽视	安全忽视	社会忽视	总忽视
性别								
男	896	35.16（315）	18.64（167）	19.53（175）	32.81（294）	32.48（291）	35.94（322）	70.42（631）
女	1078	36.83（397）	20.87（225）	25.60（276）	28.66（309）	32.00（345）	33.40（360）	65.68（708）
χ^2值		0.593	1.534	10.233	3.969	0.050	1.399	5.053
P值		0.441	0.216	0.001	0.046	0.822	0.237	0.025
年龄（岁）								
12～14	917	34.24（314）	20.50（188）	21.48（197）	31.73（291）	32.28（296）	33.37（306）	68.27（626）
15～17	1057	37.65（398）	19.30（204）	24.03（254）	29.52（312）	32.17（340）	35.57（376）	67.46（713）
χ^2值		2.478	0.446	1.807	1.137	0.003	1.054	0.148
P值		0.115	0.504	0.179	0.286	0.957	0.305	0.700
民族								
土家族	1020	29.22（298）	22.94（234）	20.20（206）	29.41（300）	27.45（280）	40.20（410）	67.75（691）
苗族	954	43.40（414）	16.56（158）	25.68（245）	31.76（303）	37.32（356）	28.51（272）	67.92（648）
χ^2值		42.987	12.605	8.414	1.282	21.970	29.763	0.007
P值		0.000	0.000	0.004	0.257	0.000	0.000	0.932
是否留守								
留守	1189	38.27（455）	20.52（244）	24.39（290）	30.45（362）	31.96（380）	35.24（419）	68.21（811）
非留守	785	32.74（257）	18.85（148）	20.51（161）	30.70（241）	32.61（256）	33.50（263）	67.26（528）
χ^2值		6.267	0.827	4.040	0.014	0.092	0.631	0.195
P值		0.012	0.363	0.044	0.904	0.762	0.427	0.659
合计	1974	36.07（712）	19.86（392）	22.85（451）	30.55（603）	32.22（636）	34.55（682）	67.83（1339）

注：括号外数据为忽视率（%），括号内数据为受到忽视的儿童数（名）。

武陵山区土家族、苗族留守学生受忽视的强度明显高于非留守学生，在身体、医疗层面表现较为突出。由于父母多数常年外出打工，孩子的生活和学习多由祖辈家长进行监管，而（外）祖父母多数思想陈旧，文化水平相对较低，养育观念较为落后，对于孩子的关照可能仅限于吃饱穿暖的层面，至于物质方面更多、更高要求以及医疗卫生方面的需求却难以满足。

武陵山区土家族、苗族 6~8 岁组学生在身体、医疗方面受到忽视的频率高于 9~11 岁组学生，这与小学低年级学生年纪较小，家长往往更容易忽视身体、医疗方面的需求有关，另外还可能与家长营养、保健知识较为匮乏有关。随着孩子年龄的增长，情感、教育方面的需求越来越多，而家长忙于工作，疏忽了对孩子这些方面需求和变化的关注，更是缺乏必要的交流、教育和疏导，造成 9~11 岁组小学生在情感、教育方面受到忽视的频率高于 6~8 岁组学生。土家族、苗族不同特征小学生均以受单项忽视为主，随着同时受忽视项数的增加，所占比例呈下降趋势，与其他研究结果一致。

（二）中学生忽视状况

1. 土家族、苗族不同特征中学生忽视率

由表 3-8 可见，土家族、苗族 12~17 岁儿童中忽视儿童总数为 1 339 名，总忽视率为 67.83%，其中男生高于女生，差异有统计学意义（$P<0.05$）。男生教育层面忽视率高于女生，女生医疗层面忽视率高于男生；苗族学生身体、医疗、安全层面忽视率均高于土家族，土家族学生情感、社会层面忽视率均高于苗族；留守学生身体、医疗层面忽视率均高于非留守学生，差异均有统计学意义（$P<0.05$）。不同年龄组各层面忽视率差异均无统计学意义。

2. 土家族、苗族不同特征中学生忽视度

由表 3-9 可见，土家族、苗族 12~17 岁儿童总忽视度为 54.96±10.31，其中 12~14 岁年龄组高于 15~17 岁组，差异有统计学意义（$P<0.05$）。

男生教育、安全忽视层面的忽视度均高于女生，女生医疗忽视层面的忽视度高于男生；12～14岁年龄组情感、教育忽视层面的忽视度均高于15～17岁组；苗族学生身体、医疗、安全忽视层面的忽视度均高于土家族，土家族学生情感、社会忽视层面的忽视度均高于苗族，差异均有统计学意义（$P<0.05$）。留守与非留守学生各忽视层面的忽视度均无统计学意义。

三、儿童忽视影响因素

（一）土家族、苗族儿童忽视率影响因素

以各层面是否忽视为因变量（是=1，否=0），将可能影响忽视率的18个因素作为自变量进行单因素 logistic 回归分析。结果显示，孩子与父母亲关系、父母之间关系成为各层面忽视率共同的重要影响因素（见表3-10）。以总忽视为因变量（是=1，否=0），将单因素分析中有统计学意义的变量再进行二元 logistic 回归分析，如表 3-11 所示，相对于女生、孩子与父母及父母之间关系好，男生、孩子与父母及父母之间关系一般及不好的儿童忽视风险较高，OR 值分别为 1.292、1.290～1.909，P 值均 <0.05；相对于在家无单独房间，在家有单独房间的儿童忽视风险较低，OR 值为 0.577，P 值<0.05。

（二）土家族、苗族儿童忽视度影响因素

以各层面忽视度为因变量，将年龄、性别等18个可能的影响因素进行单因素方差分析，结果显示，家庭月收入、孩子与父母亲关系、父母之间关系成为各层面忽视度共同的重要影响因素（见表3-12）。以总忽视度为因变量，将单因素分析中有统计学意义的变量再进行多元逐步回归分析，表3-13结果显示，忽视度的主要影响因素有母亲文化程度、家庭月收入、在家是否有单独房间、孩子与父母关系，且与母亲文化程度、家庭月收入、在家是否有单独房间呈负相关，与孩子与父母关系呈正相关。由标准化回归系数看出，孩子与父母关系，特别是与母亲的关系对儿童忽视度的影响最大。

表 3-9　土家族、苗族不同特征中学生各层面忽视度比较（$\bar{x}\pm s$）

特征	人数	身体忽视	情感忽视	医疗忽视	教育忽视	安全忽视	社会忽视	总忽视
性别								
男	896	56.32±11.61	53.48±11.51	53.29±16.78	52.23±11.69	50.61±14.57	65.67±18.15	55.18±10.03
女	1078	55.91±11.92	53.45±12.95	54.99±18.46	51.17±11.94	49.27±14.85	64.87±17.87	54.78±10.54
t 值		0.755	0.047	-2.139	1.989	2.014	0.983	0.850
P 值		0.450	0.962	0.033	0.047	0.044	0.326	0.395
年龄（岁）								
12～14	917	56.34±10.85	54.10±11.92	54.26±16.57	52.66±11.08	49.78±14.36	65.75±17.53	55.45±9.51
15～17	1057	55.88±12.53	52.91±12.63	54.19±18.69	50.77±12.40	49.97±15.06	64.79±18.39	54.54±10.95
t 值		0.882	2.147	0.091	3.590	-0.280	1.182	1.980
P 值		0.378	0.032	0.928	0.000	0.779	0.237	0.048
民族								
土家族	1020	53.81±11.59	54.34±13.04	52.89±17.43	51.46±12.34	47.98±14.12	67.08±19.39	54.67±10.75
苗族	954	58.54±11.50	52.53±11.43	55.64±17.95	51.85±11.28	51.91±15.12	63.27±16.16	55.27±9.81
t 值		-9.099	3.275	-3.450	-0.726	-5.961	4.750	-1.295
P 值		0.000	0.001	0.001	0.468	0.000	0.000	0.195
是否留守								
留守	1189	56.49±11.89	53.82±12.47	54.38±18.13	51.66±12.15	49.68±15.04	65.37±18.43	55.15±10.67
非留守	785	55.50±11.60	52.93±12.07	53.97±17.12	51.64±11.35	50.19±14.26	65.04±17.34	54.68±9.74
t 值		1.817	1.569	0.499	0.039	-0.758	0.401	1.012
P 值		0.069	0.117	0.618	0.969	0.449	0.689	0.312
合计	1974	56.10±11.78	53.46±12.32	54.22±17.73	51.65±11.84	49.88±14.74	65.24±18.00	54.96±10.31

表 3-10　土家族、苗族儿童忽视率单因素 logistic 回归分析（Waldχ2 值）

影响因素	身体忽视	情感忽视	医疗忽视	教育忽视	安全忽视	社会忽视	总忽视
年龄	2.477	0.445	1.806	1.137	0.003	1.053	0.148
性别	0.593	1.533	10.183**	3.964*	0.050	1.398	5.046*
民族	42.567**	12.514**	8.382**	1.282	21.841**	29.542**	0.007
是否留守	6.257*	0.826	4.031*	0.014	0.092	0.630	0.194
是否独生子女	5.025*	1.167	0.668	1.961	2.023	0.003	0.014
父亲职业	22.120***	11.874	16.732**	11.582	21.123**	12.075	11.732
母亲职业	14.273*	17.500**	8.633	8.658	7.991	6.109	6.346
父亲文化程度	39.548***	0.615	7.047	8.976*	12.035**	5.103	4.504
母亲文化程度	47.961***	1.024	15.485***	5.937	9.801*	1.181	6.391
家庭类型	21.919***	7.386	3.735	8.421	14.694**	1.259	8.242
家庭月收入	45.100***	9.518	16.510**	15.822**	39.358***	9.977	12.215*
是否有单独房间	42.939***	0.919	5.076	10.071**	23.548**	7.891**	20.596**
是否住校	30.538***	0.146	3.009	1.138	9.325**	0.105	4.067*
父母工作地是否变动	16.415***	1.894	3.199	10.916**	18.262**	23.997**	11.734***
父母收入是否减少	36.269***	12.049**	3.027	3.283	13.246**	36.171***	2.184
与父亲关系	20.015***	84.303***	74.366***	42.592***	20.986**	15.341***	39.673***
与母亲关系	25.669***	112.415***	83.386***	34.655***	18.916**	7.477**	39.336***
父母之间关系	28.855***	59.479***	77.174***	20.863**	12.067**	21.840***	40.198***

注：*$P<0.05$，**$P<0.01$。

133

表 3-11　土家族、苗族儿童忽视率影响因素的二元 logistic 回归分析结果

影响因素	β 值	s_z 值	Waldχ^2 值	P 值	OR（95%CI）值
性别					
女					1.00
男	0.256	0.100	6.548	0.010	1.292（1.062~1.573）
是否有单独房间					
否					1.00
是	-0.550	0.112	24.162	0.000	0.577（0.464~0.719）
孩子与父亲关系					
好					1.00
一般	0.296	0.146	4.074	0.044	1.344（1.009~1.791）
不好	0.623	0.340	3.350	0.067	1.864（0.957~3.631）
孩子与母亲关系					
好					1.00
一般	0.389	0.167	5.415	0.020	1.475（1.063~2.046）
不好	0.647	0.368	3.091	0.079	1.909（0.928~3.927）
父母之间关系					
好					1.00
一般	0.333	0.149	4.995	0.025	1.396（1.042~1.870）
不好	0.255	0.284	0.802	0.370	1.290（0.739~2.253）

表3-12 土家族、苗族儿童忽视度单因素方差分析（F值）

影响因素	身体忽视	情感忽视	教育忽视	医疗忽视	安全忽视	社会忽视	总忽视
年龄	0.778	4.608*	12.885***	0.008	0.079	1.397	3.922*
性别	0.570	0.002	3.957*	4.577*	4.055**	0.966	0.723
民族	82.795***	10.727***	0.527	11.900***	35.529***	22.566***	1.678
是否留守	3.302	2.461	0.002	0.249	0.574	0.161	1.024
是否独生子女	3.813	5.884*	5.212*	0.156	0.109	2.278	2.214
父亲职业	8.679***	1.398	1.012	3.239**	1.645	3.679***	1.807
母亲职业	5.368***	20.571*a	2.195*	1.589	1.390	7.944*a	1.511
父亲文化程度	22.766***	1.953	4.289**	9.374***	7.065***	3.698*	7.119***
母亲文化程度	18.836***	1.304	1.108	9.732***	4.410***	2.339	5.026**
家庭类型	4.625***	0.694	1.328	0.911	5.798*	1.966	2.458*
家庭月收入	20.801***	3.621**	2.451*	6.798***	11.004***	2.386*	5.876***
是否有单独房间	66.299***	1.072	11.334***	11.990***	16.049***	3.305	19.759***
是否住校	54.697***	0.044	0.076	9.329***	21.373***	3.265	5.039*
父母工作地是否变动	11.671***	5.769***	2.494	1.622	9.095***	6.805***	7.124***
父母收入是否减少	25.775***	6.835***	0.013	2.146	10.430***	9.801***	0.740
与父亲关系	13.052***	46.046***	17.868***	39.711***	11.665***	4.357*	29.414***
与母亲关系	15.817***	78.075***	33.337***	55.930***	19.502***	6.882***	63.615***
父母之间关系	16.191***	35.004***	14.549***	38.857***	8.344***	6.585***	28.942***

注：1. *P＜0.05，**P＜0.01；2. a 为采用秩和检验分析的 H 值。

表 3-13　土家族、苗族儿童忽视度影响因素的多元逐步回归分析结果

影响因素	B 值	标准误	Beta 值	t 值	P 值
母亲文化程度	-0.789	0.309	-0.057	-2.552	0.011
家庭月收入	-0.195	0.061	-0.070	-3.170	0.002
是否有单独房间	-2.064	0.488	-0.093	-4.225	0.000
与父亲关系	2.401	0.472	0.129	5.091	0.000
与母亲关系	3.314	0.508	0.165	6.530	0.000

本次调查结果显示，武陵山区土家族、苗族 12～17 岁儿童总忽视率为 67.8%，总忽视度为 54.96±10.31，均高于全国农村儿童（47.3%，49.40±9.48）、云南省农村儿童（45.1%，49.98±9.56）、陕西和重庆农村留守儿童（60.64%，51.80±9.06）。这可能与土家族、苗族儿童生活在贫困山区，调查对象中非独生子女（超过 90%）和留守儿童（超过 60%）人数较多，照管者对儿童重视程度不够等因素有关。另外，与少数民族不同文化、风俗也可能导致少数民族学生忽视程度较严重等因素有关。

武陵山区土家族、苗族儿童中男生总忽视率高于女生，与国内有关研究结果一致。在贫困山区，人们的传统观念认为男孩要有出息或成大事，读书不是唯一的途径，而女孩想要走出山区或是找到好工作，好好读书被认为是主要的出路，这可能是男孩教育层面的忽视率和忽视度均高于女孩的原因。相对弱小的女孩随着年龄的增长，在医疗方面的需求较男孩多，如监护人对此关注程度不够，或是相关方面知识缺乏，都会导致女生在医疗层面受到忽视的可能性高于男生。女生在安全方面受忽视程度较男生轻，可能与山区女孩被视为弱势群体，家长、学校乃至社会对其更为关注等因素有关。

单因素分析结果表明土家族与苗族留守儿童身体、医疗层面的忽视率高于非留守儿童，这可能与贫困山区留守儿童父母长期外出、联系沟通缺乏、亲子关系疏远以及隔代监护（隔代监护存在祖父母辈生活状况不佳、思想观念陈旧、育儿知识缺乏、重养不重教等问题）等因素有关。

12～14 岁组（初中生）情感、教育层面忽视度及总忽视度较 15～17 岁组（高中生）高，这一方面可能是因为初中生开始进入青春期，生理、心理发生较大变化，正处叛逆期高发阶段，家长若不能正确处理、放纵自由会导致其忽视问题凸显。另一方面，可能与农村中小学撤点并校后，贫困山区农村大部分学生从初中开始住校，使得来自家庭方面的关注随之减少，学校里的生活、学习、情感等方面更容易出现问题，加重了初中生受忽视程度。土家族与苗族农村儿童除教育忽视层面外，其余忽视层面的忽视率和忽视度均具有显著性差异，这可能与两民族的文化背景、传统观念、风俗习惯、民族性格以及家长的教育理念、养育方式等因素有关，相关研究有待进一步深入。

是否有单独房间、孩子与父母关系是影响土家族与苗族儿童忽视的重要因素，与国内外学者研究结果基本一致。在家是否有单独房间与家庭经济条件和家中孩子的数量有关，家庭经济条件越差，家中孩子越多，儿童受忽视越严重。孩子与父母关系越好，父母对子女各方面的需求就更为关注，情感交流也更多，减少了子女受忽视的可能性。本研究中涉及两者关系的指标，由于没有具体的量化标准，再加上父母尤其是农村留守儿童的父母长期不在孩子身边，孩子主要是根据主观感觉来判断与父母的关系以及父母之间的关系，所以调查结果存在一定的偏差，从而对儿童忽视相关因素的分析具有一定的影响。今后研究中对于此类指标的分析，一方面可将判断标准尽可能量化，另一方面可结合质性研究等方法对调查结果做出分析。

PART FOUR

第四章

武陵山区农村青少年健康危险行为

第一节　青少年健康危险行为概述

　　青少年健康危险行为严重影响青少年的健康和发育，为成年期疾病的多发、早发留下隐患，并可以引发许多社会问题。青少年健康危险行为研究最早构思于 20 世纪 60 年代，主要基于 Jessor 及其同事所做的酒精滥用和其他类型问题行为研究，随后以高中生和大学生为对象的纵向追踪研究使健康危险行为研究为大家所熟知。自 20 世纪 80 年代后期，以美国为代表的西方国家开始对青少年健康危险行为进行研究以来，有关青少年健康危险行为的知识迅速递增，在理论和实证研究方面取得了令人鼓舞的成就。如，世界卫生组织（WHO）西太区 2003 年在 40 余个发展中国家/地区进行了青少年健康危险行为及其相关问题调查；美国"青少年健康危险行为监测系统"（YRBSS）在 1991—2015 年先后成功开展了 13 次大规模的监测活动；20 世纪 90 年代中期以来，英国、法国、瑞典、澳大利亚、日本等国也先后开展了青少年健康危险行为调查研究。我国对青少年健康危险行为的研究主要从 20 世纪 90 年代末开始，如，1998 年北京大学儿童青少年卫生研究所参考美国（YRBSS）问卷研发《中国城市青少年健康相关行为调查问卷》，并在北京、天津、深圳、沈阳和云南等部分城市进行调研；2003 年中国疾病预防控制中心根据全球学校学生健康状况调查（GSHS）要求，选取北京、武汉、杭州和乌鲁木齐作为首批城市参与调查；2005 年在原卫生部疾病控制司领导下开展了第一次全国 18 个省市区"中国城市青少年健康相关/危险行为"调查，获得了较全面的基础资料等。目前，我国青少年健康危险行为存在的主要问题是"各种不健康的饮食行为、体力活动不足和'以静代动'的生活方式日益普遍；非故意伤害事故频发；心理压力大，自杀行为增多；物质和精神成瘾行为不容忽视等"。

一、健康危险行为概念及分类

（一）青少年健康危险行为的概念

健康危险行为又称健康危害行为、问题行为、偏差行为。世界卫生组织（1993）指出：吸烟、酗酒、药物使用、不安全的性行为、不合理的膳食、缺乏体育锻炼以及各种意外伤害行为等不良行为，这些行为直接或潜在威胁青少年现在和将来的健康的行为，被统称为健康危险行为。我国学者（季成叶，2008）提出：凡是对青少年健康、完好状态乃至成年期的健康和生活质量造成直接或间接损害的行为，通称为青少年健康危险行为。

（二）青少年健康危险行为的分类

美国疾病预防控制中心（CDC）在 1990 年建立了"青少年健康危险行为监测系统"（YRBSS），自 1991 年开始，每 2 年进行 1 次监测。监测的内容包括六类：（1）吸烟；（2）饮酒和其他药物的使用情况；（3）不良饮食习惯；（4）导致非故意和故意伤害；（5）导致意外怀孕和性传播疾病的性行为；（6）缺乏体育锻炼。2005 年新增加了有关哮喘病及防晒霜的使用情况。

我国参照 YRBSS 的内容和分类，根据我国的具体情况分为 7 类。（1）导致各种非故意伤害（unintentional injury）的行为，如车祸、溺水、跌坠伤、砸伤、穿刺伤、爆裂伤等。（2）导致各种故意伤害（intentional injury）的行为，由 3 部分组成：一是打架等校园暴力行为以及由此引发的不安全感；二是自杀、自伤、自残、离家出走；三是反映内在心理-情绪障碍的外在行为表现，如孤独、精神压力、失眠、伤心绝望等。（3）物质成瘾（substance abuse）行为，如吸烟、饮酒、滥用药物（包括精神活性药物和毒品）、滥用吸入剂（如汽油、胶水、涂改液等）。（4）精神成瘾（psychiatric addition）行为，如游戏机成瘾、网络成瘾等。（5）导致性传播性疾病（包括 HIV 感染）和非意愿妊娠的性行为，如针对高中生的边缘性行为、过早性行为；针对大学生的多性伴性行为、不使用安全套、被迫性行为、非意愿妊娠等。（6）不良饮食行为，由 3 部分组成：一是过多摄入高能量/高脂食物等易致肥胖的饮食行为；二是各种易导致营养缺乏/失调的行为，包括不喝牛奶/豆浆，少吃蔬菜、水果，偏食，过多吃零食等；三是各种盲目或不健康减肥行为。（7）缺乏体力活动行为，从动、静两方面反映。前者包括不上体育课，体力活动不足，体育锻炼时间和强度不足；后者包括看电视、上网时间过长，其他静态活动（如课外作业、补习）时间过长等。

二、健康危险行为主要理论模型

（一）问题行为理论

Jessor 等（1977）首创的"问题行为理论"，其主要贡献在于：首次从行为学角度解释青少年危险行为的形成和发展机制。该理论认为：青少年健康危险行为是一系列自然、社会因素作用的结果，也是人与环境复杂交互作用的产物。其发生、发展取决于三大心理-社会因素：（1）个性因素，即个体（尤其是那些自我意识未完全成熟的青少年）对自我、他人、所属群体、团体的态度、价值取向、期望和信仰等。（2）环境感知因素。个体回顾自身行为表现，同时感受伙伴、父母、教师、亲友和其他社会成员对这些行为的态度。（3）社会认同因素。个体对自身行为是否被社会认同的感受等。3 类因素中对行为起决定作用的是各种个性因素，其他 2 类则主要发挥教育、指导、帮助、纠偏作用。个人能否改变自身的危险行为，建立健康促进行为，关键在于是否具有感知环境、了解社会是否认同的能力。

（二）危险和保护性理论

20 世纪 90 年代后期出现。该理论的主要贡献集中在 4 个方面：（1）从一些对青少年健康危险发挥重要影响作用的生活环境因素（如家庭、学校、社区）着眼，将其中一些成分分解为危险性、保护性 2 类。（2）强调通过采取主动干预措施，不断修正青少年所处环境，来达到促进健康的目的。（3）让青少年在提高自我意识的基础上树立坚定信念，在帮助青少年减少和消除健康危险行为方面起关键作用。人的需要、动机、健康认知和个人信念都是对行为产生重要影响的心理因素。（4）卫生工作者必须彻底转变观念，将学校卫生工作重点逐步由预防疾病转移到促进健康，由关注疾病本身转移到对健康产生影响的因素。

（三）生态理论

Bronfenbrenner（1979）承认生物因素和环境因素交互影响着人的发展，但自然环境对人的发展是一个主要影响源。根据生态模型，儿童不仅受自己特征（个体水平）影响，而且受他们直接的社会或自然环境（微系统水平）影响，也受他们所处各种环境背景相互关系的影响（中系统水平），还受到更广泛的社会背景的影响（外系统和宏系统水平）。对青少年直接产生影响的是"微系统"中的因素，主要是家庭，然后是学校、同伴。"中系统"包含着"微系统"背景中的交互关系，包括交互作用的效率、性质及影响。"外系统"是由那些青少年并不在其中扮演活跃角色、但又是对他们产生影响的背景构成。"宏系统"包括特定文化中的意识形态、态度、道德观念、习俗及法律。根据生态理论，最直接影响青少年问题行为的微系统因素是家庭、学校以及同伴。

三、健康危险行为研究现状

健康危险行为对青少年的成长具有直接或潜在的危害，不仅可能危及青少年的健康和生命，也是某些成年期疾病的发生基础，甚至会引发诸多社会问题。世界卫生组织指出："个人的健康与寿命 60% 取决于其生活方式和行为习惯"。青少年时期所养成的生活和行为习惯将对青少年的现在及成年以后的身心健康产生巨大的影响。同时，处于这个年龄阶段的孩子自我保护意识和自我控制意识相对比较薄弱，容易受到吸烟、故意伤害、不安全性行为等健康危险行为的威胁，青少年健康危险行为已经成了一个公共卫生问题。

目前，国内外有关青少年健康危险行为的研究主要集中在四个方面。一是健康危险行为的流行状况研究。如，季成叶（2005）研究表明：城市青少年各种不健康的饮食行为、体力活动不足和"以静代动"的生活方式日益普遍，物质和精神成瘾行为不容忽视；田本淳、张巍、钱玲、李芳健、王绍华（2006—2013）对北京、杭州、武汉和广州四城市学生在饮食、卫生、心理、吸烟饮酒、体育运动等方面进行调查发现：学生普遍存在不健康行为；熊文艳（2011）、赵连志（2013）、张叶香（2014）调查表明：南昌市、承德市、常州市青少年中存在较多的健康危险行为，且存在性别、年龄差异；杨翠平（2016）、李晴雨（2017）调查表明：濮阳市、北京市青少年中健康危险行为较为普遍等。二是健康危险行为的影响因素研究。如，Jessor（1998）"青少年健康危险行为的发生是生物危险因素、社会环境危险因素、感知环境因素、人格因素和行为因素共同起作用的结果"；Wellings K（2006）"青少年健康危险行为的发生发展是青少年内在自身因素和外在生活环境因素双重影响的结果"；张文新（2002）"社会经济状况、文化环境、大众媒介等影响青少年健康危险行为，青少年暴力行为与贫穷存在密切相关"；Mcgue M（2005）、Forns M（2010）、Foti K（2011）、Brooks FM（2012）等研究认为"教养方式、父母文化、应对方式、气质、人格、媒体等因素与青少年健康危险行为关系紧密"；王成全（2002）、星一（2006）、陶芳标（2007）、赵海（2012）、王孟成（2013）、刘衔华（2014）等探讨了"学习压力、师生关系、友情支持、同伴认同、情绪、自我效能感"等因素与青少年健康危险行为的关系；张周阳、孙飙、王梅（2008）"影响青少年健康和健康行为的因素有：经济条件、家庭结构、父母的行为、朋友和学校环境"；季成叶（2009）"越是不发达国家，青少年健康危险行为对社会经济发展带来的破坏性影响越大"等。赵海，马迎华，吕晓静（2012）"影响健康危险行为的主要因素包括个人、环境和行为等方面"；谢员，江光荣，邱礼林（2013）"一些学者探索了健康危险行为的影响因素，发现自我效能感、自尊和情绪管理对健康危险行为具有影响"；刘衔华（2015）在探讨农村留守儿童健康危险行为影响因素时指出社会认同是其健康危险行为的重要影响因素；郭玲茹（2016）研究指出健康素养与健康危险行为存在密切负相关等。三是健康危险行为的危害研究。如，Boyd CJ（2005）"青少年养成健康危险行为越早，其成年期发生心脑血管疾病、恶性肿瘤、糖尿病的概率也越高"；Washington RL（2006）"在欧美、日本等发达国家，3/4的青少年死亡与健康危险行为有关"；吴浩生（2007）"青少年健康危险行为严重影响青少年的健康和发育，学习和未来，并可造成巨大经济损失和社会负担"；周海茸（2015）研究发现健康危险行为是罹患抑郁症状的危险因素；吴岩（2016）对高中生健康危险行为现况及其相关性的研究表明：抑郁、打架、严重伤害、吸烟、重度饮酒、电子游戏成瘾、网络成瘾、赌博、看色情书籍和音像制品这 9 种健康危险行为相互具有正相关关系等。四是健康危险行为的干预研究。如，Saner H（1996）提出暴力同时存在的危险因素干预计划；Hritz SA（1997）提出 GRASP 干预方法；Arria AM（1997）针对携带武器和其他危险行为提出相应的预防措施；Botvin GJ（2002）提出生活技能培训对于改善健康危险行为的非常重要；星一、季成叶、张琳（2006）则指出应针对青少年健康危险行为多发特点，开展综合性行为干预；韦琳、王萍、覃彦香（2011）提出应针对青少年健康危险行为聚集特征，分级采取综合干预策略；李晴雨、宋娟、马迎华（2017）指出生活技能教育对于减少青少年健康危险行为可能具有潜在意义。

第二节　青少年健康危险行为的 Meta 分析

一、中学生睡眠障碍发生率的 Meta 分析

睡眠障碍是指在合适的睡眠环境中不能正常的睡眠，主要表现为入睡困难、维持睡眠困难、过早觉醒和睡后无恢复感。中学生正处于生长发育的关键阶段，该阶段也面临较大的学业压力，良好的睡眠对其身心健康有着重要的意义，相关研究表明青少年睡眠障碍会引起血压升高、糖代谢异常、超重肥胖等生理指标异常，还会引起抑郁、焦虑、自杀行为、伤害行为等青少年健康危险行为高发，危及青少年身心健康。

匹兹堡睡眠质量指数（Pittsburgh sleep quality index，简称 PSQI）量表由匹兹堡大学精神科医生 Buysse 博士于 1989 年编制，1996 年刘贤臣等将其引入国内，目前已成为国内外临床广泛应用的睡眠障碍评定工具。大量学者应用该量表对我国中学生人群睡眠状况进行了研究，但是单个研究由于受样本量、研究区域、研究经费的限制，得到的结果差距较大，我国中学生睡眠障碍发生状况尚无系统的研究和分析。因此，本研究采用 Meta 分析的方法，系统定量分析我国中学生睡眠障碍的患病情况，为制定中学生睡眠障碍的防治措施提供基线数据。

（一）资料与方法

1. 文献的检索策略

检索中国生物医学数据库（CBM）、中国知网（CNKI）、万方数据库（WanFang）、维普数据库（VIP）、PubMed、Web of Science 有关我国中学生睡眠障碍的文献，检索时间为 2006 年 1 月 1 日至 2020 年 4 月 1 日。此外，追溯纳入文献的参考文献，以补充获取相关文献。检索策略采用主题词与自由词相结合的方式。中文检索词："睡眠障碍/睡眠质量/睡眠紊乱""青少年/中学生/初中生/高中生/职业中学学生"；英文检索词："sleep disorder*/sleep quality/sleep disturbance/adolescent/middle school student*/

senior middle school student*/junior middle school student*/professional middle school student*""China/Chinese"。

2. 纳入和排除标准

纳入标准：（1）研究对象为我国中学生，研究类型为流行病学研究，包括横断面研究、队列研究、社区干预研究等。（2）文献中报告了样本数量和患病率或可以转换为该数据的基础数据。（3）睡眠障碍的研究工具为匹兹堡睡眠质量问卷（PSQI），睡眠障碍的诊断标准为 PSQI≥8 分。排除标准：（1）文献综述或会议摘要；（2）特殊时间点的研究（如中考、高考前）；（3）特殊人群的研究（如疾病、肥胖）；（4）重复发表的文献；（5）数据来源重复文献；（6）低质量文献（$AHRQ$≤3 分）。

3. 文献的筛选与资料提取

文献的筛选，首先根据制定的检索策略对数据库进行检索，由 2 位独立的评价员根据文献的筛查标准进行初步筛选，排除不符合的文献，对 2 位评价员的筛选结果进行对比，若出现分歧，则讨论解决或请求第 3 位评价员仲裁。运用 Excel 提取文献的信息，主要包括作者、调研年份、调研地区、抽样方法、诊断标准、学段、样本量、患病人数、患病率等。

4. 文献质量评价

采用美国卫生保健质量和研究机构（AHRQ）推荐的关于横断面研究的评价标准，AHRQ 标准包含 11 个条目，符合得 1 分，不符合得 0 分，满分 11 分[204]。0～3 分为低质量，4～7 分为中等质量，8～11 分为高质量。评价过程由 2 位评价员分别进行评价，评价结果出现分歧时，则讨论解决或请求第 3 位评价员仲裁。

5. 统计分析

使用 CMA V3.0（Comprehensive Meta-Analysis V3.0）进行 Meta 分析，计算合并效应值和 95%CI。通过 Q 检验和 I^2 判断文献的异质性，当 P≥0.05，I^2≤50%时，说明研究间同质性较好，采用固定效应模型，反之，则采用随机效应模型。按不同性别、学段、时间、地区进行亚组分析，寻找异质性的来源。通过漏斗图、Begg 检验和 Egger 检验进行发表偏倚评估。通过比较固定效应模型和随机效应模型的结果以及对单项研究分析，综合评价研究的敏感性。

（二）结果

1. 纳入研究的检索结果及文献特征

根据检索策略初步检索文献 1 142 篇，剔除重复文献后获得文献 608 篇，阅读标题和摘要后获得文献 226 篇，阅读全文并进行质量评价后最终纳入文献 42 篇，其中中文文献 40 篇，英文文献 2 篇，共纳入研究对象 107 261 人。文献的筛选流程如图 4-1 所示。根据文献质量评价标准，纳入的文献均为中高质量文献，得分在 5~9 分。文献的基本特征见表 4-1。

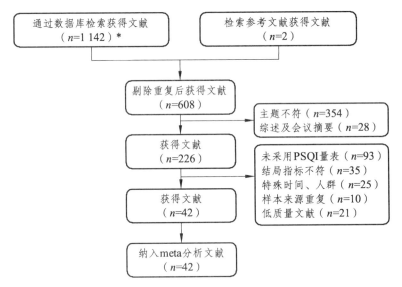

注：*检索各数据库具体文献检索数量如下：CBM（$n=219$）、CNKI（$n=278$）、VIP（$n=48$）、WanFang（$n=500$）、PubMed（$n=57$）、Web of Science（$n=40$）

图 4-1　文献筛选流程图

表 4-1　纳入研究的基本特征

基本信息	调研年份	地区	抽样方法	学段	样本量	患病人数	患病率（%）	AHRQ评分
胡爱武 2006	未报	安徽	随机整群	高中	459	69	15.0	5
李守龙 2007	未报	山东	随机整群	高中	328	91	27.7	6
何江 2007	2007	北京	随机整群	高中	618	140	22.7	5
陈舒鹏 2007	未报	上海	随机整群	高中	346	138	39.9	6
杨翠婵 2008	未报	广东	随机整群	初中、高中	568	92	16.2	6
姜斌 2008	2007	北京	随机整群	高中	344	84	24.4	7
尤琪 2008	2007	3省	随机整群	高中	925	237	25.6	6
施少平 2009	2008	湖北	分层整群	高中	1378	259	18.8	6
毛开新 2009	未报	湖北	随机整群	高中	445	133	29.9	6
夏薇 2009	未报	黑龙	随机整群	初中、高中	3975	723	18.2	6
李宪伟 2009	2008	山东	随机整群	高中	1383	202	14.6	6
刘明艳 2010	未报	福建	分层整群	高中	381	120	31.5	6
刘灵 2011	未报	福建	分层整群	初中、高中	566	97	17.1	6
万爱兰 2011	2009	江西	分层整群	初中	950	168	17.7	7
李燕芬 2011	未报	广东	分层整群	初中、高中	556	122	21.9	6
蓝芳 2011	未报	4省	随机整群	初中、高中	3288	829	25.2	6
张娟娟 2012	2010	江苏	分层整群	初中、高中	1385	507	36.6	8
严虎 2013	未报	湖南	分层整群	初中、高中	2836	417	14.7	6
彭颜晖 2013	2012	新疆	随机整群	高中	1096	231	21.1	6
李文辉 2013	2012	湖北	随机整群	初中	202	81	40.1	6
宁欣 2014	2012-2013	江苏	随机整群	初中、高中	4729	1248	26.4	5
陈静 2014	2011	4省	随机整群	初中、高中	13955	3698	26.5	9
徐斌 2014	2009	上海	随机整群	高中	301	35	11.7	6
Guo L 2014	未报	广东	分层整群	初中、高中	3186	1262	39.6	7
侯粤虎 2015	2014	广东	分层随机	高中	1175	404	34.4	5
黄国明 2015	未报	江西	分层整群	高中	608	123	20.2	6

续表

基本信息	调研年份	地区	抽样方法	学段	样本量	患病人数	患病率（%）	AHRQ评分
王世嫘 2015	2014	山东	随机整群	高中	1227	334	27.2	8
朱道民 2015	未报	安徽	随机整群	高中	543	152	28.0	5
崔丽巍 2015	2011	辽宁	分层整群	初中、高中	3477	612	17.6	7
张伟霞 2016	未报	新疆	随机整群	高中	224	83	37.1	6
Tang D T 2016	2012	重庆	分层整群	初中、高中	18686	3363	18.0	7
鲍振宙 2016	未报	广东	随机整群	初中、高中	1053	164	15.6	5
张秀芬 2017	2015	广东	分层整群	初中	860	142	16.5	6
张晟 2017	2015-2016	广东	分层整群	初中、高中、职中	3168	697	22.0	7
姚成玲 2017	2016	辽宁	随机整群	初中、高中	775	142	18.3	8
胡馨 2018	2016	河南	随机整群	初中	1344	378	28.1	6
范灵 2018	2016	宁夏	随机整群	高中	2116	804	38.0	7
武国保 2018	2016	新疆	随机整群	初中、高中	8793	2497	28.4	7
林琼芬 2018	2017	广东	随机整群	初中、高中	5781	1914	33.1	7
张祥伟 2019	2019	广东	随机整群	高中	1209	595	49.2	6
毋瑞朋 2019	2014-2015	山西	分层整群	初中、高中、职中	9560	2256	23.6	8
沈文丽 2020	2018	江苏	随机整群	高中	2462	913	37.1	7

2. 我国中学生睡眠障碍发生率的 Meta 分析

共纳入 42 个研究，各研究间存在异质性（I^2=98.5%，P<0.001），采用随机效应模型，Meta 分析结果显示，我国中学生睡眠障碍总发生率为 24.7%（95CI：22.5%~27.0%）。亚组分析结果显示：女生发生率（25.5%）高于男生（24.3%），高中（27.9%）高于初中（18.1%），2016~2020 年（31.2%）高于 2011~2015 年（24.3%）和 2006~2010 年（20.4%），南方地区（24.6%）高于北方地区（21.4%），差异均有统计学意义，P 值均< 0.05。如图 4-2、表 4-2 所示。

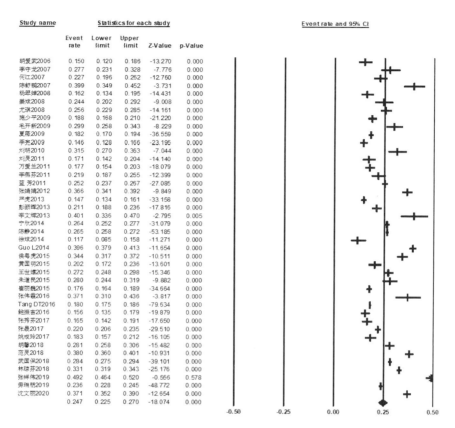

图 4-2　我国中学生睡眠障碍发生率的 Meta 分析

表 4-2　我国中学生睡眠障碍发生率的亚组分析

亚组因素	研究数	调查人数	检出人数	患病率（95%CI）/%	异质性检验		亚组差异	
					I^2（%）	P	χ^2	P
性别							32.8	<0.001
男	25	33 477	8 550	24.3（21.8~27.0）	97.707	<0.001		
女	25	36 560	10 034	25.5（23.1~29.0）	97.012	<0.001		
学段							1 344.7	<0.001
高中	31	48 333	14 011	27.9（25.1~30.9）	97.881	<0.001		
初中	14	31 220	5 243	18.1（14.1~23.1）	98.888	<0.001		

续表

亚组因素	研究数	调查人数	检出人数	患病率（95%CI）/%	异质性检验		亚组差异	
					I^2（%）	P	χ^2	P
年份[*]							678.7	<0.001
2006~2010	9	8 234	1 800	20.4（15.8~26.0）	96.923	<0.001		
2011~2015	10	54 967	12 370	24.3（21.2~27.7）	98.491	<0.001		
2016~2020	8	25 648	7 943	31.2（26.4~36.4）	98.561	<0.001		
地区							158.2	<0.001
南方	26	54 783	9 977	24.6（21.1~28.4）	98.877	<0.001		
北方	11	27 006	5 686	21.4（19.0~24.1）	95.394	<0.001		

注：[*]运用 Bonferroni 法进行调整，检验水准 $\alpha'=\alpha/6=0.0083$，经调整后组间比较差异仍有统计学意义。

3. 敏感性分析

选用固定效应模型时，睡眠障碍的发生率率为 25.4%（95%CI：25.1%~25.6%），与随机效应模型得到的结果差异不大。对纳入文献进行单项研究的敏感性分析，结果显示，逐一排除各研究，睡眠障碍发生率在 24.2%~25.1%，无任一研究对分析结果有较大影响，提示 Meta 分析结果较为稳健。

4. 发表偏倚分析

绘制纳入全部研究的漏斗图，结果显示漏斗图基本对称。Begg 秩相关检验（$Z=0.68$，$P=0.49$）和 Egger's 回归分析（$t=0.08$，$P=0.93$）结果均提示发表偏移的可能性较小，如图 4-3 所示。

（三）讨论

我国中学生睡眠障碍发生率为 24.7%，高于土耳其 16.0%，高于韩国 22.3%，低于美国 43.8%，青少年睡眠障碍发生率在不同国家有一定的差异，这可能是由于不同国家的经济、文化、科技、卫生等领域的发展状况有较大的差异造成的，我国中学生睡眠障碍发生率处于较高的水平，应引起有关部门的关注。

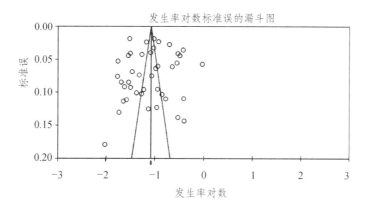

图 4-3　我国中学生睡眠障碍发生率（log）的文献发表偏移分析

　　研究发现女生睡眠障碍患病率（25.5%）高于男生（24.3%），这同以往外对青少年的研究结论一致，有学者对老年人睡眠障碍的研究也得出了同样的结论。造成女性睡眠障碍患病率高于男性可能的原因是，大部分女性敏感多疑，有更多心理冲突，且容易产生反刍思维，影响睡眠质量；面对负性事件时女性多采取情绪聚焦策略，男性多采取认知聚焦策略，策略的不同造成女性对负性情绪调节效果不如男性，导致女性易产生不良情绪的堆积，进而引起抑郁、睡眠障碍等健康问题。另外，女性良好的睡眠对环境的依赖性更大，有研究表明父母分居、离婚等家庭事件会对女性子女睡眠产生更大的影响，这也是女性睡眠障碍高于男性的一个可能的原因。高中生睡眠障碍发生率（27.9%）高于初中生（18.1%），这可能主要是由于高中生学业压力高于初中生造成的，由于我国自古以来就有应试教育的传统，学业成绩的好坏被认为与未来的前途密切相关，因此我国的青少年承受更多的学业压力和升学期望，高中阶段是时间上距离高考最近的学段。因此高中阶段青少年承受更多的学业压力，而学业压力与睡眠质量呈显著负相关。另外高中生年龄更大，心理活动更加复杂，加之智能手机普及率、早恋等因素，均有可能导致高中生较高的睡眠障碍发生率。

我国南方中学生睡眠障碍发生率（24.6%）高于北方中学生（21.4%），其原因可能与地理位置和饮食习惯有关，北方日落较早，所以北方人习惯早睡早起，而南方日落较晚，南方人喜欢晚睡晚起，夜生活丰富，这可能是造成南方中学生睡眠障碍发生率较高的原因。我国中学生睡眠障碍发生率 2016—2020 年（31.2%）高于 2011—2015 年（24.3%）和 2006—2010 年（20.4%），发生率逐渐上升，且增速越来越快。这可能与智能手机等上网设备的普及、青少年上网时间增加有密切的关系，有关研究显示我国中学生上网时间由 2008 年平均每周 9.7 小时猛增至 2015 年每周 22 小时，而网络使用时间与睡眠障碍存在密切正向关系，另外上网时间的增加，还挤压到中学生的睡眠时间和体育活动时间，这共同导致中学生睡眠障碍发生率快速上升。

本研究共纳入 42 篇文献覆盖我国 18 个省份，涉及样本量 107 261 人，其中发生睡眠障碍人数 26 556 人，敏感性分析显示本研究结果稳定性较好，发表偏移评估提示纳入的研究不存在发表偏移，因而对比以往单个的研究，本研究具有更好的可信度和稳定性。

本研究存在一定的局限性，由于本研究进行的是单个率的 Meta 分析，纳入的文献异质性较高；其次，只进行了性别、学段、时间、地区的亚组分析，如果能够进一步进行学习成绩、性格、应对方式等的研究，对睡眠障碍的防治将有更大的意义。

综上所述，我国中学生睡眠障碍发生率较高，且存在性别、学段、时间、地区差异；家庭、学校、社会应加强联合行动，从减轻中学生学习压力、减少智能手机使用、加强应对方式知识普及、提高生活满意度、鼓励参加体育活动等方面做起，防治中学生睡眠障碍，逐步扭转睡眠障碍发生率逐渐上升的态势。

二、中学生抑郁症状危险因素的 Meta 分析

抑郁症状是机体因抑郁而表现出来的异常感觉和状态，主要包括情绪低落、兴趣减退、愉快感缺乏、思维迟缓、记忆力下降、睡眠和饮食障碍等。抑郁症状具有较强的隐匿性，目前主要以量表评估自我报告为主要研究方式。抑郁症状不仅对青少年的学习和生活产生严重的影响，还有可能延续至成年期，大大增加成年期抑郁症的患病风险。我国中学生正处于青春期，不仅要面对身心的巨大变化，还要承受较大的学业压力，易产生抑郁症状，有研究表明我国中学生抑郁症状检出率达 28.4%，高于欧洲、北美洲、亚洲发达国家青少年的调查结果。近年来，诸多学者对抑郁症状的危险因素进行了研究，但研究结论差异较大，为进一步明确中学生抑郁症状的危险因素，本研究收集公开发表的文献，采用 Meta 分析的方法对相关危险因素进行分析，为中学生抑郁症状的有效防控提供参考。

（一）对象与方法

1. 文献检索

通过计算机检索中国知网（CNKI）、中国生物医学文献数据库（CBM）、维普（VIP）、万方、PubMed、Embase、Web of Science、Medline 等数据库关于中国中学生抑郁症状危险因素的中英文文献，检索时限为建库至 2021 年 2 月 6 日。中文检索词为："青少年/中学生""抑郁/危险因素/影响因素/相关因素/关联"；英文检索词为："adolescent*/middle school student*""depression/depressive disorder/depressive symptom""risk factor*/influence factor*/related factor*/correlation""China/Chinese"。

2. 纳入和排除标准

纳入标准：① 研究对象为中国中学生；② 研究数据可提取或可转化为 OR 及其 95%CI；③ 有明确的抑郁症状界定标准；④ 对影响因素的定义及量化标准基本一致。排除标准：① 重复发表的文献；② 青少年抑郁症

状合并其他严重躯体疾病;③对同一因素进行研究的论文数量不足3篇。

3. 质量评估

采用纽卡斯尔-渥太华量表(the Newcastle-ottawa scale，NOS)对最终纳入的文献进行质量评价，该量表包括8个条目，9个给分点，7~9分判定为高质量文献，4~6分为中质量，0~3分为低质量。

4. 数据提取

阅读全文提取相关指标，包括第一作者、发表时间、研究区域、纳入研究的总人数、患病人数、筛查工具、危险因素等数据。该过程由2位独立的研究者进行提取，提取完成后交叉复核，对出现分歧的部分共同讨论解决。

5. 统计学方法

采用stata 16.0软件进行统计分析，效应量采用OR值及其95%CI进行描述。采用I^2和Q检验的P值进行异质性评估:若$I^2 < 50\%$，且$P > 0.1$时，提示各研究间异质性较小，采用固定效应模型进行效应量的合并，反之，则采用随机效应模型。通过改变分析模型评估研究结果的敏感性;采用失安全系数(N_{fs})评价文献的发表偏倚，计算公式为

$$N_{fs} = (\sum Z/1.64)^2 - k$$

其中，Z为各独立研究的Z值，k为纳入研究的数量，N_{fs}越大表示推翻现有研究结论所需要的研究数量越多，一般当$N_{fs} \geqslant 5k+10$时，认为存在发表偏倚的可能性较小。检验水准$\alpha = 0.05$。

(二)结果

1. 纳入文献的基本特征

通过检索中英文数据库，共获得文献1 725篇，通过初筛获得文献135篇，阅读全文最终纳入文献38篇，文献筛选流程见图4-4;累计样本量182 813，涉及全国16个省份;其中高质量文献22篇，中等质量文献16篇，纳入文献的基本情况见表4-3。

表 4-3　纳入文献的基本情况

序号	作者	年份	省份	样本量	检出人数	筛查工具	危险因素	质量评分
1	Lu CP	2020	广西	965	441	PHQ-9	1，4	8
2	Luo XM	2020	6 省	14 590	638	CES-D	1，2，4，10，11，	7
3	Zhou JJ	2020	中国	4 805	1 899	CES-D	7，13，18	8
4	Li G	2019	湖北	3 605	1 220	CES-D	1，4，9	8
5	Liu JH	2019	山东	11 831	1 280	CES-D	1，4，10，11，12	9
6	Liu BP	2019	山东	7 072	428	CES-D	12	8
7	Lau JF	2018	香港	8 286	3 589	SDS	8	8
8	Tan MJ	2018	安徽	1 076	589	SDS	1，17	6
9	Wu AS	2016	香港	9 518	4 391	CES-D	8，16	5
10	Yue Y	2015	重庆	1 685	19578	CES-D	10，11	6
11	Guo L	2014	广东	3 186	205	CES-D	12	7
12	Hong X	2009	江苏	2 444	384	CDI	1，10，11，15，18，	8
13	车贝贝	2021	上海	6 178	2 241	SDS	9，10，11，12，19	7
14	李丽平	2020	上海	1 252	263	CES-D	2，8	8
15	张素华	2020	四川	3 623	1 652	CES-D	3，22	7
16	代长顺	2020	河南	6 024	997	BDI	1，2，6，7，8，19	8
17	陈 婷	2020	江西	5 974	1 685	CES-D	14	6
18	谌丁艳	2020	广东	3 893	802	CDI	4，5，14，22	5
19	勉丽娜	2019	北京	1 203	237	CES-D	1，7，14，15	6
20	孙力菁	2019	上海	5 876	973	CES-D	1，2，6，7，8	5
21	刘 洋	2018	上海	1 597	258	PHQ-9	3	7
22	姚成玲	2017	辽宁	775	162	SDS	12	6
23	徐伏莲	2014	广东	3 669	877	BDI	3，17	6
24	刘佩佩	2012	北京	1 175	295	CES-D	1，4	9
25	陈学彬	2011	甘肃	7 192	1 672	BDI	1，3，5，16	5
26	黄 莹	2011	云南	12 206	2 891	CES-D	1，3，21	6
27	洪 忻	2011	江苏	2 160	951	SDS	1，9，10，11，13	7

序号	作者	年份	省份	样本量	检出人数	筛查工具	危险因素	质量评分
28	祖 萍	2011	安徽	5 550	968	CDI	15	8
29	张 林	2009	安徽	3 798	1 460	CES-D	1, 3, 8	5
30	温圆圆	2009	四川	998	218	CES-D	1, 10	8
31	洪 忻	2008	江苏	7 161	1 060	CDI	1, 4, 6, 15	8
32	庄 勋	2007	云南	3 798	966	BDI	3, 21	6
33	赵富才	2007	未报告	452	126	CES-D	3, 23	7
34	洪 忻	2007	江苏	7 127	1 050	CDI	13	8
35	徐 斐	2006	江苏	7 161	1 060	CDI	9	9
36	黄 锟	2005	安徽	1 602	520	CES-D	3, 23	5
37	张洪波	2001	安徽	12 430	2 834	CES-D	1, 3, 5	6
38	邵福泉	2000	安徽	876	242	CES-D	1, 9	5

注：筛查工具：PHQ-9. 抑郁症筛查量表，CES-D. 流调用抑郁自评量表，BDI. Beck 抑郁自评量表，CDI. 儿童抑郁量表，SDS. 抑郁自评量表；危险因素：1=性别，2=学段，3=年级，4=年龄，5=户籍类型，6=学校位置，7=住校，8=网络成瘾，9=学业成绩，10=吸烟，11=饮酒，12=失眠，13=睡眠时间，14=校园欺凌，15=超重肥胖，16=父母文化程度，17=父母关系，18=学习时间，19=体力活动，20=视屏时间，21=家庭结构，22=家庭经济状况，23=应对方式。

2. Meta 分析结果

异质性检验结果显示：性别、学段、年级、年龄、户籍类型、学校位置、住校、网络成瘾、学业成绩、吸烟、饮酒、失眠、睡眠时间各因素纳入的文献间异质性较大，采用随机效应模型进行效应量的合并；校园欺凌、超重肥胖各因素纳入的文献间异质性较小，采用固定效应模型进行效应量的合并。Meta 分析结果显示，女生、高中学段、高年级、网络成瘾、学业成绩差、吸烟、饮酒、失眠、睡眠时间 $<6h/d$、遭受校园欺凌、超重肥胖是我国中学生抑郁症状的危险因素，见表 4-4。

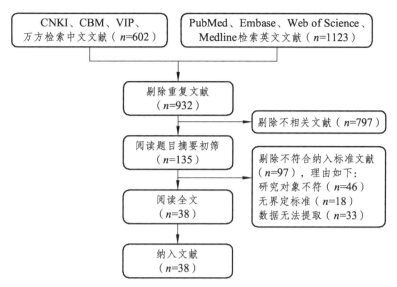

图 4-4　文献的筛选流程图

表 4-4　中国中学生抑郁症状危险因素的 Meta 分析

危险因素	参照组		纳入研究数量	异质性			模型类型	OR（95%CI）
				Q	P	I^2（%）		
性别	女	男	18	152.6	<0.001	86.9	随机	1.273（1.165~1.390）
学段	高中	职中	4	7.2	0.066	58.2	随机	1.561（1.255~1.942）
	初中	职中	4	69.8	<0.001	95.7	随机	1.086（0.597~2.038）
年级			10	110.4	<0.001	90.9	随机	1.206（1.120~1.299）
年龄			7	35.8	<0.001	80.4	随机	1.053（0.974~1.139）
户籍类型	城市	农村	3	48.1	<0.001	95.8	随机	0.866（0.494~1.520）
学校位置	城市	农村	3	7.2	0.028	72.1	随机	1.022（0.876~1.193）
住校	是	否	4	10.7	<0.001	72.0	随机	0.997（0.798~1.247）
网络成瘾	是	否	6	56.5	<0.001	89.3	随机	3.592（2.586~4.990）
学业成绩	差	优	5	24.6	<0.001	79.7	随机	2.148（1.711~2.698）
吸烟	是	否	7	25.2	0.001	68.3	随机	1.519（1.295~1.780）
饮酒	是	否	6	30.3	<0.001	76.9	随机	1.544（1.375~1.757）
失眠	是	否	5	30.0	<0.001	80.0	随机	3.538（3.075~4.070）
睡眠时间	<6h/d	≥6h/d	4	21.9	0.005	63.5	随机	2.146（1.812~2.542）
校园欺凌	是	否	4	6.4	0.169	37.8	固定	2.544（2.238~2.891）
超重肥胖	是	否	4	3.0	0.808	0.0	固定	1.439（1.289~1.607）

3. 敏感性分析

分别采用随机效应模型和固定效应模型对有统计学意义的危险因素进行效应量的合并，结果显示各因素在两种模型下合并效应量改变不大，提示本次 Meta 分析的结果敏感性良好，见表 4-5。对异质性较大的危险因素（$I^2 \geqslant 50\%$），进一步采用逐一排除单个研究的方法分别探讨异质性的来源，结果显示李丽平[278]的研究是学段的异质性来源，排除后异质性降低（$P=0.293$，$I^2=29.1\%$）[$OR=1.395$（$1.223 \sim 1.591$），$P < 0.001$]；Lau JF 的研究是网络成瘾的异质性来源，排除后异质性降低（$P=0.761$，$I^2=0.0\%$）[$OR=4.348$（$3.919 \sim 4.824$），$P < 0.001$]；洪忻，邵福泉等的研究是学业成绩的异质性来源，排除后异质性降低（$P=0.236$，$I^2=36.0\%$）[$OR=2.198$（$1.951 \sim 2.476$），$P < 0.001$]；Yue Y，Hong X 等的研究是饮酒的异质性来源，排除后异质性降低（$P=0.656$，$I^2=0.0\%$)[$OR=1.362$（$1.271 \sim 1.461$），$P < 0.001$]。

表 4-5　敏感性分析和发表偏移评估

危险因素	对照组		固定效应模型	随机效应模型	N_{fs}	N_{fs} 临界值
性别	女	男	1.184（1.152~1.216）	1.273（1.165~1.390）	893.0	100.0
学段	高中	职中	1.452（1.281~1.645）	1.561（1.255~1.942）	39.0	30.0
年级			1.115（1.097~1.134）	1.206（1.120~1.299）	450.0	60.0
网络成瘾	是	否	3.806（3.451~4.196）	3.592（2.586~4.990）	1 048.0	40.0
学业成绩	差	优	2.115（1.920~2.330）	2.148（1.711~2.698）	331.0	35.0
吸烟	是	否	1.513（1.400~1.635）	1.519（1.295~1.780）	186.0	45.0
饮酒	是	否	1.494（1.408~1.586）	1.544（1.375~1.757）	369.0	40.0
失眠	是	否	3.515（3.320~3.723）	3.538（3.075~4.070）	2928.0	35.0
睡眠时间	$<6h/d$	$\geqslant 6h/d$	2.201（1.996~2.427）	2.146（1.812~2.542）	512.0	30.0
校园欺凌	是	否	2.544（2.238~2.891）	2.519（2.136~2.971）	248.0	30.0
超重肥胖	是	否	1.439（1.289~1.607）	1.439（1.289~1.607）	65.0	30.0

4. 发表偏倚评估

计算有统计学意义危险因素的失安全系数（N_{fs}）及其临界值，各危

险因素的 N_{fs} 均＞临界值，提示存在发表偏移的可能性较小，结果较为稳定，见表4-5。

（三）讨论

研究发现女生抑郁症状检出率高于男生，与相关的研究结论一致，可能与中学阶段女生心理问题突出而调节能力又较弱有关，中学阶段女生自我意识觉醒较早，自我概念更加清晰，易形成攀比心理，且对于体型、容貌、异性的看法等格外注重，当在某方面落后时，容易产生抑郁症状；另外，面对生活和学习中的困难和挫折，不同性别中学生常采用的心理调节策略有较大差异，女生常采用情绪聚焦策略，男生则常采用认知重评策略，这导致女生的心理调整效果比男生差，更容易引起不良情绪的堆积，产生抑郁症状。

网络成瘾是中学生抑郁症状产生的危险因素，与相关的研究结论一致，可能与网络过度使用占据了大量时间，除对学业成绩造成严重影响外，还挤占了中学生大量用于社交活动的时间，由于网络社交与现实社交的较大差异，导致网络成瘾中学生产生社交焦虑的可能性增加，而社交焦虑在网络成瘾和抑郁症状间起完全中介的作用，也可与负性信息注意偏向共同起链式中介作用。

研究发现学业成绩较差是中学生抑郁症状产生的危险因素，学业成绩对抑郁症状的影响以自我概念为中介，个体在学业、运动、社交等方面表现较差构成消极事件，在此方面会收到他人的消极反馈，会逐渐形成消极的自我评价（即低自我概念），从而增加产生抑郁症状的风险。吸烟、饮酒均是中学生抑郁症状产生的危险因素，目前对吸烟、饮酒与抑郁症状间的关系尚未有明确的共识，但是通常认为二者的关系是相互的，一方面吸烟、饮酒是不被大众接受的，由此带来的病耻感，可能使其感知到较少的社会支持，从而增加产生抑郁症状的风险；另外，有抑郁症状的青少年更有可能发生吸烟、饮酒行为，这主要以"自我治疗假说"解释，即青少年通过吸烟、饮酒等行为缓解抑郁症状带来的痛苦。

本次 Meta 分析纳入的文献质量均达到中等及以上水平,文献质量总体较高,且文献的研究覆盖范围广、样本量大,结论具有较高的可信度。但总体而言,本研究仍存在以下不足:① 部分危险因素纳入的文献较少,未来仍需更多的文献来证实研究结论;② 排除了部分无法提取 *OR* 及 95%*CI* 的文献,可能会对研究结果产生一定的影响;③ 纳入的 38 篇文献筛查标准共采用了 5 种不同的筛查工具,各量表的信度、效度存在一定的差异,可能会对最终的结果产生一定的影响。

综上所述,女生、高中学段、高年级、网络成瘾、学业成绩差、吸烟、饮酒、失眠、睡眠时间<6*h/d*、遭受校园欺凌、超重肥胖是中国中学生抑郁症状的危险因素。家庭、学校、社会应共同努力,针对危险因素开展防治工作。

三、中学生手机成瘾发生率的 Meta 分析

手机成瘾(mobile phone addiction)又称手机依赖(mobile phone dependency)、病理手机使用(pathological phone use),是指由于某种原因过度地滥用手机而导致手机使用者出现生理或心理上不适应的一种现象。中学生正处于生长发育关键期,理性正确使用手机对其身心健康发展意义重大。相关研究表明,青少年手机成瘾会导致多种心理及行为适应问题的发生概率增加,极易诱发抑郁焦虑、认知错误、视力下降和关节功能紊乱等症状,并对人际关系、学业成绩、睡眠质量和生活满意度等产生负面效应,严重影响青少年学习进步和身体健康。近年来,诸多学者对我国中学生手机成瘾的报道较多,但单个研究在不同人群、时间和地区的结果差别较大。因此,本研究采用 Meta 分析的方法系统评价我国中学生手机成瘾的发生状况,以期为制定防治和干预措施提供参考。

(一)资料与方法

1. 文献检索策略

本研究检索 CBM、CNKI、WanFang、VIP、PubMed、Web of Science

数据库关于国内中学生手机成瘾发生状况的文献。检索时间为 2011 至 2020 年，末次检索日期为 2020 年 12 月 31 号。同时辅以手工检索和文献追溯法收集更多相关文献。中文检索词：（"手机成瘾"或"手机依赖"或"病理手机使用"与"中学生"或"青少年"或"初中生"或"高中生"）；英文检索词："Mobile phone addiction/Mobile phone dependence/Pathological phone use""middle school student*/adolescent/senior middle school student*/junior middle school student*""china/Chinese"。

2. 纳入排除标准

纳入标准：（1）纳入对象为我国内陆省份在校中学生；（2）文献中报告样本数和发生率或可转化的基础数据；（3）统计方法正确，研究设计合理。排除标准：（1）重复发表文献；（2）评论、会议及综述类文献；（3）研究内容不符；（4）无法获取全文；（5）质量偏低文献。

3. 文献筛选提取

由 2 名检索员独立双盲方式进行数据提取和录入，若出现分歧，请求第 3 名检索员进行判定。运用 Excel 提取数据并纳入信息。信息包括：文献第一作者、发表年份、调研年份、调研地区、学段、总样本量、发生人数和发生率等。

4. 文献质量评价

采用 Loney 等制定的疾病患病率的评价标准对纳入的文献进行质量评价，评价标准分三档：低质量（0~3 分），中等质量（4~6 分），高质量（7~8 分）。评价过程由 2 名检索员独立进行，评价结果若出现异议，则由 3 名检索员共同商榷解决。

5. 数据统计分析

运用 Stata16.0 软件进行统计处理，以发生率为效应分析统计量，并提供其 95%的置信区间。纳入研究间异质性采用 χ^2 检验分析（检验水准

$\alpha=0.10$），同时结合 I^2 值大小判断文献异质性。当 $I^2 \leqslant 50\%$，且 Q 检验 P > 0.1 时，表明同质性较好，选用固定效应模型，反之则采用随机效应模型。按照性别、学段、生源、时间、地区进行亚组分析。综合评价本次研究的敏感性，通过漏斗图、Begg 和 Egger 检验对发表偏倚进行评估。检验水准 $\alpha=0.05$。

（二）结果

1. 纳入研究的检索结果及文献特征

根据检索策略初步检索文献 1 013 篇，剔除重复文献后获得文献 786 篇，阅读标题和摘要后获得文献 316 篇，阅读全文并进行质量评价后，最终纳入文献 41 篇，纳入文献过程见图 4-5。其中，中文文献 39 篇，英文文献 2 篇，共纳入研究对象 66 162 人。根据文献质量评价标准，纳入文献得分均在 4～8 分之间。纳入文献基本特征及质量评价见表 4-6。

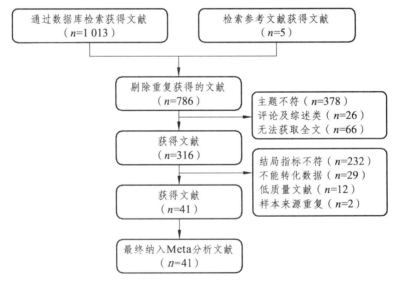

图 4-5　纳入文献过程

注：数据库检索具体文献数量：CBM（$n=9$）、CNKI（$n=257$）、PuMed（$n=168$）、Web of Science（$n=416$）、VIP（$n=117$）和 WanFang（$n=51$）。

表 4-6 文献基本特征及质量评价

第一作者	调研省份	调研年份	学段	男/女	测量工具	总样本量	发生人数	发生率%	质量评价
孙国庆 2011	吉林	2011	初中/高中	95/136	CIAS	231	11	4.8	6
王小辉 2011	福建	2011	初中/高中	278/386	CPARS	664	102	15.4	7
许 颖 2012	广西	2012	初中/高中	205/280	SPDSS	485	96	19.8	6
徐 华 2014	北京	2014	高中	134/159	CPARS	293	63	21.5	5
葛续华 2014	山东	2014	初中/高中	822/344	MPATQ	1166	359	30.8	7
Myongye B2014	未报告	2014	高中	未报告	MPATQ	1200	117	9.8	6
邱慧燕 2014	江苏	2014	初中	164/151	CPARS	315	136	43.2	7
马洪涛 2015	山东	2014	初中/高中	967/998	IAQ	1965	174	8.9	8
邓兆杰 2015	湖北	2015	高中	202/228	CPARS	430	115	26.7	6
吴玉芳 2015	福建	2015	高中	66/77	MPDSDC	143	50	35.0	5
李晓敏 2016	河北	2015	初中/高中	425/488	CBPS）	913	206	22.6	5
汤建军 2016	安徽	2014	初中/高中	2310/2018	CPUDQ	4328	1112	25.7	6
张国进 2016[	江苏	2016	初中	325/125	CPARS	450	225	49.0	7
张 奚 2016	上海	2016	中学	未报告	CPUDQ	3160	1145	36.2	5
汪尚力 2016	四川	2016	初中	236/244	MPPUS	480	113	23.5	7
刘绍英 2017	天津	2015	初中/高中	1251/1169	CIAS	2420	262	10.8	8
黄园园 2017	广东	2016	初中/高中	2160/1792	CPUDQ	3952	871	22.0	8
易晓明 2017	四川	2017	初中	99/104	SPAS	203	136	67.0	6
张 锐 2017	山西	2017	高中	190/269	CPARS	459	119	25.9	7
信中贵 2017	安徽	2017	初中/高中	350/280	CPARS	630	96	15.2	8
张 倩 2017	江苏	2017	高中	452/407	CIAS	859	193	22.7	7
王 琛 2018	未报告	2017	中学	未报告	MPATQ	512	138	27.0	4
张诗晨 2018	6省	2016	初中	10990/11638	CPUDQ	22628	5752	25.4	5
焦宇杰 2018	河北	2018	初中	264/302	CPARS	566	148	26.2	7
刘 丹 2018	河南	2018	初中/高中	314/317	MPPUS	631	119	18.9	7

续表

第一作者	调研省份	调研年份	学段	男/女	测量工具	总样本量	发生人数	发生率%	质量评价
朱思施 2018	四川	2018	初中	111/157	CPARS	268	17	6.3	6
王 凤 2018	内蒙古	2018	高中	174/148	CPARS	322	75	23.3	5
郝晨蕊 2018	湖北/江西	2018	初中/高中	749/600	CPARS	1349	428	30.4	7
项洋洋 2018	未报告	未报告	初中	39/46	SPAS	85	25	29.4	4
谌丁艳 2019	广东	2017	初中/高中	2136/1856	CPUDQ	3992	673	16.9	8
李玉华 2019	上海	2017	初中/高中	439/510	CIAS	949	136	14.3	7
何佳译 2019	海南	2018	高中	未报告	SAS-C	429	65	15.2	4
丁 倩 2019	湖北	2018	初中	291/264	SAS-C	555	89	16.0	7
项明强 2019	广东	2019	初中/高中	304/339	SAS-C	643	218	33.9	6
Zou Y 2019	未报告	2019	初中	1218/1421	SAS-SV	2639	602	22.8	7
李蓓蕾 2019	北京	2019	高中	218/230	MPPUS	448	83	18.5	7
朱苓苓 2019	山东	2018	初中/高中	200/207	CPDS	407	37	9.1	4
王 丹 2020	江苏	2020	高中	481/477	CPDS	958	314	32.8	7
宋 鑫 2020	黑龙江	2020	初中/高中	1455/1545	CPUDQ	3000	763	25.4	6
赵雨薇 2020	辽宁	2020	初中	272/270	CPARS	542	190	35.1	7
许 慧 2020	河南	2019	高中	214/279	SPAS	493	175	35.5	7

采用修订的测量工具：中文网络成瘾量表 CIAS；手机依赖指数量表 CPARS；智能手机成瘾量表 SPAS；手机使用依赖问卷 CPUDQ；智能手机成瘾量表短版 SAS-SV；手机问题使用量表 MPPUS；网络成瘾问卷 IAQ；手机成瘾倾向问卷 MPATQ；中文无聊倾向量表 CBPS；手机依赖症状表现分量表 SPDSS；手机依赖综合征诊断标准 MPDSDC；中文智能手机成瘾量表 SAS-C。

2. 我国中学生手机成瘾发生率的 Meta 分析

纳入 41 个研究间存在异质性（$I^2 > 50.0\%$，$P < 0.10$），采用随机效应

模型，合并效应量结果显示，我国中学生手机成瘾总发生率为 23.4%
（95%CI：20.8%～26.0%），如图 4-6 所示。亚组分析结果显示：男生发生
率为 20.6%（95%CI：16.1%～25.4%）高于女生的 18.5%（95%CI：13.7%～
23.8%）；高中生发生率为 20.2%（95%CI：14.4%～26.7%）高于初中生
的 20.0%（95%CI：14.9%～25.6%）；城镇生源发生率为 21.0%（95%CI：
14.0%～29.0%）高于农村生源的 19.1%（95%CI：12.6%～26.5%）；2016—
2020 年发生率为 25.0%（95%CI：22.3%～27.8%）高于 2011—2015 年的
19.9%（95%CI：14.7%～25.7%）；西南地区发生率最高为 25.9%（95%CI：
12.0%～43.0%），其次华东地区为 24.9%（95%CI：18.7%～31.7%）、华
中地区为 23.9%（95%CI：16.0%～32.8%），华南地区为 21.2%（95%CI：
16.6%～26.3%），华北地区为 20.9%（95%CI：15.2%～27.3%），东北地
区最低为 20.0%（95%CI：8.6%～34.7%），见表 4-7。

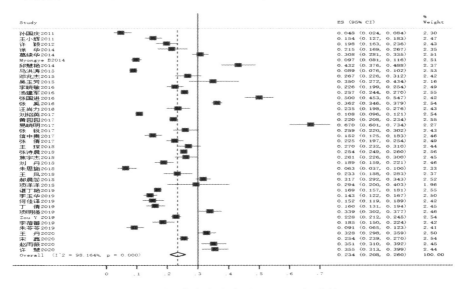

图 4-6　手机成瘾发生率的 Meta 分析森林图

表 4-7　手机成瘾发生率的 Meta 分析结果

亚组因素	文献数量	Meta 分析结果	异质性检验		效应模型
		发生率（95%CI）%	I^2（%）值	P 值	
性别					
男	13	20.6（16.1～25.4）	96.83	<0.001	随机效应
女	13	18.5（13.7～23.8）	97.55	<0.001	随机效应
学段					
初中	10	20.0（14.9～25.6）	98.1	<0.001	随机效应
高中	9	20.2（14.4～26.7）	98.36	<0.001	随机效应
生源					
城镇	18	21.0（14.0～29.0）	97.74	<0.001	随机效应
农村	18	19.1（12.6～26.5）	98.31	<0.001	随机效应
年份					
2011—2015	13	19.9（14.7～25.7）	98.44	<0.001	随机效应
2016—2020	28	25.0（22.3～27.8）	97.62	<0.001	随机效应
地区					
华东地区	12	24.9（18.7～31.7）	98.83	<0.001	随机效应
华南地区	5	21.2（16.6～26.3）	96.27	<0.001	随机效应
华北地区	7	20.9（15.2～27.3）	96.23	<0.001	随机效应
华中地区	4	23.9（16.0～32.8）	95.34	<0.001	随机效应
西南地区	5	25.9（12.0～43.0）	98.43	<0.001	随机效应
东北地区	3	20.0（08.6～34.7）	98.17	<0.001	随机效应

3. 敏感性分析

采用固定效应模型时，我国中学生手机成瘾发生率为 23.3%（95%CI：23.0%～23.6%），采用随机效应模型时结果为 23.4%（95CI：20.8%～26.0%），两者差别不大；对纳入的文献进行敏感性分析，结果显示，逐一剔除各研究，发生率在 23.0%～25.6%，任一研究未对分析结果造成较大干扰，表明 Meta 分析结果较为稳健。

4. 偏倚性检验

通过绘制漏斗图考量本次研究是否存在发表偏倚，结果显示漏斗图基本对称。同时，对漏斗图进行对称性检验，经 Begg 秩相关检验（$Z=0.91$，$P>0.05$）和 Egger 回归分析（$t=0.78$，$P>0.05$），可判断本次研究的文献发表偏倚性较小，如图 4-7 所示。

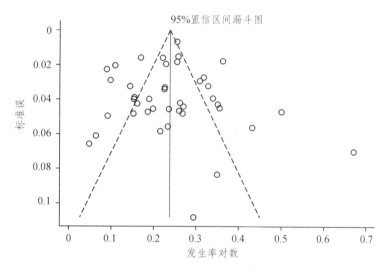

图 4-7　手机成瘾发生率的漏斗图

（三）讨论

当今 5G 万物互联时代，手机作为集信息、社交、学习、购物、娱乐等功能于一体的手持智能终端，已成为现代日常生活不可或缺的移动工具。据 CNNIC 发布的第 47 份《中国互联网络发展统计报告》显示，截至 2020 年 12 月，我国手机网民规模达 9.86 亿，其中以学生群体最多，占比为 21.0%。纵观庞大的手机用户群体，青少年学生由于好奇心强、自控力差以及心理发展不成熟等特点使其成为手机成瘾的高危人群，其成瘾问题也引起了社会各界的广泛关注。因此，警惕和预防青少年手机成瘾问题已迫在眉睫。

本次研究汇集了 2011—2020 年全国 20 个省（自治区、直辖市）的

41 个研究，通过分析发现，我国中学生手机成瘾总发生率为 23.4%，低于韩国（31%）、泰国（36%），高于日本（12%），青少年手机成瘾发生率在不同国家存在一定差异，这可能与不同国家历史文化、社会经济、科教卫生等发展程度有关。虽然我国发生率相比其他国家偏低，但仍处于较高水平，应尽快采取有针对性的举措予以干预。

亚组分析显示，男生手机成瘾发生率（20.6%）高于女生（18.5%），其原因可能与手机使用偏好的性别差异有关，女生更倾向于将手机应用于社会交际，而男生则更多应用于游戏。高中生发生率（20.2%）高于初中生（20.0%），这主要是由于高中是人生的转折点，学生处在更多的高压学习环境，难免会产生焦虑、抑郁等心理与行为问题，为了减轻这种压力会产生更加上瘾的行为。有研究表明，手机成瘾与个体的自尊、睡眠质量、学业成就和生活满意度等存在负相关，并与焦虑、抑郁、孤独等心理与行为问题存在正相关。城镇生源发生率（21.0%）高于农村生源（19.1%），可能与城镇比农村学生经济状况好，家庭富裕为其依附于手机上网提供了外部条件。

我国中学生手机成瘾发生率 2016—2020 年（25.0%）高于 2011—2015（19.9%），这可能与 2011 年以后随着移动智能终端的广泛普及有着直接关系。不同地区发生率在 20.0%—25.9%，西南地区中学生手机成瘾发生率最高，其次是华东、华中、华南、华北地区发生率相近，在 22% 左右，东北地区最低。华中、东北地区纳入研究较少，可能由于发生率与总发生率差别较大有关。此外，西北地区研究很少，未纳入文献进行分析。

本次研究局限性：（1）对于单个率的研究，纳入文献的异质性不可避免；（2）纳入年龄、学段、背景等基线数据不一，其他影响因素较多，无法逐个进行分析；（3）目前尚无统一的手机成瘾测量工具，且评价受主观判断较大，可能影响结果的准确性。（4）如能进一步对学习成绩、家庭背景、性格差异、品行障碍、走读住校等方面的研究，对问题发生的预防会有更大意义。

综上所述，本次研究表明我国中学生手机成瘾发生率较高，且呈上升趋势，各地区学生发生状况存在差别，不同性别、学段及城乡之间各异，应引起家庭、学校和社会的高度重视。为此，应加强宣教力度，通过各种途径让学生和监护人了解手机成瘾的危害和应对攻略，趋利避害，化危为机；安排心理学专家针对成瘾人群进行心理卫生指导，培养学生的信息科技素养和自我管控能力；树立"健康第一"理念，以教育为先导，充分发挥体育在场效能，保证充足体力活动，减少久坐行为和屏前时间，增进学生体质与健康。

四、青少年自伤行为影响因素的 Meta 分析

自伤行为是一种不以自杀为目的的直接的、蓄意的伤害自己身体的行为，常见的形式有割伤皮肤、烫烙、拉扯头发和撞击等，自伤行为具有反复性，故意性和隐蔽性的特点。自伤行为不仅直接危害青少年躯体，而且与自杀行为关系密切，已成为青少年致残致死的重要公共卫生问题。一项覆盖 19 个国家的研究显示青少年自伤行为的发生率为 17.2%，中国青少年自伤行为的发生率为 27.4%，且 2012 年以后呈现明显的增长态势。为降低中国青少年自伤行为发生率，近年来国内外学者对于中国青少年自伤行为的发生原因及影响因素进行了大量的研究，但由于青少年自伤行为发生的原因尚未明确，对影响因素的报道差异较大。为进一步探讨中国青少年自伤行为影响因素，为自伤行为的防控提供尽量客观、真实的参考，本研究收集 2006 年 1 月至 2020 年 9 月公开发表的关于中国青少年自伤行为影响因素的文献，对相关影响因素进行了 Meta 分析，现将结果报告如下。

（一）资料与方法

1. 文献检索策略

系统检索 CNKI、CBM，VIP、万方、PubMed、Embase、Web of Science 数据库 2006 年 1 月至 2020 年 9 月公开发表的中英文文献，末次检索时

间为 2020 年 9 月 5 日。中文检索词为："青少年/中学生""自伤/自虐/自残""影响因素/相关因素/危险因素/关联";英文检索词为："adolescent*/middle school student*""self-injury/self-abuse/self-harm""influence factor*/risk factor*/related factor*/correlation""China/Chinese"。

2. 文献的纳入与排除标准

纳入标准:(1)研究对象为中国 13~18 岁青少年;(2)至少报告 1 种与自伤行为相关的因素;(3)研究提供 OR 值及 95%CI 或可转换为上述数据的相关数据;(4)语种为中文或英文。

排除标准:(1)重复发表的文献;(2)研究综述;(3)研究数据无法提取;(4)研究的影响因素定义及量化方式差异较大;(5)文献质量较低;(6)对同一因素进行研究的文献数量低于 3 篇。

3. 数据提取

提取文献相关数据,包括第一作者,发表年份,研究地区,调查总人数,发生自伤行为人数,研究因素相关数据。数据提取由 2 位独立的研究者分别进行提取,并交叉复核,出现分歧时共同商议解决。

4. 文献质量评价

采用纽卡斯尔-渥太华量表(the Newcastle-Ottawa Scale,NOS)对最终纳入的文献进行质量评价,NOS 量表包括人群选择、目标可比性、暴露和结局指标等 3 个维度,共 9 分,0~3 分为判定为低质量、4~6 分为中质量、7~9 分为高质量。

5. 统计分析

采用 CMA V3.0(Comprehensive meta analysis V3.0)进行统计分析,影响因素的效应量采用 OR 值以及 95%CI 进行描述,并做如下换算:$estimate=In\ OR$,$SE=[In$(区间上限)$-In$(区间下限)$/3.92]$。采用 I^2 和 Q 检验的 P 值进行异质性评估:若 $I^2<50\%$,且 $P>0.05$,说明各研究间异质性较小,采用固定效应模型,反之则采用随机效应模型。通过比较固定效应模型和随机效应模型合并效应量的差异评价研究结果的敏感性；采用失安全系数$[N_{fs}，N_{fs.}=(Z/1.64)^2-S，Z$ 表示各研究的 Z 值，S 为研究数量]评价文献的发表偏倚，N_{fs} 越大表示结论被推翻需要的研究数量越多，结果越稳定，一般当 $N_{fs}<10$ 时，获得的阳性结果应当慎重对待[385-386]。

（二）结果

1. 文献的一般特征

通过检索共获得文献 726 篇，阅读标题和摘要 447 篇，阅读全文 63 篇，最终纳入文献 23 篇，筛选流程见图 4-8。共纳入研究对象 139 374 例，其中发生自伤行为的研究对象数量为 38 938 例。纳入的文献包括英文文献 9 篇，中文文献 14 篇，其中高质量文献 18 篇，中等质量文献 5 篇，纳入的文献质量总体较高，结果见表 4-8。

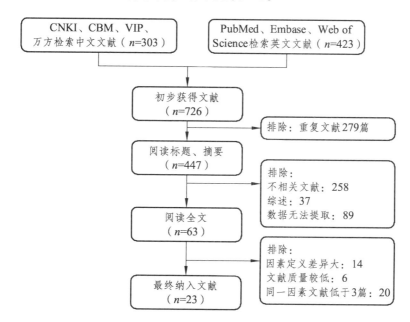

图 4-8　文献筛选流程图

表 4-8　纳入文献的基本信息及质量评价

序号	第一作者	发表年份	研究地区	调查总人数	自伤人数	影响因素	质量评分
1	Peng ZK	2019	广东	2 467	165	1, 6	8
2	Li XY	2019	江西	1 810	123	6	7
3	Li DL	2019	6 省	22 628	7 261	9	8
4	Tang J	2017	5 省	15 623	4 559	1, 2, 3, 7, 10, 12, 13, 14, 17, 20	9
5	Zhang JX	2016	山东	4 176	1 092	1, 3, 4, 19	6
6	Liu XC	2016	山东	2 090	263	5, 18	6
7	Xin XH	2016	10 省	11 975	3 653	7, 8, 11, 18	7
8	Lam LT	2014	广东	1 618	263	1, 3, 4, 8, 9, 19	9
9	Wong JP	2007	香港	1 361	148	1, 5, 7, 11	8
10	杨春燕	2020	贵州	2 380	329	7, 12, 15	7
11	庞文驹	2020	广西	14 822	4 527	2, 3, 9, 13, 14, 15	8
12	胡旺	2019	江西	7 129	2 403	1, 4, 16	8
13	操小兰	2019	广东	2 200	230	6, 9, 11	6
14	陈雁如	2019	5 省	14 162	4 093	10, 17	7
15	崔莹莹	2018	广东	3 737	1 295	5	7
16	姜小庆	2018	江西	1 810	123	1, 5, 6, 8	9
17	汤建军	2016	安徽	5 116	2 216	1, 2, 3, 4, 9	7
18	苏静	2015	贵州	4 617	2 046	10, 17	6
19	唐杰	2014	广东	2 907	425	1, 3, 12	7
20	张芳	2014	上海	2 400	510	1, 16, 17, 20	8
21	梁素改	2014	四川	2 140	495	1, 2, 3, 11, 14, 15, 18, 19	6
22	闫敬	2012	四川	1 312	292	11, 16, 19, 20	9
23	孙莹	2008	安徽	10 894	2 427	1, 13	7

注：影响因素 1=性别，2=学段，3=独生子女，4=户籍类型，5=年龄，6=校园欺凌，7=自杀意念，8=吸烟，9=网络成瘾，10=忽视，11=抑郁，12=父母学历，13=家庭教育方式，14=家庭收入，15=家庭类型，16=亲子关系，17=虐待，18=冲动性，19=生活事件，20=社会支持。

2. Meta 分析结果

Meta 分析结果显示，女生、年龄较大、遭受校园欺凌、有自杀意念、吸烟、网络成瘾、被忽视、抑郁是中国青少年自伤行为的危险因素；独生子女、农村户籍是中国青少年自伤行为的保护因素，结果见表 4-9。

表 4-9　中国青少年自伤行为影响因素的 Meta 分析

影响因素		参照组	研究数量	异质性检验			模型选择	OR 值	95%CI
				Q 值	P	I^2			
性别	女	男	12	39.458	<0.001	64.519	随机	1.167	1.064~1.280
学段	高中	初中	4	17.637	0.001	77.320	随机	0.938	0.789~1.102
独生子女	是	否	7	12.886	0.116	37.916	固定	0.835	0.788~0.883
户籍类型	农村	城市	4	5.797	0.215	31.004	固定	0.777	0.691~0.874
年龄			4	6.090	0.107	50.735	随机	1.184	1.011~1.387
校园欺凌	是	否	4	0.972	0.808	0.000	固定	2.250	1.903~2.660
自杀意念	是	否	4	25.243	<0.001	84.154	随机	3.278	2.581~4.164
吸烟	是	否	3	4.492	0.106	55.472	随机	1.688	1.103~2.583
网络成瘾	是	否	5	3.513	0.621	0.000	固定	2.029	1.914~2.151
忽视	是	否	3	42.962	<0.001	90.690	随机	1.532	1.276~1.840
抑郁			5	27.614	<0.001	85.515	随机	1.055	1.025~1.087

3. 敏感性分析

分别采用随机效应模型和固定效应模型进行效应量的合并，两种模型合并效应量 OR 值及 95%CI 结果较为接近，表明本次 Meta 分析的结果较为稳健，结果见表 4-10。

4. 发表偏倚评估

采用失安全系数法进行发表偏倚评估，性别、独生子女、校园欺凌、自杀意念、吸烟、网络成瘾、忽视、抑郁 N_{fs} 均大于 10，提示存在发表偏倚的可能性小，结果较为稳定；户籍类型、年龄 N_{fs} 均小于 10，提示存在发表偏倚的可能性较大，需慎重对待，结果见表 4-10。

表 4-10　敏感性分析和发表偏倚评估

影响因素	固定效应模型		随机效应模型		N_{fs}
	OR 值	95%CI	OR 值	95%CI	
性别	1.168	1.118～1.221	1.167	1.064～1.280	130.0
独生子女	0.835	0.788～0.883	0.840	0.771～0.915	43.0
户籍类型	0.777	0.691～0.874	0.791	0.662～0.944	7.0
年龄	1.120	1.046～1.200	1.184	1.011～1.387	9.0
校园欺凌	2.250	1.903～2.660	2.250	1.903～2.660	37.0
自杀意念	3.049	2.809～3.309	3.278	2.581～4.164	805.0
吸烟	1.601	1.388～1.917	1.688	1.103～2.583	13.0
网络成瘾	2.029	1.914～2.151	2.029	1.914～2.151	419.0
忽视	1.542	1.459～1.631	1.532	1.276～1.840	292.0
抑郁	1.061	1.053～1.069	1.055	1.025～1.087	181.0

（三）讨论

本研究系统检索国内外发表的有关中国青少年自伤行为影响因素的相关文献，文献质量较高，运用 Meta 分析的方法分析了中国青少年自伤行为影响因素，结果提示女生、年龄较大、遭受校园欺凌、有自杀意念、吸烟、网络成瘾、被忽视、抑郁是中国青少年自伤行为的危险因素；独生子女、农村户籍是中国青少年自伤行为的保护因素。

女生是自伤行为的高发群体，可能与不同性别青少年采取的情绪调节策略不同有关，女生多采取情绪聚焦策略，男生多采用认知重评策略，导致女生的调节效果不如男生，容易引发焦虑、抑郁等不良情绪，引发更多的自伤行为。户籍是中国青少年自伤行为的保护因素，农村户籍的青少年发生自伤行为发生率更低，这可能是因为农村户籍青少年的父母文化程度普遍偏低，且需要外出打工或者从事农业生产，对子女学习的关注力度不如城市父母，所以农村青少年学习压力较小；另外城市发展速度更快，城市青少年需要不断调整自身来适应城市发展，许多青少年无法适应城市的快速发展也是造成自伤行为发生率高的一个原因。

遭受校园欺凌青少年自伤行为的发生率是没有遭受欺凌的青少年的2.25倍，这与一项Meta分析的研究结论基本一致，遭受校园欺凌是一种重要的应激源，遭受校园欺凌的青少年容易出现适应困难和生活质量下降，引起负面情绪堆积，引发自伤行为，有学者提出遭受校园欺凌的青少年可能将自伤行为作为一种求助、自我惩罚或缓解压力的一种形式，情绪行为在校园欺凌和自伤行为之间起中介作用。抑郁测评得分较高青少年发生较多的自伤行为可能与其下丘脑-垂体-肾上腺素分泌系统的功能紊乱有关，也可能是因为自伤行为可以促进内源性阿片肽的分泌，阿片肽可以减轻自伤行为带来的痛苦、产生愉悦感和快感，导致抑郁青少年自伤行为反复发作。

研究存在的局限性，对于青少年自伤行为的影响因素纳入不够全面，部分有价值的因素由于各研究统计方法、量化标准不同，而未能纳入。另外，部分影响因素纳入的文献数量较少，证据尚不够充足。今后还需开展大样本、多中心、高质量的研究，为中国青少年自伤行为的预防与干预提供可靠的依据。

综上所述，中国青少年自伤行为与多种因素有关，家庭，学校，社会应加强联合行动，根据危险和保护因素，采取针对性的措施，综合运用多种干预手段，降低青少年自伤行为的发生率，为中国青少年的健康成长创造良好的环境。

五、运动锻炼干预青少年抑郁症状效果的 Meta 分析

抑郁症是一种以心境低落、兴奋性下降、愉快感缺乏、精神运动迟缓为特征的负性情绪状态。抑郁症状是抑郁症前期的一种非临床形式，长期存在会对青少年的精神、情绪、思维、学业、人际交往等诸多方面产生严重的影响，甚至发展为抑郁症，给家庭和社会带来沉重负担。我国13~18年龄阶段青少年正处于中学阶段，不仅面临青春期心理、生理的巨大变化，还面临较重的学业压力，更易产生抑郁症状，有研究表明

该阶段我国青少年抑郁症状检出率达 28.4%，高于欧美等发达国家。

运动锻炼干预抑郁症状具有副作用小、成本低、患者依从性好、效果持续时间长等特点，是诸多治疗指南的推荐疗法。运动锻炼干预抑郁症状的机制非常复杂，运动锻炼可通过调节脂肪因子、神经生长因子、肌肉细胞因子的表达，促进多巴胺（DA）、去甲肾上腺素（NE）、5 羟基色氨酸（5-HT）的释放，降低 IL-1β、TNF-α、IL-6、IL-8 和 IL-10 的水平抑制炎症通路，改善线粒体功能，抑制海马神经元的凋亡、促进海马细胞增殖，介导 MicroRNA 的表达等改善抑郁症状；另外，运动锻炼还可以正向强化一般行为激活效应，提高获得感和成就感，同时也提供更多的社交机会，分散患者对消极情绪和心情的注意力，缓解抑郁症状。

Meta 分析是一种定量化的研究证据合成方法，其研究结果具有较高的证据强度。但现有的研究中未见专门针对运动锻炼干预 13～18 岁青少年抑郁症状效果及其调节变量的研究。基于此，本研究收集国内外公开发表的有关运动干预 13～18 岁青少年抑郁症状的文献，运用 Meta 分析的方法评价运动干预的效果，旨在为制定我国该年龄段青少年抑郁症状的运动处方提供参考。

（一）资料与方法

1. 文献检索

于 2020 年 11 月 13 日检索中英文数据库，中文数据库包括知网、万方、中国生物医学数据库、维普，英文数据库包括 PubMed、Embase、Web of Science、Cochrane Library、Ovid Medline，检索时间为建库至检索日。中文以"抑郁症状""体育/运动""青少年/学生"为主题词与其自由词相结合进行检索，英文以"depressive symptom""sport*/exercise""adolescent*/ student*"为主题词与其自由词结合进行检索。

2. 文献纳入和排除标准

纳入标准：① 研究对象为青少年，平均年龄 13～18 岁；② 文献类型为随机对照试验（*RCT*）；③ 干预方式为运动干预；④ 结局指标或部分结局指标为抑郁。

排除标准：① 重复发表；② 患者患抑郁合并其他严重躯体疾病；③ 无法获取全文；④ 数据不完整。

3. 文献筛选和数据提取

文献的筛选和数据提取全程由 3 位研究者共同完成，利用 NoteExpress 文献管理软件，排除重复文献，2 位研究者同时对文献进行筛选和数据提取，结束后对比结果，有异议的组内商议解决或请第 3 位研究者仲裁。

4. 文献质量评价

采用物理治疗循证医学中心制定的 PEDro 量表进行文献质量评价，该量表共 11 个条目，除第 1 条不计分外，每条 1 分，≤3 分为质量较差，4~5 分为质量中等，6~8 分为质量较好，≥9 分为高质量。本研究文献质量评价由 2 位研究者分别进行，当出现分歧时商议解决或请第 3 位研究者仲裁。

5. 统计分析

研究采用 RevMan5.3 软件进行 Meta 分析。由于结局指标为连续型变量，且测量单位不同，故选用标准化均值差（*SMD*）及其 95%置信区间（*95%CI*）作为效应尺度进行效应量的合并，根据 *Cohen* 的解释，*SMD* < 0.2 为微小效应量，0.2≤*SMD* < 0.5 为小效应量，0.5≤*SMD* < 0.8 为中效应量，*SMD*≥0.8 为大效应量。根据 *Q* 检验的 *P* 值以及 I^2 判断各研究间的异质性，若 *P* > 0.1，且 I^2 < 40%，表示各研究间异质性较小，采用固定效应模型进行效应量的合并，反之则采用随机效应模型。通过亚组分析（运动项目类型、运动强度、运动时间、运动频率、运动周期）探究异质性的来源，采用改变分析模型和逐篇排除文献的方法进行敏感性分析。

（二）结果

1. 文献的检索结果

通过知网、万方等数据库检索中文文献 848 篇，通过 PubMed、Embase 等数据库检索英文文献 346 篇，共 1 194 篇文献，在 NoteExpress 剔除重复文献 603 篇，阅读题目和摘要后剔除 545 篇，阅读全文后剔除 36 篇，最终纳入 10 篇文献，其中英文文献 7 篇，中文文献 3 篇（见图 4-9，表 4-11）。

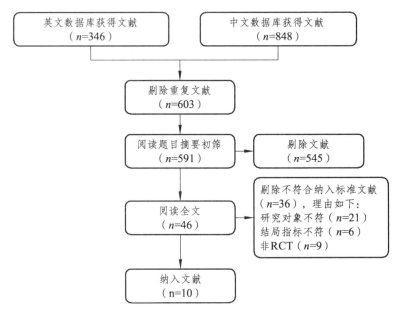

图 4-9 文献筛选流程图

2. 文献的基本特征

本次 Meta 共纳入 10 篇文献，包含 13 项 RCT，1 011 名被试（干预组 542 人，对照组 469 人），平均年龄 13.1～17.8 岁。有 5 项 RCT 为个人项目，7 项为集体项目，1 项为混合项目；2 项 RCT 为低运动强度，5 项为中运动强度，2 项为高运动强度，4 项无法判断具体运动强度；5 项 RCT 运动时间为 20～40 min，3 项为 45～60 min，3 项为 70～80 min，2

项未报告运动时间；3 项 *RCT* 运动频率为每周 1～2 次，6 项为每周 3 次，2 项为每周 4～5 次，1 项未报告运动频率；7 项 *RCT* 运动周期为 4～8 周，2 项为 9～11 周，4 项为 12～14 周（见表 4-11）。

3. 文献质量评价

本次 Meta 分析纳入的 10 篇文献，PEDor 量表得分为 5～7 分，1 篇文献得分为 7 分，3 篇文献得分为 6 分，6 篇文献得分为 5 分。10 篇文献均提供了"纳入标准""随机分配""超过 85% 的受试者至少测量了 1 项主要指标""组间统计分析""点测量值和变异测量值"，其中 2 篇提供了分配隐藏，2 篇对结局指标测量者实施盲法，1 篇提供了意向治疗。

4. Meta 分析结果

对纳入的 10 篇文献，进行总体效应量的合并（见图 4-10）。研究纳入的 10 篇文献间接近中度异质性（$\chi^2=20.0$，$I^2=40\%$，$P=0.07$），采用随机效应模型进行效应量的合并，Meta 分析结果显示，运动锻炼对青少年抑郁症状的整体效应量为 $SMD=-0.57$（95%CI：-0.75～-0.40，$Z=6.34$，$P<0.001$），总体合并效应量有统计学意义，表明运动锻炼可以影响青少年抑郁状况，10 篇文献采用的筛查工具均为得分越高，抑郁程度越深，效应量为负值表明运动锻炼可以有效地降低青少年抑郁症状得分，$SMD=-0.57$ 为中效应量，运动锻炼可以有效地改善青少年抑郁症状。同时各研究间接近中度异质性，反映可能存在潜在调节变量对总体效应产生影响。

5. 亚组分析

根据整体效应量的异质性，需要进一步对可能的调节因素进行亚组分析，以寻找异质性的来源，本研究对运动项目类型、运动强度、运动时间、运动频率、运动周期 5 个因素进行亚组分析（见表 4-12）。

表 4-11 纳入研究的基本特征

纳入研究	人数	女性占比/%	年龄/岁	运动项目类型	运动强度	运动时间/min	运动频率/(次/周)	运动周期/周	结局指标	质量评分
Daley 等，2006[437]	T=26 C=24	55.6	T=13.1 C=13.1	混合项目	低强度	30	3	14	CDI	7
Hughes 等，2013[438]	T=14 C=12	42.3	T=17.0 C=17.0	集体项目	高强度	30~40	3	12	CDRS-R	6
Khalsa 等，2012[439]	T=67 C=34	42.1	T=16.8±0.6 C=16.9±0.8	集体项目	NR	30~40	3~4	11	BASC-2	6
Mohammadi 等，2011[440]	T=40 C=20	NR	NR	个人项目	NR	75	3	8	BDI	5
	T=40 C=20		NR	集体项目	NR	75	3	8	BDI	5
Peng et al 等，2015[441]	T=62 C=59	51.2	T=14.1±2.2 C=14.3±2.5	集体项目	中强度	80	2	12	MMHI	5
Roshan 等，2011[442]	T=12 C=12	100.0	T=16.9±1.0 C=16.8±0.8	个人项目	中强度	NR	3	6	HAMD	5
Wunram 等，2017[443]	T=18 C=17	71.9	T=15.9±1.2 C=15.7±1.1	个人项目	NR	NR	NR	4	DIKJ	6
	T=18 C=17		T=16.1±1.2 C=15.7±1.1	集体项目	高强度	30	3	6	DIKJ	
梁秋丽 等，2018[444]	T=72 C=72	50.0	T=17.1±1.2 C=17.1±1.2	个人项目	中强度	50	2	8	SDS	5
	T=72 C=72		T=17.1±1.4 C=17.1±1.2	个人项目	中强度	50	2	8	SDS	
王卫军 等，2017[445]	T=12 C=12	66.7	14.0~18.0	集体项目	低强度	40	5	10	SCL-90	5
王燕 等，2018[446]	T=90 C=98	50.5	T=14.0±0.5 C=14.0±0.5	集体项目	中强度	45	4	12	PHQ-9	5

注：T：干预组；C：对照组；NR：未报告；CDI：儿童抑郁量表；BASC-2：儿童行为评估量表（第二版）；CDRS-R：儿童抑郁量表（修订版）；MMHI：儿童心理健康量表（王极盛编）；SCL-90：症状自评量表；DIKJ：儿童青少年抑郁量表（德国）；PHQ-9：患者健康问卷抑郁量表；HAMD：汉密尔顿抑郁量表；BDI：贝克抑郁量表手册；SDS：抑郁自评量表。

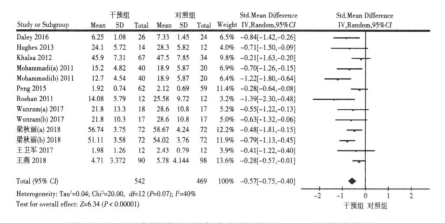

图 4-10　运动锻炼干预青少年抑郁的 Meta 分析森林图

表 4-12　运动锻炼干预青少年抑郁症状的亚组分析

调节	类别	K	N	SMD	95%CI	异质性检验			双尾检验	
						$Q_{组间}$	P	I^2	Z	P
项目类型	个人项目	5	179	−0.74	−1.05 ~ −0.43	1.51	0.22	33.8	4.64	<0.001
	集体项目	7	782	−0.49	−0.73 ~ −0.26				4.15	<0.001
运动强度	低强度	2	38	−0.69	−1.16 ~ −0.22	0.50	0.78	0.0	2.88	0.004
	中强度	5	308	−0.52	−0.79 ~ −0.25				3.77	<0.001
	高强度	2	31	−0.66	−1.18 ~ −0.14				2.48	0.010
运动时间	20 ~ 40 min	5	136	−0.48	−0.75 ~ −0.22	0.47	0.79	0.0	3.55	<0.001
	45 ~ 60 min	3	234	−0.51	−0.80 ~ −0.21				3.40	<0.001
	70 ~ 90 min	3	142	−0.70	−1.25 ~ −0.14				2.47	0.010
运动频率	1 ~ 2 次/周	3	206	−0.52	−0.81 ~ −0.23	9.52	0.01	79.0	3.54	<0.001
	3 次/周	6	149	−0.89	−1.15 ~ −0.62				6.53	<0.001
	4 ~ 5 次/周	2	102	−0.30	−0.57 ~ −0.02				2.14	0.030
运动周期	4 ~ 8 周	7	271	−0.66	−0.92 ~ −0.41	6.96	0.03	71.3	6.75	<0.001
	9 ~ 11 周	2	79	−0.25	−0.62 ~ 0.12				1.35	0.180
	12 ~ 14 周	4	192	−0.40	−0.64 ~ −0.16				3.24	0.001

（1）不同运动项目类型干预效果

该组共纳入 12 项 RCT，样本量 961 例，运动项目类型分别为个人项目和集体项目，2 个组别接近中度异质性（I^2=33.8%），表明运动项目类型对运动锻炼和青少年抑郁症状的关系有一定的调节作用。其中，个人项目产生的效应量较大（SMD=-0.74，95%CI：-1.05 ~ -0.43），集体项目产生的效应量较小（SMD=-0.49，95%CI：-0.73 ~ -0.26）。

（2）不同运动强度干预效果

该组共纳入 9 项 RCT，样本量 755 例，运动强度分别为低强度、中强度、高强度，3 个组别的效应量存在低异质性（I^2=0.0%），低强度达最大效应量（SMD=-0.69，95%CI：-1.16 ~ -0.22），高强度效应量次之（SMD=-0.66，95%CI：-0.74 ~ -0.35），中强度效应量最小（SMD=-0.52，95%CI：-0.79 ~ -0.25）。

（3）不同运动时间干预效果

该组共纳入 11 项 RCT，样本量 952 例，运动时间分别为每次 20 ~ 40 min，每次 45 ~ 60 min，每次 70 ~ 80 min，3 个组别的效应量存在低异质性（I^2=0.0%），每次 70 ~ 80 min 达最大效应量（SMD=-0.70，95%CI：-1.25 ~ -0.14），每次 45 ~ 60 min 效应量次之（SMD=-0.51，95%CI：-0.80 ~ -0.21），每次 20 ~ 40 min 效应量最小（SMD=-0.48，95%CI：-0.75 ~ -0.22）。

（4）不同运动频率干预效果

该组共纳入 11 项 RCT，样本量 893 例，运动频率分别为每周 1 ~ 2 次，每周 3 次，每周 4 ~ 5 次，3 个组别的效应量之间存在高度的异质性（I^2=79.0%），表明运动频率对运动锻炼与青少年抑郁症状的关系有调节作用，每周锻炼 3 次效应量达最大（SMD=-0.89，95%CI：-1.15 ~ -0.62），每周锻炼 1 ~ 2 次效应量次之（SMD=-0.52，95%CI：-0.81 ~ -0.23），每周锻炼 4 ~ 5 次效应量最小（SMD=-0.30，95%CI：-0.57 ~ -0.02）。

（5）不同运动周期干预效果

该组共纳入 13 项 RCT，样本量 893 例，运动周期分别为 4 ~ 8 周，9 ~ 11 周，12 ~ 14 周，3 个组别的效应量之间存在高度异质性（I^2=71.3%），表明运动周期对运动锻炼与青少年抑郁症状的关系有调节作用，干预 4 ~ 8 周效应量达最大（SMD=-0.74，95%CI：-0.96 ~ -0.53），12 ~ 14 周效应量次之（$SMD=-0.40$，$95\%CI$：$-0.64 \sim -0.16$），$9 \sim 11$ 周效应量无统计学意义（$SMD=-0.25$，$95\%CI$：$-0.62 \sim 0.12$）。

6. 敏感性分析

敏感性分析采用改变分析模型和逐篇排除文献两种方法进行检验。改变分析模型结果表明，随机效应模型的合并效应量（$SMD=-0.57$，$95\%CI$：$-0.75 \sim -0.40$）与固定效应模型合并效应量（$SMD=-0.53$，$95\%CI$：$-0.66 \sim -0.40$）差异较小。逐篇排除各文献，合并效应量在 $-0.59 \sim -0.48$ 之间（见表4-13）。两种方法均表明，本次 Meta 分析的结果稳定性较好。

表 4-13　逐篇排除文献后的合并效应

排除文献	SMD	95%CI	P	I^2
Daley，2006	−0.51	−0.64 ~ −0.38	＜0.001	42%
Hughes，2013	−0.52	−0.65 ~ −0.39	＜0.001	44%
Khalsa，2012	−0.56	−0.70 ~ −0.43	＜0.001	37%
Mohammadi（a），2011	−0.52	−0.65 ~ −0.39	＜0.001	44%
Mohammadi（b），2011	−0.49	−0.62 ~ −0.36	＜0.001	23%
Peng，2015	−0.56	−0.70 ~ −0.43	＜0.001	38%
Roshan，2011	−0.51	−0.64 ~ −0.38	＜0.001	33%
Wunram（a），2017	−0.53	−0.66 ~ −0.40	＜0.001	45%
Wunram（b），2017	−0.52	−0.65 ~ −0.39	＜0.001	45%
梁秋丽（a）2018	−0.54	−0.67 ~ −0.40	＜0.001	45%
梁秋丽（b）2018	−0.48	−0.62 ~ −0.35	＜0.001	37%
王卫军 2017	−0.53	−0.66 ~ −0.40	＜0.001	45%
王燕 2018	−0.59	−0.73 ~ −0.45	＜0.001	33%

7. 发表偏倚

漏斗图是以效应量为 X 轴，样本量为 Y 轴的散点图，用于评估发表偏倚，通常情况下纳入的研究不得低于 10 项，本研究纳入 10 篇文献 13 项研究，可以采用，通过绘制的漏斗图可以看到，各研究落在 X 轴上的位置左右基本对称，提示本次 Meta 分析存在发表偏倚的可能性较小（见图 4-11）。

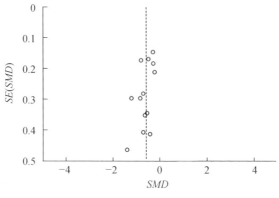

图 4-11　发表偏移漏斗图

（三）讨论

本次 Meta 分析效应量的合并结果（SMD=-0.57，95%CI：-0.75～-0.40）表明运动锻炼具有明显改善 13～18 岁青少年抑郁症状的效果。本研究结果与 Radovic 等的研究结果（SMD=-0.61，95%CI：-1.06～-0.16）接近，低于 Bailey 等的研究结果（SMD=-0.82，95%CI：-1.02～-0.61），可能与两项研究纳入的被试年龄差异有关，Bailey 等的研究纳入的被试平均年龄 18～25 岁，而本研究纳入的文献被试平均年龄 13～18 岁。

由于 Meta 分析总体存在一定的异质性（I^2=40%），故通过亚组分析对调节变量进行探讨，寻找异质性可能的来源。个人项目干预青少年抑郁症状的效应量高于集体项目的效应量，这可能主要与干预时被试的注意力集中程度有关，在进行集体练习时，被试的注意力较为分散，而进行个人练习时，注意力则比较集中，可能对干预效果产生了影响。另外，有抑郁症状青少年往往伴有同伴关系不良，亲近或依赖他人困难等特征，在进行团体项目时，青少年更容易暴露这些缺点，可能会增加其对干预过程的抵触，影响干预效果。

研究结果显示，低强度运动干预产生的效应量最大，其次是高强度运动，中强度运动产生的效应量最小，这与相关的研究结论不同。不同运动强度对干预效果有一定的影响，但差异无统计学意义，造成不同运动强度干预效果的差异的可能与中高强度的运动增加了被试的压力感知和 TNF-α 和白介素-6 等炎症因子的水平，抑制了干预的效果有关。运动时间 70 ~ 90 min 产生的效应量最大，其次是 45 ~ 60 min，20 ~ 40 min 产生的效应量最小，这可能是因为长时间运动一般运动强度较低，长时间的中低强度运动，可有效地改善线粒体功能，降低体内过氧化物水平，提高内源性抗氧化通路效率，减少脑部组织损伤，改善抑郁症状。

研究表明，每周锻炼 3 次达最大效应量，其次是 1 ~ 2 次，4 ~ 5 次产生的效应量最小，这与相关的研究结论基本一致。较低的运动频率对机体产生的刺激非常有限，而较高的运动频率又可能给被试带来心理压力和身体疲劳，每周 3 次可能是干预效果的拐点，这一结果可能因为被试的特点不同而有所差异。运动周期 4 ~ 8 周取得最大效应量，其次是 12 ~ 14 周，9 ~ 11 周产生的效应量最小。短时期的运动锻炼可以为脑部神经元提供丰富的环境刺激，促使神经元的再生，而长时间的干预可能使这种刺激逐渐减弱。这也提醒在运动干预的过程中有必要尝试定期变换运动项目、形式、时间等，为被试持续提供丰富的脑部刺激，可能会取得更好的干预效果，有待进一步研究。

研究对纳入的文献采用 PEDro 量表进行质量评价，虽然该过程由 2 名研究员独立完成，但是过程有一定的主观性，故仍可能存在一定的偏差，未来需要引入更加科学规范的文献质量评价体系，以降低主观性造成的误差。

研究所采用 Meta 分析方法是对已有研究结论的量化综合，因此可能受到一些非可控因素的影响。Meta 分析对纳入的文献的质量和数量有较大的依赖，在检索的过程中，存在少量文献无法检索到，部分文献因数据不完整等原因被排除，导致最终仅纳入 10 篇文献，进行亚组分析时，个别组别仅纳入 2 ~ 3 篇，存在偏差的可能性较大；此外，本研究纳入的文献，均采用了不同的量表，由于各量表的信效度存在一定的差异，可能对最终的结果有一定的影响。

（四）结论

本研究表明运动锻炼具有明显的改善青少年抑郁症状的效果，个人项目干预效果优于集体项目，低强度运动效果最佳，采用 4~8 周、每周 3 次、每次 70~90 min 的运动锻炼方案的效果最显著，以上研究结论可为青少年抑郁症状的运动处方制定提供参考依据。

第三节　青少年伤害行为特征及体育干预对策

伤害是由各种物理性、化学性、生物性事件和心理行为因素导致的个体发生暂时性或永久性损伤、残疾或死亡的一类疾病总称。随着社会经济发展和人们生活方式的改变，伤害已经与感染性疾病、慢性非传染性疾病并列成为危害人类健康的三大疾病，尤其是儿童青少年伤害已经引起世界各国越来越多的关注。目前，国内对青少年伤害行为的研究主要集中在经济较为发达的城镇地区，而对于偏远的农村地区特别是农村少数民族地区关注较少。土家族、苗族、侗族和白族是武陵山地区主要的世居民族，为了解这 4 个少数民族青少年伤害行为特征，制定有效预防和控制伤害行为发生的措施，笔者于 2016 年 9—10 月对武陵山区农村 4 个少数民族青少年伤害行为进行问卷调查，结果报道如下。

一、研究对象和方法

（一）调查对象

于 2016 年 9—10 月，采用多阶段分层整群随机抽样方法抽取调查对象。第一阶段从湘西州苗族聚居区抽取凤凰县、土家族聚居区抽取龙山县，怀化侗族聚居区抽取通道县，张家界白族聚居区抽取桑植县；第二阶段在上述 4 个县各随机抽取 1 所农村中学作为样本学校；第三阶段则在每个被抽中的学校初一至高三的每个年级中随机抽取 2 个教学班，共

48个班。调查对象纳入条件：（1）属当地常住农村户口（或在当地居住满3年及以上）；（2）排除患有心理疾病、智力缺陷、神经及精神方面疾病的学生。收回问卷2 235份，排除漏填率≥5%的问卷，共纳入有效问卷为2 170份，有效应答率为94.27%。

根据单纯随机样本量计算公式来计算样本量：$n=\mu_a^2 \times [\pi \times (1-\pi)]/\delta^2$。根据我国青少年伤害行为相关调查中，至少有1项伤害行为报告率高于50.0%，因此取$\pi=50.0\%$，使$[\pi \times (1-\pi)]$达到最大；α定为0.05，$\mu_a=1.96$，容许误差$\delta=0.1\pi$；则每组样本量为$n=384$人。考虑到人群分为土家族、苗族、白族、侗族四层，则$N=n \times 4=1\,536$人；根据研究目的和实际调研情况，确定实际样本量2 170人。

被调查的2 170名武陵山区农村青少年年龄为11~19岁，平均年龄（15.25±1.70）岁。由表4-14可见，绝大部分青少年为非独生子女；住校学生所占比例较大；留守学生占多数；家庭月总收入大部分在5 000元以内；父母文化程度均以初中为主，大专及以上文化程度所占比例较少。

表4-14　武陵山区农村4个少数民族青少年基本情况

特征	类别	n	%	特征	类别	n	%
民族	侗族	523	24.10	是否住校	是	1 610	74.19
	白族	564	25.99		否	560	25.81
	土家族	537	24.75	家庭月总收入/元	<1 000	339	15.62
	苗族	546	25.16		1 000~	623	28.71
性别	男	1 011	46.59		3 000~	575	26.50
	女	1 159	53.41		5 000~	182	8.39
学段	初中	1 187	54.70		不知道	451	20.78
	高中	983	45.30	父亲文化程度	文盲或小学	652	30.05
是否独生子女	是	257	11.84		初高中或中专	1 421	65.48
	否	1 913	88.16		大专及以上	97	4.47
是否留守	是	1 382	63.69	母亲文化程度	文盲或小学	1 029	47.42
	否	788	36.31		初高中或中专	1 092	50.32
					大专及以上	49	2.26

（二）调查方法

1. 问卷调查

问卷参照全国青少年健康相关行为调查组编制的"中国青少年健康相关行为调查问卷（初中、高中）"，并结合本文研究目的，经预调查修改完善而成。调查内容分为两部分，第一部分为基本情况，主要调查学生年级、性别、民族、是否留守（留守学生指父母双方或一方外出打工或工作半年以上，由父或母一方、祖辈、亲戚朋友、同辈监护的未成年人）、是否住校、父母情况等。第二部分主要调查学生非故意伤害行为中的骑车违规、步行违规、非安全游泳行为和故意伤害行为中的打架、上下学无安全感、自杀意念、自杀计划、自杀未遂、孤独、心情不愉快（因学习压力）、失眠、抑郁、离家出走意念、离家出走尝试行为。问卷效度检验采用专家判断法，经 3 次修改后，最终有 93.6%的专家认为问卷效度达到较高和高水平。问卷信度检验采用再查法，两次调查结果（前后间隔 16 天）的 Pearson 系数为 0.892，$P<0.01$。

2. 调查指标定义

伤害行为指标定义及判断标准依据《中国青少年健康相关/危险行为调查综合报告 2005》中的有关规定进行：

骑车违规：最近 30 天内，骑车时双手离把、攀扶其他车辆、互相追逐打闹、骑车逆行、骑车带人、闯红灯或乱穿马路等六类危险行为中至少发生过 1 种行为；步行违规：最近 30 天内，经常或总是有步行过马路时不走人行横道/过街天桥/地下通道的行为；非安全游泳：最近 12 个月内，曾到没有安全防范措施的地方游泳，只要发生 1 次即可定为存在该危险行为。

故意伤害行为指在最近 12 个月内发生的危险行为。打架：和他人间发生的直接动手打架等躯体暴力行为，只要发生 1 次即可定为存在该危险行为；常无安全感：经常或总是出现因对上下学途中感到无安全保障而不去上学的行为；自杀：曾采取过的自杀行为，包括自杀意念、自杀计划和自杀未遂；常心情不愉快：经常或总是因学习压力或学习成绩而感到心情极不愉快；常孤独：经常或总是有过强烈的孤独感觉；常失眠：经常或总是因担心某事而陷于失眠；抑郁：曾（连续 2 周或更长时间）感到伤心绝望，甚或因此而停止正常的活动；离家出走意念：心里曾一度涌现过背离父母、离家出走的意念，但未真正实施；离家出走尝试：真正付诸实施的离家出走行为，父母事先不知情，离家 24 小时以上。

本研究得到了吉首大学生物医学伦理委员会审批（批号：20160012），所有调查对象均签署了知情同意书。

3. 质量控制

所有调查员在调查前统一进行培训。调查过程中，要求调查员认真负责，在班主任的配合下，调查员现场进行监督，保证问卷回收质量。调查问卷以班级为单位统一发放，问卷不记名，由学生独立填写，填写完成后当场回收。

（三）统计学分析

采用 EpiData3.1 软件建立数据库并录入数据，应用 SPSS22.0 软件进行统计学分析。不同特征青少年伤害行为采用 χ^2 检验进行分析，以 $P < 0.05$ 为差异有统计学意义。各种伤害行为间的关联进行名义变量的相关分析，以 $P < 0.05$ 为相关有统计学意义。

二、青少年非故意伤害行为特征

由表 4-15 可见，武陵山区农村 4 个少数民族中有近 30% 的青少年存在骑自行车违规行为，其中男生高于女生，初中生高于高中生，土家族发生率最高、白族最低，差异均有统计学意义（均 $P < 0.01$）；步行违规行为发生率男生高于女生，差异有统计学意义（$P < 0.01$）；有近 30% 的青少年存在非安全游泳行为，其中男生高于女生，初中生高于高中生，土家族发生率最高、白族最低，差异均有统计学意义（均 $P < 0.01$）。

表 4-15　武陵山区农村不同特征青少年非故意伤害行为比较（％）

特征	骑自行车违规	步行违规	非安全游泳
性别			
男	35.11（355）	4.25（43）	43.32（438）
女	24.59（285）	2.24（26）	17.43（202）
χ^2 值	28.757	7.085	174.117
P 值	0.000	0.008	0.000
学段			
初中	37.07（440）	2.70（32）	36.14（429）
高中	20.35（200）	3.76（37）	21.46（211）
χ^2 值	72.308	1.993	55.699
P 值	0.000	0.158	0.000
民族			
侗族	28.49（149）	3.25（17）	24.09（126）
白族	21.10（119）	3.37（19）	20.74（117）
土家族	37.62（202）	2.42（13）	40.22（216）
苗族	31.14（170）	3.66（20）	33.15（181）
χ^2 值	37.112	1.493	61.341
P 值	0.000	0.684	0.000
合计	29.49（640）	3.18（69）	29.49（640）

注：括号外数据为报告率（％），括号内数据为发生人数（名）。

三、青少年故意伤害行为特征

由表 4-16 可见，武陵山区农村 4 个少数民族中有超过 1/4 的青少年存在打架行为，其中男生高于女生，初中生高于高中生；有近 20% 的青少年有自杀意念，其中女生高于男生，高中生高于初中生；自杀计划行为发生率高中生高于初中生；有 17% 左右的青少年常感孤独，其中女生

高于男生，高中生高于初中生，苗族发生率最高、侗族最低；有超过 30%
的青少年因学习压力而常心情不愉快，其中女生高于男生，高中生高于
初中生，苗族发生率最高、土家族最低；常失眠行为发生率高中生高于
初中生，苗族发生率最高、侗族最低；有 16%左右的青少年抑郁，其中
高中生高于初中生，苗族发生率最高、侗族最低；有超过 1/4 的青少年
有离家出走意念，其中高中生高于初中生，白族发生率最高、苗族最低；
离家出走尝试行为发生率男生高于女生，土家族发生率最高、侗族最低，
差异均具有统计学意义（均 $P<0.05$）。

表 4-16　武陵山区农村不同特征青少年故意伤害行为比较（%）

特征	打架	常无安全感	自杀意念	自杀计划	自杀未遂	常心情不愉快	常孤独	常失眠	抑郁	离家出走意念	离家出走尝试
性别											
男	37.29 (377)	7.32 (74)	15.43 (156)	6.13 (62)	3.36 (34)	25.82 (261)	13.75 (139)	10.78 (109)	16.12 (163)	25.12 (569)	9.20 (93)
女	16.82 (195)	7.85 (91)	21.83 (253)	6.90 (80)	3.19 (37)	35.63 (413)	19.93 (231)	12.77 (148)	15.62 (181)	27.18 (315)	4.83 (56)
χ^2值	116.505	0.218	14.455	0.523	0.050	24.309	14.592	2.044	0.104	1.179	16.104
P 值	0.000	0.641	0.000	0.469	0.824	0.000	0.000	0.153	0.748	0.278	0.000
学段											
初中	36.98 (439)	7.25 (86)	16.51 (196)	4.89 (58)	2.95 (35)	27.46 (326)	14.49 (172)	10.19 (121)	13.56 (161)	24.43 (290)	6.99 (83)
高中	13.53 (133)	8.04 (79)	21.67 (213)	8.55 (84)	3.66 (36)	35.40 (348)	20.14 (198)	13.84 (136)	18.62 (183)	28.38 (279)	6.71 (66)
χ^2值	152.379	0.479	9.346	11.772	0.865	15.822	12.145	6.829	10.292	4.339	0.065
P 值	0.000	0.489	0.002	0.001	0.352	0.000	0.000	0.009	0.001	0.037	0.799
民族											
侗族	24.28 (127)	7.27 (38)	17.40 (91)	5.54 (29)	2.10 (11)	33.27 (174)	13.96 (73)	7.65 (40)	11.28 (59)	23.52 (123)	4.02 (21)

特征	打架	常无安全感	自杀意念	自杀计划	自杀未遂	常心情不愉快	常孤独	常失眠	抑郁	离家出走意念	离家出走尝试
白族	25.89 (146)	7.27 (41)	21.28 (120)	7.27 (41)	3.01 (17)	28.55 (161)	16.31 (92)	11.70 (66)	15.60 (88)	30.32 (171)	8.69 (49)
土家族	29.80 (160)	6.70 (36)	17.13 (92)	6.15 (33)	3.17 (17)	27.00 (145)	15.46 (83)	12.66 (68)	17.32 (93)	30.17 (162)	9.12 (49)
苗族	25.46 (139)	9.16 (50)	19.41 (106)	7.14 (39)	4.76 (26)	35.53 (194)	22.34 (122)	15.20 (83)	19.05 (104)	20.70 (113)	5.49 (30)
χ^2 值	4.721	2.670	4.040	1.799	6.225	12.085	15.538	15.070	13.263	19.810	15.464
P 值	0.193	0.445	0.257	0.615	0.101	0.007	0.001	0.002	0.004	0.000	0.001
合计	26.36 (572)	7.60 (165)	18.85 (409)	6.54 (142)	3.27 (71)	31.06 (674)	17.05 (370)	11.84 (257)	15.85 (344)	26.22 (569)	6.87 (149)

注：括号外数据为报告率（%），括号内数据为发生人数（名）。

四、青少年各种伤害行为相关性分析

由表 4-17 可见，武陵山区农村 4 个少数民族青少年骑车违规行为与非安全游泳、打架、常孤独、常失眠、离家出走意念、离家出走尝试行为呈正相关（P 均＜0.05）；步行违规行为与打架、常无安全感、自杀意念、常心情不愉快、常孤独、常失眠、离家出走意念、离家出走尝试行为呈正相关（P 均＜0.05）；非安全游泳行为与打架、常心情不愉快、离家出走意念、离家出走尝试行为呈正相关（P 均＜0.05）；打架行为与自杀意念、常失眠、抑郁、离家出走意念、离家出走尝试行为呈正相关（P 均＜0.05）；常无安全感行为与自杀意念、常心情不愉快、常孤独、常失眠、抑郁、离家出走尝试行为呈正相关（P 均＜0.05）；自杀意念行为与常心情不愉快、常孤独、常失眠、抑郁、离家出走意念、离家出走尝试行为呈正相关（P 均＜0.05）；常心情不愉快行为与常孤独、常失眠、抑郁、离家出走意念、离家出走尝试行为呈正相关（P 均＜0.05）；常孤独

表 4-17 武陵山区农村 4 个少数民族青少年各种伤害行为相关性分析（ r 值）

	骑车违规	步行违规	非安全游泳	打架	常无安全感	自杀意念	常心情不愉快	常孤独	常失眠	离家出走意念	离家出走尝试
骑车违规	—	0.021	0.227**	0.188**	0.013	0.002	0.013	0.051*	0.063**	0.051*	0.056**
步行违规	0.021	—	0.033	0.052*	0.096**	0.047*	0.077**	0.064**	0.047*	0.053*	0.065**
非安全游泳	0.227**	0.033	—	0.222**	0.001	0.019	0.048*	0.035	0.010	0.069**	0.076**
打架	0.188**	0.052*	0.222**	—	0.026	0.086**	0.008	0.001	0.053*	0.164**	0.138**
常无安全感	0.013	0.096**	0.001	0.026	—	0.093**	0.104**	0.123**	0.146**	0.035	0.046*
自杀意念	0.002	0.047*	0.019	0.086**	0.093**	—	0.202**	0.221**	0.157**	0.342**	0.196**
常心情不愉快	0.013	0.077**	0.048*	0.008	0.104**	0.202**	—	0.317**	0.300**	0.133**	0.089**
常孤独	0.051*	0.064**	0.035	0.001	0.123**	0.221**	0.317**	—	0.281**	0.191**	0.114**
常失眠	0.063**	0.047*	0.010	0.053*	0.146**	0.157**	0.300**	0.281**	—	0.143**	0.142**
抑郁	0.021	0.029	0.021	0.106**	0.089**	0.212**	0.178**	0.186**	0.236**	0.166**	0.116**
离家出走意念	0.051*	0.053*	0.069**	0.164**	0.035	0.342**	0.133**	0.191**	0.143**	—	0.293**
离家出走尝试	0.056**	0.065**	0.076**	0.138**	0.046*	0.196**	0.089**	0.114**	0.142**	0.293**	—

注：*$P<0.05$，**$P<0.01$。

行为与常失眠、抑郁、离家出走意念、离家出走尝试行为呈正相关（*P* 均＜0.05）；常失眠行为与抑郁、离家出走意念、离家出走尝试行为呈正相关（*P* 均＜0.05）；抑郁行为与离家出走意念、离家出走尝试行为呈正相关（*P* 均＜0.05）；离家出走意念行为与离家出走尝试行为呈正相关（*P* 均＜0.05）。

武陵山区农村 4 个少数民族青少年骑车违规行为发生率低于呼和浩特市、濮阳市和延吉市的报道，这可能与农村山路较多、道路多崎岖不平，且多数学生（74.19%）住校，骑自行车的机会相对较少有关；步行违规发生率低于广州市、天津市的报道，这与农村经济条件较差，基础设施落后，诸如过街天桥、地下通道等道路交通安全设施较为缺乏有关。以上结果也佐证了"经济状况好的城市学生不良交通行为报告率较高"的结论。武陵山区农村青少年因其所居住的农村地区水域面积广，河流、池塘分布较多，而相配套的安全警示标牌和防护设施又很少，再加上农村青少年普遍缺乏安全意识、安全知识，监护人监管不到位等因素的影响，使得该地区青少年非安全游泳发生率较高，高于四川省、江苏省等地的调查结果。

武陵山区农村青少年非故意伤害行为报告率男生均明显高于女生，这与男生性情好动，活动频率高、范围广，偏好刺激性游戏，冒险行为多于女生有关。男生打架行为报告率高于女生，女生较男生更易出现自杀意念行为，与国内其他研究结果一致，原因与男生的性格特点和处事方式以及女生情感细腻、情绪波动大有关。初中生年少幼稚，好奇心较强，喜欢剧烈运动和挑战自我，而社会认知比较浅且缺乏经验，对环境危险预见不足，而高中生随着年龄的增长，自我保护意识逐渐增强，受教育水平提高，安全知识掌握较多，对预防意外伤害的意识和能力也逐渐提高，故初中生的骑车违规、非安全游泳报告率明显高于高中生。另外，初中生相对于高中生心智尚未成熟，遇到事情好逞强、易冲动、讲义气，自我控制能力较差，从而打架报告率高于高中生。高中生由于学习任务重、学习压力大，又面临着高考这一人生的转折点，故常心情不愉快行为的报告率明显高于初中生，这与国内其他研究结论一致。研究表明，男生的突出问题是打架、离家出走尝试，而女生自杀意念、常孤独、常心情不愉快行为表现明显，这与"男性青少年更易发生外显性伤害行为，女性青少年则更趋向于隐匿性的心理行为伤害"的结论相一致。白族学生的突出问题行为是离家出走意念，土家族学生的离家出走尝试行为表现明显，苗族学生易发生内隐性伤害行为。伤害行为所表现出来的民族差异可能与各民族的风俗习惯、性格特点、思维方式、文化背景等因素有关，其深入研究有待加强。

调查结果显示，武陵山区农村 4 个少数民族青少年的多种伤害行为之间存在关联，明显表现为打架与骑车违规、步行违规、非安全游泳、离家出走意念、离家出走尝试行为呈显著正相关，这与青少年健康危险行为多相伴发生的特点和聚集特征有关。自杀意念与常无安全感、常心情不愉快、常孤独、常失眠、抑郁行为呈显著正相关。无安全感的学生在学校或上下学路途中经常或总是被欺侮、威胁和攻击，感到人身安全没有保障而不敢去上学，长期处于这种状态，增加了自杀意念发生的风险。孤独或抑郁的青少年由于性格比较内向、孤僻，缺乏与他人的良好沟通，遇到困境时，不能对自身和周围环境做出客观评价，从而易产生自杀意念。抑郁与自杀意念显著正相关，抑郁可以显著正向预测自杀意念。心情不愉快、孤独、抑郁、自杀意念等不良情绪都与离家出走意念存在正相关，这可能是因为有心理-情绪问题的青少年心理素质较差，遇到困难、挫折和失败时缺乏应对能力，常以消极、被动的方式面对生活，所以更易产生离家出走的想法。

由于本研究数据源自横断面调查，仅提供了各种伤害行为间的相关分析，并不能得到各伤害行为间的因果关系以及各伤害行为间的影响作用如何，需要纵向追踪调查或随机实验研究来解决这一类问题。另外，因所获取的调研资料有限，对于伤害行为的民族差异和特征分析较为欠缺。

综上所述，武陵山区农村青少年伤害行为的发生存在性别、年级、民族差异，多种伤害行为伴随发生且存在关联。一方面，提示在制订伤害预防措施时应有所侧重，根据不同群体的行为及心理特点而采取相应措施；另一方面，应根据健康危险行为的多发和聚集特点，对多种伤害行为进行综合干预，以达到更好的干预效果。同时，需要武陵山区学校、家庭和社会共同参与，关注农村青少年特别是留守和住校的青少年群体，及时开展安全知识宣教、生活技能教育以及心理健康咨询，提高青少年对伤害相关行为的认知水平和对紧急突发状况的处理能力，增强青少年学生安全意识和自我保护意识，学会识别危险环境和调控不良情绪，改善不良行为习惯，减少危险行为，最终达到降低伤害发生的目的。

五、青少年故意伤害行为体育干预对策

（一）优化课堂体育教学内容，增强青少年的抗挫折能力

抗挫折能力是社会适应能力的重要方面，青少年在成长的过程中不可避免地要经受各种挫折，抗挫能力的强弱会对青少年的心理和行为产生直接影响。体育运动过程中，青少年在掌握运动技能、提高身体素质的同时，必然会经历失败、遭遇困难、受到伤害、承受打击等，这些都是对青少年心理素质中抗挫折能力的良好训练。在课堂体育教学中，教师应根据青少年身心发育规律和特点，精心设计教学内容、合理安排教学任务，使学生通过身体的练习去克服困难、磨炼意志、强大内心、完善人格，不断提高自身的抗挫能力。通过身体的教育培养学生坚强的意志品质，让学生特别是高中学生懂得无论是失败还是成功，都要拥有一颗平常心，做到胜不骄败不馁，积极应对成长中遇到的各种问题和困难。

（二）丰富课余体育文化生活，提高青少年的人际交往能力

武陵山区地理自然环境独特，民俗民间体育资源丰富，将特色民族传统体育项目引入体育课堂和课外体育活动中，不仅可以形成浓厚的校

园体育文化，而且可以丰富农村青少年的课余体育文化生活，吸引更多的学生特别是女生积极参与到丰富多彩的体育活动中来，使其在活动过程中与他人建立亲密联系，形成良好互动，分享运动的快乐体验。通过开展各类体育活动，为农村青少年提供更为广阔的社交平台，使其学会在特定的环境中展现自我、发展特长，形成积极的个性和良好的情绪调控能力；学会正确处理人际关系、增进与他人的交流，提高团队合作意识，增强团结协作能力，提升人际交往能力。

（三）加强课外体育锻炼，促进青少年的心理健康发展

课外体育锻炼作为学校体育的重要组成部分，是课堂体育教学的有益补充，在提高学生运动兴趣、增强学生体质、培养学生终身体育意识等方面起着重要作用。体育锻炼的良性心理效应已得到大量研究的证明。体育锻炼能有效地克服学习中的焦虑、抑郁、偏执等心理症状，有利于稳定情绪、缓解压力、抑制紧张、提高应变能力，是促进学生心理健康发展的有效手段之一。体育锻炼的消遣、娱乐、休闲等功能使负向心理能量得到有效、合理地宣泄，可减弱或化解抑郁、心情不愉快、自杀意念等不良情绪对青少年身心健康的影响。

（四）强化运动健康教育，提升青少年的体育核心素养

坚定"健康第一"指导思想，将体育运动与健康教育有机融合，以身体活动为基本手段，适时地、合理地把健康知识与理念融入体育教学与活动中；加大宣传体育运动促进健康的价值；培养青少年体育锻炼习惯和终身体育意识；拓展体育活动的人文内涵，促进青少年体育品德发展；增强青少年对社会规范和价值体系的认同，养成良好的行为习惯。学校体育工作的开展要真正落实立德树人的根本任务，充分发挥体育的育人功能和价值，从运动技能掌握、健康知识学习、健康行为养成、体育品德培养等方面提升武陵山区农村青少年的体育核心素养。

第四节　青少年健康危险行为聚集特征及干预模式

《"健康中国 2030"规划纲要》指出"塑造自主自律的健康行为，有效控制影响健康的生活行为因素，强化干预措施，促进全民健康"。青少年健康危险行为指"凡是给青少年健康、完好状态乃至成年期健康和生活质量造成直接或间接损害的行为"。青少年健康危险行为严重危害青少年身心健康、诱发成年期许多疾病，尤其当他们处于群体聚集状态时，对社会的和谐、安定产生不良影响。青少年群体健康危险行为的高发常认为与经济发展水平密切相关，农村地区青少年健康危险行为发生率较高，其对青少年的健康损害及对社会发展的阻碍效应可能更为严重。危害青少年健康的行为间相互关联，一种行为往往与其他行为同时出现，表现为一种"问题行为症候群"。聚集是青少年健康危险行为的一个显著特征。

一、研究对象和方法

（一）研究对象

采用多阶段分层随机整群抽样方法抽取调查对象。第一阶段，从武陵山区的湘西州苗族聚居区、土家族聚居区，怀化侗族聚居区，张家界白族聚居区各抽取 1 个县；第二阶段，从 4 个县中各随机抽取 2 所农村中学作为样本学校，共 8 所学校；第三阶段，每个学校按年级分层，从初一至高三年级中，以教学班为单位每个年级随机抽取 2 个班，共 96 个班。调查对象纳入条件：（1）属当地常住农村户口（或在当地居住满 3 年及以上）；（2）排除患有心理疾病、智力缺陷、神经及精神方面疾病的学生。共调查中学生 4 438 名，回收有效问卷 4 162 份，问卷有效率 93.78%。其中，男生 1 958 人，占 47.04%，女生 2 204 人，占 52.96%；初中生 2 464 人，占 59.20%，高中生 1 698 人，占 40.80%；土家族 1 028 人，占 24.70%，苗族 958 人，占 23.02%，侗族 1 044 人，占 25.08%，白族 1 132 人，占 27.20%。年龄 11～20 岁，平均（15.11±1.65）岁。调查前，所有调查对象均签署了知情同意书。调查通过吉首大学生物医学伦理委员会审批（20160012）。

（二）研究方法

1. 文献资料法

根据研究目的和研究内容的需要，通过图书馆（中山大学图书馆、湖南师范大学图书馆、吉首大学图书馆等）、数据库平台（中国期刊全文数据库、万方数据知识服务平台、ScienceDirect 期刊全文数据库等）查阅青少年健康危险行为文献资料，结合实际的统计数据资料进行文献分析。

2. 问卷调查法

（1）参照"中国青少年健康相关行为调查问卷（初中、高中）"修订而成。问卷效度检验采用专家判断法，经 3 次修改后，最终有 93.6%的专家认为问卷效度达到较高和高水平。问卷信度检验采用再查法，两次调查结果（前后间隔 15 天）的 Pearson 系数为 0.892，$P < 0.01$。所有调查员在调查前进行统一培训，在班主任的配合下，调查员现场进行监督。调查问卷以班级为单位统一发放，问卷不记名，由学生独立填写，填写完成后当场回收。（2）健康危险行为的判断标准依据《中国青少年健康相关/危险行为调查综合报告 2005》中的有关规定进行，具体标准如下："偏食"指讨厌吃某类食物（如某类蔬菜、肉类、水果等）；"缺乏锻炼"指去 7 d，<3 d，每天至少运动 1 h（步行、跑步、打球、骑车、拖地等活动）。"吸烟"指过去 30 d 里，≥1 d 吸烟；"饮酒"指过去 30 d 里，至少饮 1 杯酒。"网络成瘾"指过去 7 d 里，上网时间≥4 h/d，且至少出现以下 9 项行为中 4 项：① 不上网时仍想着与网络有关的事情；② 不能上网感到无所事事或不能静下心来干别的；③ 希望增加上网时间；④ 上网时间经常超过预期；⑤ 想停止上网但不能控制；⑥ 因为上网而不能完

成作业或逃学；⑦ 向家长/老师/同学隐瞒上网事实；⑧ 因上网与家长发生冲突；⑨ 为逃避现实、摆脱困境/郁闷/无助/焦虑情绪而上网。"自杀意念"指过去 12 个月内想过（考虑过）自杀。"抑郁"指最近 12 个月内连续 ≥ 2 周感到非常伤心或绝望而停止平常的活动。"失眠"指过去 12 个月内，曾因担心某事而陷于失眠；"孤独"指过去 12 个月内曾有过的孤独感；"心情不愉快"（或"学习压力大"）指过去 12 个月内，曾因学习压力或成绩问题感到心情不愉快，这三项指标均属定性指标，定义为从不、很少、有时、经常、总是。

3. 数理统计法

采用 EpiData3.1 软件建立数据库并录入数据，应用 SPSS22.0 软件进行统计学分析。（1）不同性别、学段、民族青少年健康危险行为差异检验方法采用 χ^2 检验，以 $P<0.05$ 为差异有统计学意义。（2）样本聚类分析：首先采用层次聚类法，对不同性别、年级、民族青少年的 11 种健康危险行为进行聚类，合并距离最近的两个数据点，合并后再次计算各个数据点之间的距离，再次将最近的两个数据点合并，直到所有的数据点归为一类，最终确定最佳聚类数；然后采用两步聚类法分别对不同性别、年级、民族青少年进行样本聚类分析，得到各聚集模式组的特点。低危组：全部危险行为发生率均低于平均水平。较低危组：1 种健康危险行为发生率最高，其他危险行为发生率均低于平均水平。中危组：2～3 种危险行为发生率最高，多数危险行为发生率低于平均水平。高危组：多数危险行为发生率最高，大多数危险行为发生率高于平均水平。高危内隐组：大多数内隐性危险行为发生率最高，多数危险行为发生率高于平均水平。高危外显组：大多数外显性危险行为发生率最高，多数危险行为发生率高于平均水平。（3）健康危险行为聚集影响因素分析采用多元 logistic 回归模型，将健康危险行为发生数量按照 0～1，2～3，≥4 种划分为 3 个类别，以 0～1 种健康危险行为组为参照组。检验水准 $\alpha=0.05$。

二、青少年健康危险行为发生情况

被调查的 4 162 名武陵山区农村青少年健康危险行为发生率居前三位的分别为步行违规（49.6%）、非安全游泳（32.3%）、饮酒（31.0%）；男生吸烟、饮酒、步行违规、非安全游泳、打架、网络成瘾的发生率均高于女生，女生自杀意念、常感孤独的发生率均高于男生；初中生吸烟、饮酒、非安全游泳、打架的发生率均高于高中生，高中生步行违规、自杀意念、常感孤独、抑郁的发生率均高于初中生；土家族青少年打架发生率最高，苗族青少年吸烟、非安全游泳、常感孤独、常失眠、抑郁发生率均最高，侗族青少年饮酒发生率最高，白族青少年步行违规、自杀意念、网络成瘾发生率均最高，差异有统计学意义（P 值均<0.05）。见表 4-18。

三、青少年健康危险行为聚集特征

（一）聚集模式组的性别特征

1. 男生行为聚集模式组的行为特点

经聚类分析，男生低危险组（模式 1）无吸烟、非安全游泳、打架、常感孤独、常失眠行为，饮酒、抑郁、网络成瘾发生率在四组模式中均最低，步行违规、自杀意念发生率均低于平均水平；较低危险组（模式 2）常失眠发生率为 0，其余危险行为发生率均低于平均水平；内隐行为高危险组（模式 3）自杀意念、常感孤独、常失眠、抑郁、网络成瘾发生率均最高，吸烟、饮酒、步行违规、打架发生率均高于平均水平，非安全游泳发生率低于平均水平；外显行为高危险组（模式 4）吸烟、饮酒、步行违规、非安全游泳、打架发生率均居最高水平，网络成瘾发生率居较高水平，自杀意念、常感孤独、常失眠、抑郁发生率均居较低水平，见表 4-19。

表 4-18 武陵山区青少年健康危险行为发生率

	调查人数	吸烟		饮酒		步行违规		到非安全场所游泳		打架	
		人数	率/%	人数	率/%	人数	率/%	人数	率/%	人数	率/%
男	1 958	661	33.8	849	43.4	1 009	51.5	904	46.2	784	40.0
女	2 204	126	5.7	441	20.0	1 055	47.9	442	20.1	406	18.4
χ^2		531.738		264.351		5.570		323.171		237.375	
P		<0.001		<0.001		0.018		<0.001		<0.001	
初中	2 464	557	22.6	845	34.3	1 069	43.4	984	40.0	947	38.4
高中	1 698	230	13.6	445	26.2	995	58.6	357	21.1	243	14.3
χ^2		53.815		30.735		93.074		164.248		286.503	
P		<0.001		<0.001		<0.001		<0.001		<0.001	
土家族	1 028	223	21.7	333	32.4	510	49.6	416	40.5	323	31.4
苗族	958	268	28.0	285	29.8	434	45.3	432	45.1	289	30.2
侗族	1 044	159	15.2	363	34.8	521	49.9	259	24.8	258	24.7
白族	1 132	137	12.1	309	27.3	599	52.9	239	21.1	320	28.3
合计	4 162	787	18.9	1 290	31.0	2 064	49.6	1 346	32.3	1 190	28.6
χ^2		99.964		15.829		12.092		194.517		12.945	
P		<0.001		0.001		0.007		<0.001		0.005	

续表

	调查人数	自杀意念 人数	自杀意念 率/%	常感孤独 人数	常感孤独 率/%	常失眠 人数	常失眠 率/%	抑郁 人数	抑郁 率/%	网络成瘾 人数	网络成瘾 率/%
男	1 958	283	14.5	269	13.7	227	11.6	334	17.1	186	9.5
女	2 204	480	21.8	409	18.6	287	13.0	346	15.7	94	4.3
χ^2		37.160		17.655		1.954		1.402		45.276	
P		<0.001		<0.001		0.162		0.236		<0.001	
初中	2 464	413	16.8	347	14.1	290	11.8	376	15.3	176	7.1
高中	1 698	350	20.6	331	19.5	224	13.2	304	18.0	104	6.1
χ^2		9.958		21.582		1.879		5.140		1.660	
P		0.002		<0.001		0.170		0.023		0.198	
土家族	1 028	179	17.4	158	15.4	126	12.3	180	17.5	42	4.1
苗族	958	170	17.8	181	18.9	144	15.0	187	19.5	83	8.7
侗族	1 044	171	16.4	140	13.4	108	10.3	130	12.5	54	5.2
白族	1 132	243	21.5	199	17.6	136	12.0	183	16.2	101	8.9
合计	4 162	763	18.3	678	16.3	514	12.4	680	16.3	280	6.7
χ^2		10.888		13.131		10.367		19.686		29.872	
P		0.012		0.004		0.016		<0.001		<0.001	

注：抑郁是指（最近 12 个月内）连续≥2 周感到非常伤心或绝望而停止平常的活动。

表 4-19　武陵山区男生不同聚集模式组主要健康危险行为发生率

聚集模式	人数	构成比/%	吸烟	饮酒	步行违规	非安全游泳	打架	自杀意念	常感孤独	常失眠	抑郁	网络成瘾
模式 1	322	16.4	0 (0)	22.7 (73)	48.4 (156)	0 (0)	0 (0)	6.2 (20)	0 (0)	0 (0)	0.6 (2)	2.2 (7)
模式 2	377	19.3	27.1 (102)	32.9 (124)	34.2 (129)	39.8 (150)	30.5 (115)	4.2 (16)	1.3 (5)	0 (0)	13.0 (49)	2.9 (11)
模式 3	518	26.5	36.1 (187)	43.6 (226)	55.2 (286)	44.4 (230)	43.2 (224)	35.3 (183)	47.7 (247)	41.9 (217)	49.0 (254)	19.5 (101)
模式 4	741	37.8	50.2 (372)	57.5 (426)	59.1 (438)	70.7 (524)	60.1 (445)	8.6 (64)	2.3 (17)	1.3 (10)	3.9 (29)	9.0 (67)
合计	1958	100.0	33.8	43.4	51.5	46.2	40.0	14.5	13.7	11.6	17.1	9.5

注：1. 括号外数据为发生率（%），括号内数据为学生人数（名）；2. 外显行为包括吸烟、饮酒、步行违规、非安全游泳、打架，内隐行为包括自杀意念、常感孤独、常失眠、抑郁。

2. 女生行为聚集模式组的行为特点

经聚类分析，女生低危险组（模式 1）步行违规发生率低于平均水平，其余危险行为发生率为 0；较低危险组（模式 2）非安全游泳发生率高于平均水平，步行违规发生率最低，饮酒行为发生率为 0，其余危险行为发生率均居较低水平；内隐行为高危险组（模式 3）自杀意念、常感孤独、常失眠、抑郁、网络成瘾发生率均最高，步行违规、打架发生率居较高水平，吸烟、非安全游泳发生率均低于平均水平，饮酒发生率居较低水平；外显行为高危险组（模式 4）吸烟、饮酒、步行违规、非安全游泳、打架发生率均居最高水平，自杀意念、常失眠、抑郁、网络成瘾发生率均高于平均水平，见表 4-20。

3. 不同少数民族男女学生健康危险行为种类数分布

15.04% 的青少年未发生任何的健康危险行为，男生为 8.99%，女生为 20.42%，差异有统计学意义（χ^2=105.982，$P<0.01$），侗族青少年比例最高（16.67%）。23.14% 的青少年发生 4 种及以上的健康危险行为，男生为 32.53%，女生为 14.79%，差异有统计学意义（χ^2=183.521，$P<0.01$），苗族青少年比例最高（28.18%），见表 4-21。

（二）聚集模式组的年级特征

初一较低危组以非安全游泳（94.6%）最高，其他危险行为除打架外发生率均低于平均水平；初二较低危组以非安全游泳（67.9%）最高，其他危险行为除吸烟、饮酒、电子游戏成瘾外发生率均低于平均水平。初一中危组以偏食（51.8%）和孤独感（14.1%）最高，其他危险行为除打架、失眠、抑郁、自杀意念、电子游戏成瘾外发生率均低于平均水平；初二年级以偏食（29.3%）、孤独感（41.5%）、自杀意念（40.9%）最高，其他危险行为除打架、失眠、抑郁外发生率均低于平均水平。初一年级高危组大多数危险行为高发，以饮酒（72.1%）为标志性行为，其他危险行为除偏食外发生率均高于平均水平；初二年级高危组大多数危险行为高发，以打架（87.2%）为标志性行为，其他危险行为除偏食、自杀意念外发生率均高于平均水平；初三内隐行为组以自杀意念（73.2%）为标志性行为，其他危险行为除电子游戏成瘾外发生率均低于平均水平；外显行为组以吸烟（80.2%）为标志性行为，其他危险行为发生率均高于平均水平，见表4-23、4-23、4-24。

（三）聚集模式组的民族特征

土家族低危组全部危险行为发生率均低于平均水平，苗族低危组除视屏超时外其他危险行为发生率均为零。苗族较低危组以偏食（47.1%）发生率最高，其他危险行为发生率均低于平均水平。土家族高危组全部危险行为均高发，以吸烟（71.0%）为标志性行为；苗族高危内隐组大多数内隐行为高发，以孤独感（43.0%）为标志性行为；苗族高危外显组大多数外显行为高发，以吸烟（73.1%）为标志性行为，见表4-25、表4-26。

（四）健康危险行为发生数量情况

结果显示，武陵山区青少年人均发生 2.9 种健康危险行为，6.7%没有发生健康危险行为，20.4%发生 1 种健康危险行为，22.6%发生 2 种健康危险行为，15.5%发生 3 种健康危险行为，34.8%发生 4 种及以上健康危险行为。不同性别、年级、家庭类型学生健康危险行为发生状况差异有统计学意义（P 值均＜0.05）。发生 4 种及以上健康危险行为的学生比例男生（42.5%）高于女生（27.4%），初三年级（40.2%）高于初一（33.2%）和初二年级（31.3%），再婚（75.0%）、单亲（42.2%）、其他家庭（42.2%）高于核心家庭（33.0%）和三代同堂家庭（33.4%），见表4-27。

（五）同时具有 1 种及以上健康危险行为人群各种行为发生特点

比较具有不同数量健康危险行为人群各危险行为的发生率，结果显示健康危险行为多发人群各健康危险行为的发生率均高于具有 1 种健康危险行为的人群，但各健康危险行为的增长幅度不同。与具有 1 种健康危险行为的人群相比具有 4 种及以上健康危险行为的人群，饮酒、自杀意念、吸烟增幅最大，见表4-28。

表 4-20 武陵山区女生不同聚集模式组主要健康危险行为发生率

聚集模式	人数	构成比/%	吸烟	饮酒	步行违规	非安全游泳	打架	自杀意念	常感孤独	常失眠	抑郁	网络成瘾
模式 1	496	22.5	0 (0)	0 (0)	45.6 (226)	0 (0)	0 (0)	0 (0)	0 (0)	0 (0)	0 (0)	0 (0)
模式 2	536	24.3	1.1 (6)	0 (0)	36.0 (193)	24.3 (130)	1.7 (9)	3.2 (17)	3.2 (17)	8.6 (46)	3.7 (20)	0.6 (3)
模式 3	758	34.4	2.6 (20)	4.6 (35)	51.1 (387)	19.9 (151)	31.7 (240)	46.2 (350)	41.6 (315)	23.7 (180)	33.5 (254)	9.0 (68)
模式 4	414	18.8	24.2 (100)	98.1 (406)	60.1 (249)	38.9 (161)	37.9 (157)	27.3 (113)	18.6 (77)	14.7 (61)	17.4 (72)	5.6 (23)
合计	2204	100.0	5.7	20.0	47.9	20.1	18.4	21.8	18.6	13.0	15.7	4.3

注：1. 括号外数据为发生率（%），括号内数据为学生人数（名）；2. 外显行为包括吸烟、饮酒、步行违规、非安全游泳、打架，内隐行为包括自杀意念、常感孤独、常失眠、抑郁。

表 4-21 武陵山区男女学生健康危险行为种类数分布

性别	民族	调查人数	0 种	1 种	2 种	3 种	≥4 种
男	土家族	516	6.20（32）	19.38（100）	20.35（105）	21.90（113）	32.17（166）
	苗族	386	8.81（34）	11.66（45）	18.39（71）	19.17（74）	41.97（162）
	侗族	544	10.29（56）	18.20（99）	24.08（131）	20.96（114）	26.47（144）
	白族	512	10.55（54）	19.53（100）	21.88（112）	15.82（81）	32.23（165）
	合计	1958	8.99（176）	17.57（344）	21.40（419）	19.51（382）	32.53（637）
女	土家族	512	20.51（105）	25.98（133）	19.53（100）	16.80（86）	17.19（88）
	苗族	572	16.43（94）	26.57（152）	23.08（132）	15.03（86）	18.88（108）
	侗族	500	23.60（118）	36.60（183）	19.00（95）	11.80（59）	9.00（45）
	白族	620	21.45（133）	32.58（202）	19.19（119）	13.06（81）	13.71（85）
	合计	2 204	20.42（450）	30.40（670）	20.24（446）	14.16（312）	14.79（326）

注：括号外数据为发生率（%），括号内数据为学生人数（名）。

表 4-22　武陵山区初一学生不同聚集模式组主要健康危险行为发生率（%）

聚集模式	人数	构成比/%	偏食	非安全游泳	打架	孤独感	失眠	抑郁	自杀意念	吸烟	饮酒	视屏超时	电子游戏成瘾
低危组	114	17.7	0.0	0.0	0.0	0.0	0.0	5.3	0.0	0.0	0.0	19.3	0.0
较低危组	111	17.2	4.5	94.6	53.2	1.8	0.0	1.8	8.1	35.1	0.0	48.7	0.0
中危组	284	44.0	51.8	20.4	43.3	14.1	13.7	18.7	18.3	15.9	4.9	22.5	23.9
高危组	136	21.1	25.0	72.1	63.2	12.5	14.7	23.5	34.6	60.3	72.1	57.4	61.0
合计	645	100.0	28.8	40.5	41.6	9.2	9.2	14.4	16.7	25.7	17.4	33.8	23.4

表 4-23　武陵山区初二学生不同聚集模式组主要健康危险行为发生率（%）

聚集模式	人数	构成比/%	偏食	非安全游泳	打架	孤独感	失眠	抑郁	自杀意念	吸烟	饮酒	视屏超时	电子游戏成瘾
低危组	147	23.8	20.4	0.0	0.0	0.0	0.0	0.0	0.0	0.0	0.0	32.0	0.0
较低危组	221	35.8	24.0	67.9	26.2	0.0	0.5	4.1	0.0	40.7	37.6	33.5	30.3
中危组	164	26.5	29.3	17.1	32.3	41.5	20.1	33.5	40.9	8.5	6.1	37.2	20.1
高危组	86	13.9	23.3	65.1	87.2	34.9	31.4	40.7	39.5	77.9	83.7	57.0	51.2
合计	618	100.0	24.4	37.9	30.1	15.9	9.9	16.0	16.3	27.7	26.7	37.4	23.3

表 4-24　武陵山区初三学生不同聚集模式组主要健康危险行为发生率（%）

聚集模式	人数	构成比/%	偏食	非安全游泳	打架	孤独感	失眠	抑郁	自杀意念	吸烟	饮酒	视屏超时	电子游戏成瘾
低危组	259	45.1	18.9	30.1	20.1	9.3	3.1	.0	.0	1.2	.0	32.1	15.8
高危内隐组	123	21.4	33.3	26.8	22.0	39.8	31.7	44.7	73.2	9.8	16.3	43.9	34.2
高危外显组	192	33.5	27.1	68.2	60.4	19.8	19.3	24.5	24.0	80.2	70.3	39.1	35.9
合计	574	100.0	24.7	42.2	34.0	19.3	14.6	17.8	23.7	29.4	27.0	36.9	26.5

表 4-25　武陵山区土家族不同聚集模式组主要健康危险行为发生率（%）

聚集模式	人数	构成比/%	偏食	非安全游泳	打架	孤独感	失眠	抑郁	自杀意念	吸烟	饮酒	视屏超时	电子游戏成瘾
低危组	511	64.1	20.7	28.8	25.6	6.3	5.3	6.9	7.1	11.7	3.3	30.3	10.6
高危组	286	35.9	34.3	66.8	74.1	21.3	22.0	30.4	35.3	71.0	59.8	55.6	35.0
合计	797	100.0	25.6	42.4	43.0	11.7	11.3	15.3	17.2	33.0	23.6	39.4	19.3

表 4-26　武陵山区苗族不同聚集模式组主要健康危险行为发生率（%）

聚集模式	人数	构成比/%	偏食	非安全游泳	打架	孤独感	失眠	抑郁	自杀意念	吸烟	饮酒	视屏超时	电子游戏成瘾
低危组	165	16.1	0.0	0.0	0.0	0.0	0.0	0.0	0.0	0.0	0.0	23.6	0.0
较低危组	276	26.9	47.1	55.4	35.5	0.0	2.5	4.0	1.1	1.1	2.9	30.4	25.0
高危内隐组	272	26.5	28.7	19.1	15.1	43.0	19.5	30.2	46.0	2.6	4.4	34.9	35.3
高危外显组	312	30.4	19.6	60.9	52.2	17.6	16.0	24.0	24.4	73.1	70.5	40.1	39.4
合计	1025	100.0	26.2	38.5	29.5	16.8	10.7	16.4	19.9	23.2	23.4	33.5	28.1

表 4-27 武陵山区不同特征青少年健康危险行为发生数量情况

特征		$\bar{x}\pm s$	0 种 人数	%	1 种 人数	%	2 种 人数	%	3 种 人数	%	≥4 种 人数	%	χ^2	P
性别	男	3.3±2.0	39	4.8	120	14.9	174	21.6	131	16.2	343	42.5	60.188	<0.001
	女	2.6±1.9	71	8.5	215	25.7	197	23.6	123	14.7	229	27.4		
年级	初一	2.8±1.9	41	7.2	113	20.0	140	24.7	84	14.8	188	33.2	15.563	0.049
	初二	2.8±1.9	37	6.7	121	21.9	119	21.6	102	18.5	173	31.3		
	初三	3.2±2.1	32	6.1	101	19.3	112	21.4	68	13.0	211	40.2		
民族	土家族	3.0±2.0	57	7.2	159	19.9	176	22.1	117	14.7	288	36.1	2.183	0.702
	苗族	2.9±1.9	53	6.3	176	20.8	195	23.1	137	16.2	284	33.6		
住校	是	2.9±1.9	75	6.3	237	19.8	279	23.3	192	16.1	413	34.5	4.084	0.395
	否	2.9±2.0	35	7.8	98	22.0	92	20.6	62	13.9	159	35.7		
留守	是	2.9±2.0	70	6.9	210	20.7	220	21.7	156	15.4	359	35.4	1.492	0.828
	否	2.9±2.0	40	6.4	125	19.9	151	24.1	98	15.6	213	34.0		
父亲学历	小学及以下	3.0±1.9	39	6.8	100	17.4	132	23.0	81	14.1	223	38.8	15.129	0.057
	初中	2.9±2.0	54	6.3	193	22.6	202	23.6	138	16.1	268	31.3		
	高中及以上	2.9±2.0	17	8.0	42	19.8	37	17.4	35	16.5	81	38.2		
母亲学历	小学及以下	2.8±1.9	59	7.1	171	20.5	206	24.7	128	15.4	269	32.2	11.951	0.155
	初中	3.0±2.0	45	6.8	141	21.2	138	20.7	101	15.2	241	36.2		
	高中及以上	3.3±2.0	6	4.2	23	16.1	27	18.9	25	17.5	62	43.4		
家庭类型	核心家庭	2.9±2.0	57	6.5	186	21.3	201	23.0	142	16.2	289	33.0	30.361	0.016
	单亲家庭	3.1±2.1	9	5.6	37	23.0	24	14.9	23	14.3	68	42.2		
	三代同堂家庭	2.9±2.0	40	7.8	98	19.2	127	24.9	75	14.7	171	33.4		
	再婚家庭	4.3±1.9	1	8.3	0	0.0	0	0.0	2	16.7	9	75.0		
	其他家庭	3.2±1.8	3	3.6	14	16.9	19	22.9	12	14.5	35	42.2		
合计		2.9±2.0	110	6.7	335	20.4	371	22.6	254	15.5	572	34.8		

表 4-28　武陵山区青少年同时具有 1 种及以上健康危险危险行为人群各种行为发生特点

种类	N	偏食		缺乏锻炼		非安全游泳		打架		孤独感		失眠		抑郁		自杀意念		吸烟		饮酒		电子游戏成瘾	
		%	R^a	%	R	%	R	%	R	%	R	%	R	%	R	%	R	%	R	%	R	%	R
1 种	335	10.5	—	48.4	—	12.8	—	9.3	—	3.3	—	2.1	—	3.0	—	1.8	—	3.0	—	1.2	—	4.8	—
2 种	371	21.3	2.0	54.5	1.1	37.2	2.9	23.7	2.5	9.2	2.8	3.0	1.4	7.0	2.3	8.4	4.7	13.2	4.4	8.4	7.0	14.3	3.0
3 种	254	34.3	3.3	55.1	1.1	46.9	3.7	40.6	4.4	13.4	4.1	5.5	2.6	11.8	3.9	14.6	8.1	28.4	9.5	19.3	16.1	30.3	6.3
≥4 种	572	38.3	3.6	68.5	1.4	62.9	4.9	66.4	7.1	27.1	8.2	25.4	12.1	32.5	10.8	40.6	22.6	60.1	20.0	54.0	45.0	42.1	8.8
排名 b		10		11		9		8		7		4		5		2		3		1		6	

备注：a: R 指比率（被除数为发生 2/3/≥4 种危险行为人群该健康危险行为的发生率，除数均为发生 1 种危险行为人群的发生率）。b: 排名指≥4 种危险行为人群 11 种危险行为的发生率增幅排名。

四、青少年健康危险行为聚集影响因素

以 0~1 种健康危险行为组为参照组，采用多元 logistic 回归分析湘西州农村初中生健康危险行为的影响因素。结果显示，男生比女生更可能发生 2~3 种和 4 种及以上健康危险行为；与非住宿生相比，住宿生更容易发生 2~3 种健康危险行为；与初三年级相比，初二年级具有 4 种及以上健康危险行为的风险较低；与父亲学历是高中及以上学生对比，父亲学历是小学及以下的学生具有 4 种及以上健康危险行为的风险较高；与母亲的学历是高中及以上的学生比较，母亲学历是初中、小学及以下的学生发生 4 种及以上危险行为的风险较低；与核心家庭的学生比较，再婚家庭的学生发生 4 种及以上健康危险行为的风险较高，见表 4-29。

本研究显示，武陵山区青少年步行违规行为发生率（49.6%）高于广东省（22.8%）、江苏省（33.7%）、本溪市（27.8%）等地的报道。这可能与武陵山区农村经济欠发达，道路基础设施较为落后，过街天桥、地下通道等道路交通安全设施又较为缺乏有关。另外，农村地区青少年普遍不遵守道路交通规则、交通安全意识不强、交通安全知识欠缺等因素也有一定影响。该地区 4 个少数民族青少年饮酒发生率（31.0%）高于其他地区与居住地区地理环境独特、民族传统文化和风俗习惯等因素有关，生活在武陵山区的土家族、苗族、侗族和白族都是喜爱饮酒的民族，家庭酿酒十分普通，各种饮酒习俗成为民族文化中不可或缺的一部分。该地区 4 个少数民族青少年非安全游泳行为发生率（32.3%）较高，这与武陵山区农村水域面积广，河流、池塘分布较多，居民多住河边或坝旁，而在河流边、池塘旁甚少设置安全防护设施和安全警示牌，加上青少年自身安全知识缺乏、安全意识淡薄等因素有关，另外，监护人安全教育不够、监管不到位等因素也增加了青少年随意下河游泳的风险。

武陵山区青少年健康危险行为存在学段差异，与国内其他研究结果一致。初中生年少无知、争强好斗，对各种新鲜事物都充满好奇，所以吸烟、饮酒、非安全游泳、打架等危险行为发生率明显高于高中生，而

表 4-29　武陵山区青少年健康危险行为聚集影响因素

影响因素	类别	参照组	2～3 种				≥4 种		
			OR	95%CI	P	OR	95%CI	P
性别	男生	女生	1.759	1.366～2.265	0.000	2.746	2.114～3.568	0.000
民族	土家族	苗族	0.955	0.729～1.251	0.739	0.968	0.731～1.282	0.822
住宿	是	否	1.390	1.040～1.859	0.026	1.248	0.926～1.681	0.146
留守	是	否	0.858	0.660～1.116	0.253	0.952	0.725～1.252	0.727
年级	初一	初三	1.085	0.796～1.480	0.606	0.739	0.538～1.014	0.061
	初二		1.053	0.773～1.433	0.744	0.692	0.504～0.950	0.023
父亲学历	小学及以下	高中及以上	1.369	0.873～2.145	0.171	1.738	1.097～2.752	0.019
	初中		1.225	0.809～1.856	0.337	0.994	0.648～1.523	0.977
母亲学历	小学及以下	高中及以上	0.709	0.413～1.216	0.211	0.422	0.245～0.728	0.002
	初中		0.631	0.370～1.077	0.091	0.532	0.312～0.906	0.020
家庭类型	单亲家庭	核心家庭	0.751	0.481～1.171	0.207	1.336	0.872～2.047	0.183
	三代同堂		1.183	0.883～1.584	0.260	1.231	0.904～1.675	0.187
	再婚家庭		2.105	0.186～23.812	0.548	10.866	1.314～89.879	0.027
	其他家庭		1.380	0.724～2.627	0.328	1.657	0.867～3.170	0.127

高中生由于学习负担重、竞争压力大，所以易出现常感孤独、抑郁等不良情绪，也易产生自杀意念。同时，青少年健康危险行为还存在民族差异，表现为：土家族青少年打架行为较为突出，苗族青少年发生健康危险行为的种类数最多，其中吸烟、非安全游泳、常感孤独、常失眠、抑郁等行为相伴高发，侗族青少年饮酒行为表现明显，白族青少年自杀意念、网络成瘾行为高发，其原因可能与各民族的生活方式、性格特点、心理特征、风俗习惯等因素有关。

武陵山区青少年健康危险行为聚集模式存在性别差异。男生内隐行为高危险组以抑郁为标志性行为，与常感孤独行为聚集；外显行为高危险组构成比最高（37.8%），其中非安全游泳行为高度聚集，并伴随着步行违规和打架行为的高发。女生内隐行为高危险组构成比最高（34.4%），其中自杀意念行为聚集明显，常感孤独和抑郁行为伴随高发；外显行为高危险组以饮酒为标志性行为，与步行违规行为聚集。这一方面表明危险行为的聚集与男、女生的性格差异密切相关，男生天生好动、喜欢冒险、好奇心强，而女生生性文静、心思细腻、多愁善感，这种性格上的差异带来行为上的不同表现。另一方面提示该地区少数民族青少年健康危险行为的干预应注意男、女生区别对待，重点监控高危险组中的标志性行为。此外，研究还发现，危险行为聚集呈现内隐行为高危险组伴随着网络成瘾行为的明显聚集现象，这与"不良情绪与网络成瘾密切相关"的结论相类似，究其原因可能是青少年为了逃避不良情绪或是为了获得某种需要，使得成瘾症状产生，而成瘾又加重了不良情绪，更为严重的可能导致自杀意念的产生。

武陵山区男生发生 2～3 种，4 种及以上健康危险行为的风险高于女生，这同相关的研究结论一致。初中阶段男生成人感增强，而抽烟、饮酒、打架等危险行为被视为成熟男人的标志，迎合了这种心态；进入青春期后，男生体内分泌大量与冒险性、攻击性、冲动性密切相关的雄性激素，这导致青春期男生有更多的冲动性尝试，更容易沾染健康危险行为。住宿学生相比非住宿学生更容易发生 2～3 种健康危险行为，说明住宿对于健康危险行为发生率有一定的增强作用，这同相关的研究结论不同。可能的原因是住宿生相互间接触较多，健康危险行为传播速度较快，另外住宿生缺乏同父母的交流，当学习和生活中遇到困难时缺乏有效的解决途径，也容易滋生健康危险行为。初三年级相对初二年级发生 4 种及以上健康危险行为的可能更大，这与相关的研究结论不同。产生的原因可能与学业压力有密切的关系，学习成绩被认为与未来的前途密切相关，而重点高中是通往大学的最佳途径，所以初三年学生承受着较大学业压力，当个体的能力无法满足较高的学业要求时，易滋生健康危险行为。

武陵山区初一年级中危组孤独感（14.1%）发生率最高，初二年级孤独感（41.5%）、自杀意念（40.9%）发生率最高，初三年级孤独感（39.8%）、失眠（31.7%）、抑郁（44.7%）、自杀意念（73.2%）高发聚集，初一至初三年级内隐性危险行为逐渐聚集，发生率也快速上升，这与相关的研究结论一致。这可能与进入青春期后青少年"自我概念"（对自我的客观认识）发生较大变化有关，进入青春期后，青少年"自我概念"生理成分减少，心理成分增加，青少年更加关注自己的内心世界以及他人对自己的看法，当遭遇负性事件和负面评价时，高年级学生更容易产生心理问题。另外，也与初中高年级面临更重的学习任务和更大的学习压力有关。

武陵山区土家族高危组全部危险行为高发，高危组人数占 35.9%，苗族高危组呈现内隐行为与外显行为的分类高发现象，高危组人数占 56.9%，土家族健康危险行为呈现覆盖范围相对较小、聚集度高的特征，苗族健康危险行为呈现覆盖范围大、聚集度相对较低的特征。其中吸烟是土家族高危组以及苗族高危外显组的标志性行为，主要原因是湘西地区土家族、苗族自明朝万历年间便开始种植烟草，有大量的烟俗和歌谣在民间广为流传。孤独感是苗族高危内隐组的标志行为，这可能与在本次调查中，苗族初中生住宿比例（87.4%）高于土家族（58.9%）有关，由于住宿生与父母交流机会较少，当遇到困难时，得到的家庭支持较少，容易引起无助感、孤独感，甚至诱发自杀意念。土家族与苗族初中生健康危险行为的聚集和多发特征还可能与民族生活方式、风俗习惯、经济状况等因素有关，有待进一步的探讨。

武陵山区青少年与仅发生 1 种健康危险行为的人群相比，发生 4 种及以上健康危险行为人群，饮酒、自杀意念、吸烟的发生率增长 20 倍以上，因此可以将上述健康危险行为作为健康危险行为高发的标志性行为，当发现学生发生上述标志性行为其中的 1 种，可以将其列为重点关注对象，研究其是否同时发生其他健康危险行为以及发生的原因，针对发生原因制定干预措施，有效提升学生健康水平。

武陵山区青少年父亲学历为高中及以上相比小学及以下是发生 4 种及以上健康危险行为的保护因素，与相关的研究结论一致。中国"严父慈母"式教育方式由来已久，父亲的学历通常比母亲学历高，所以父亲处于家庭教育中的核心位置，高学历的父亲对子女的教养方式更加科学，研究表明父亲学历越高，子女心理健康、健康素养状况越好，这可能是父亲学历高，子女发生 4 种及以上健康危险行为可能性较低的原因。母亲学历为初中、小学及以下是子女发生 4 种及以上健康危险行为的保护因素，可能是因为具有较高学历的母亲往往有自己的事业，对子女缺乏足够的关心和监督，且学历高对子女学习成绩希望更高，给子女造成了较大的压力，具体原因有待进一步研究。研究发现再婚家庭子女发生 4 种及以上健康危险行为的可能性更高，再婚家庭子女经历了原生家庭的瓦解与新家庭的重组两次家庭结构的变化，适应新的家庭环境难度较大，容易变得敏感、内向，且新家庭关系复杂，给子女带来的心理冲突强烈而持久，有研究表明，再婚家庭子女产生心理和行为问题的可能性均显著高于核心家庭。

综上所述，武陵山区青少年健康危险行为发生率多数较高、民族差异较为明显，危险行为聚集存在性别差异，危险行为的多发现象普遍存在，饮酒、自杀意念、吸烟是健康危险行为多发的标志性行为，性别、住宿、年级、父亲学历、母亲学历、家庭类型是健康危险行为多发的影响因素。为此，干预措施应按民族、性别分类制订方案，分级指导，明确内隐行为高危组和外显行为高危组的干预目标和干预重点，结合民族文化因素，从个人、家庭和学校三个方面确定干预内容。学生个人应充分了解各类健康危险行为的危害性，乐观面对生活，远离不良情绪，提高自我安全意识，增强自身抵御外界不良因素影响的能力。加强面向家长，特别是面向祖辈家长或监护人的健康教育，使他（她）们充分认识到行为对孩子健康成长的影响以及培养孩子良好行为习惯的重要性[16]，成为孩子良好行为习惯养成的监督者和指导者。学校应积极开展健康知识讲座和生活技能培训，特别加强心理健康、交通安全、游泳安全、网络安全等方面的宣教活动，将青少年健康促进融入生命全程，制定关爱农村少数民族青少年健康成长与预防和控制健康危险行为发生相并重的综合干预措施，促进武陵山区青少年身心健康发展。

五、青少年健康危险行为聚集干预模式

以知信行理论、危险和保护性理论、积极青少年发展理论等为理论框架，根据武陵山区青少年健康危险行为聚集特征及影响因素，构建以高危险组中标志性行为作为干预的核心，以健康知识讲授、心理健康咨询、生活技能培训、健康促进活动开展、体育运动锻炼为干预内容，以提升武陵山区青少年健康水平为干预目标（见图 4-12）。

（一）干预模式实施目标

根据武陵山区青少年健康危险行为不同聚集模式组的特征，以高危险组中标志性行为作为干预核心，通过健康知识讲授、生活技能培训、心理健康咨询、体育运动锻炼等方式，提高青少年对健康危险行为的认知，增强青少年的健康意识、安全意识、自我保护意识和体质水平，降低高危险组中标志性行为的发生率，提升武陵山区青少年健康素养水平，促进青少年身心健康发展。

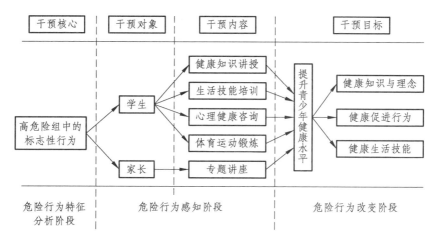

图 4-12 武陵山区青少年健康危险行为聚集干预模式

（二）干预模式实施方案

针对武陵山区高危险组中的吸烟、饮酒、自杀意念等标志性行为开展干预，具体实施方案如下：干预时间为 18 周，干预对象为学生及其家长，干预形式和内容主要有：（1）健康知识讲授。① 针对学生开展每周 2 次、每次 50 min 的健康知识教育。健康知识教育一包括：讲解烟草流行现状和烟草危害；介绍吸烟与疾病的关系，了解尼古丁的毒性和成瘾性；介绍有关烟草的知识及其对青少年健康的危害，直观表明香烟对人体和对家庭的危害；安排专家控烟经验讲座，介绍吸烟缓解心理不良情绪的症状及心理依赖，讲解戒掉后容易出现烦躁、郁闷、失眠、焦虑等心理不适症状；组织观看有关吸烟的健康危险行为视频，播放《一支烟毒死一支小白鼠实验》教学片、《烟草有害健康》的公益广告片；采取写心得体会的方法请学生谈论青少年吸烟与不吸烟的原因，思考体会学生特别是医学生在拒绝烟草、引领健康等方面的作用；请学生代表谈学习控烟文章后的体会等活跃的教学方式，以学生为主体，让学生积极参与教学。健康知识教育二包括：介绍当地酒的历史文化，讲解有害使用酒精流行现状及过量饮酒的危害，了解关于适量饮酒的裨益和《中国居民膳食指南》有关饮酒的建议；引导学生认识酒的历史文化传统和娱乐功效，正确认识适当饮酒行为的益处及过度饮酒的害处；介绍饮酒缓解心理不良情绪的症状及心理依赖；组织观看使用酒精造成的健康、安全和社会经济问题相关视频。②针对家长共安排6次专题讲座，包括吸烟危害、吸烟戒断反应、吸烟心理调适、过量饮酒的危害、饮酒戒断过程、如何督促子女戒酒等，同时分发六个主题的宣传页。（2）生活技能培训。针对吸烟、饮酒行为开展每月1次的生活技能培训。通过技能演示、情景模拟、亲身体验、角色扮演、小组讨论等方式组织学生就拒绝香烟的技巧、戒除香烟的方法以及适当饮酒、社交饮酒的技巧等进行现场演练。（3）心理健康咨询。针对有心理问题的学生，通过当面咨询、电话咨询、网络咨询等形式，提供一对一的心理健康咨询，并与其监护人加强联系与沟通等。（4）健康促进活动开展。建立合理的膳食管理制度和结构，正确引导学生健康饮食，注意日常饮食卫生，培养学生按时作息的好习惯；在学校的宣传栏上张贴健康知识宣传海报，向学生分发健康知识小手册，定期开展健康知识有奖问答活动等。（5）体育运动锻炼。通过课堂讲授、知识讲座、自主学习等方式使学生掌握科学运动锻炼的基础知识、基本技能和有效方法，学校切实保证学生每天一小时校园体育活动落到实处，积极组织学生开展大课间体育活动，合理安排家庭"体育作业"等。

（三）干预模式实施关键因素

1. 高危险组中的标志性行为是健康危险行为聚集干预的核心

危害青少年健康的行为间相互关联，一种行为往往与其他行为同时出现，表现为一种"问题行为症候群"。聚集是青少年健康危险行为的一个显著特征，针对高危险组中的标志性行为进行干预，可同时降低同组中其他危险行为的发生率，进而减少危险行为聚集的发生，是一种经济而有效的干预模式。

2. 提高青少年对健康危险行为危害性的认识，增强其安全意识

健康危险行为的发生给个人、家庭、社会都带来严重的危害，尤其是当它们处于群体聚集状态时，对社会的和谐、安定产生不良影响。青少年健康危险行为聚集的干预，首先要提高学生和家长对健康危险行为危害性的认识，只有认识水平提高了，思想上才能给予足够的重视，为危险行为的改变、健康行为的养成奠定基础。

3. 将健康知识转化为青少年的有效认知

青少年认知水平的提高离不开知识的学习，健康知识教育是被动地向学生传授知识，要使学生真正掌握知识，一定要形成有效的认知，并通过对知识的强化和运用，将知识真正内化为学生的能力。

4. 生活技能培训要符合青少年身心发育特点

青少年正处于生理、心理发展的关键时期，对新鲜事物充满好奇，喜欢刺激和冒险，对其生活技能的培训，形式要灵活多样、内容要丰富生动，要能够充分引起学生的学习兴趣，并调动其参与积极性，通过学生亲身实践，使其掌握健康技能，并能在日常生活中加以运用。

5. 体育运动锻炼要遵循科学合理的原则

体育运动锻炼是增强青少年体质、增进青少年健康的重要手段。锻炼的内容要符合青少年的年龄特点和身心发展规律，强化课外练习和科学锻炼指导，培养学生良好的体育锻炼行为和终身体育锻炼习惯，健全学生体育运动锻炼制度，将学生在校内开展的课外体育活动纳入教学计划，与体育课教学内容相衔接，切实保证学生每天一小时校园体育活动落到实处，合理安排家庭"体育作业"。

PART FIVE

第五章

武陵山区农村儿童青少年体质与健康危险行为的关系

第一节　青少年校园欺凌与心理健康的关系

　　校园欺凌是指发生在学生之间的蓄意或恶意地实施欺负、侮辱等造成伤害的事件（国教督办函〔2016〕22号），包括肢体欺凌、言语欺凌、性别欺凌、关系欺凌等多种类型。初中生正处于青春期，是身心发展的重要时期，校园欺凌会对其身心造成严重的伤害，甚至波及成年期健康。教育部政策法规司对全国29个县104 825中小学生的调查结果显示，校园欺凌的发生率高达33.4%。湘西州土家族苗族自治州（以下简称湘西州）地处武陵山区腹地，少数民族占总人口的78.4%。为了解湘西州农村学校初中生校园欺凌与心理健康状况及其相关性，笔者于2019年11—12月对湘西州农村学校845名初中生进行问卷调查，现将结果报道如下。

一、研究对象与方法

（一）研究对象

　　于2019年11—12月采用随机整群抽样抽取研究对象，从湘西州抽取吉首市、古丈县、花垣县3个县（市），从每个县（市）随机抽取2所农村初中，共6所农村初中，对全部在校生进行问卷调查。调查对象自愿参加，剔除患有心理疾病、智力障碍和精神方面疾病的学生。共发放问卷889份，剔除空填和错填等无效问卷，共获得有效问卷845份，有效率95.1%，其中男生440份，女生405份，初一278份、初二292份、初三275份，平均年龄（14.6±2.1）。调查前，所有调查对象均签署了知情同意书。调查通过吉首大学生物医学伦理委员会审批。

（二）研究方法

1. 问卷调查法

（1）校园欺凌问卷调查：校园欺凌的调查采用中国疾病防控中心制定的《中国青少年健康相关行为问卷》（初中版），主要包括 7 个问题：① 被恶意取笑；② 被索要财物；③ 被有意排斥在集体活动之外或被孤立；④ 被威胁、恐吓；⑤ 被踢、打、推、挤或关在屋里；⑥ 有人对我开色情玩笑或做色情动作；⑦ 因为我的身体缺陷或长相被取笑。其中，①和④属言语欺凌，②和⑤属躯体欺凌，③和⑦属情感虐待/忽视（以下称情感欺凌），⑥属性欺凌。每种欺凌选项分 3 个等级：从未、偶尔（轻度）、经常（重度）。30 天内遭受到 4 种欺凌中所含欺凌方式的任意一种，即认定为遭受到该类型欺凌。本次调查该问卷 Cronbach's alpha 系数为 0.74。

（2）《儿童少年心理健康问卷》（Mental Health Scale for Child and Adolescent，MHS-CA）：该量表由程灶火等编制，共 24 个条目，分别属于认知、思维与语言、情绪、意志行为、个性特征 5 个维度。在计算分量表和总分时采用 5 级评分，得分还可以根据常模数据，将心理健康各维度分数从低到高分为 5 级：疾病状态、亚健康状态、一般健康状态、较好健康状态、高健康状态。该量表的 Cronbach's alpha 系数为 0.85，各分量表的重测信度在 0.45～0.63 之间。

（3）自编一般情况问卷：项目主要包括性别、年级、民族、是否住宿、是否独生子女、家庭类型、家庭收入、父母教育程度、父母职业等。

2. 质量控制

测试由经过培训的调查员在班主任的协助下进行，问卷统一发放，采用统一指导语，学生匿名填写，当场回收。分析过程均使用问卷编号，问卷资料仅供本次研究使用。

3. 统计学分析

采用 EpiData 3.1 软件对问卷进行编码和双录入、应用 SPSS 25.0 进行数据统计分析，校园欺凌发生率的检验采用 χ^2 检验，心理健康得分差异的检验采用非参数检验（U 检验、H 检验）。校园欺凌与心理健康状况的关系采用偏相关性分析，控制性别、年级、民族等人口学因素，探讨各类别校园欺凌的程度（从未=1，轻度=2，重度=3）与心理健康各维度的关系，以 $P<0.05$ 为差异有统计学意义。

二、青少年校园欺凌发生状况

湘西州农村学校初中生校园欺凌发生率 66.5%，其中轻度欺凌发生率 56.3%，重度欺凌发生率 10.2%。言语欺凌发生率 54.6%、情感欺凌发生率 32.2%、性欺凌发生率 24.1%、躯体欺凌发生率 18.8%。校园欺凌在不同年级间（初一 74.1%，初二 59.2%，初三 66.5%）发生率有统计学意义（$\chi^2=14.1$，$P<0.05$）；校园欺凌在不同性别（男生 68.4%，女生 64.2%）、是否留守（留守 65.5%，非留守 67.9%）、是否住宿（住宿 67.0%，非住宿 64.6%）组别间发生率无统计学意义（χ^2 分别为 1.9、0.5、0.4，P 值均＞0.05）。

调查显示，湘西州农村学校初中生校园欺凌发生率为 66.5%（重度 10.2%），高于河南省的 57.0%（重度 7.1%）、上海市金山区 42.6%、山东省 40.4% 和江西省 31.8%。造成的原因可能是湘西州地处武陵山区腹地，农村人口文化程度较低，对子女缺乏科学、有效的管理。另外农村中学教师由于受各方面的限制，知识更新慢，缺乏对校园欺凌的辨识度，也是造成该地区校园欺凌高发的重要原因。湘西州校园欺凌主要以言语欺凌为主，这同以往的研究结论一致，言语欺凌有相对的隐蔽性和反复性，不易被发现，这导致言语欺凌给青少年带来的伤害不能得到及时制止，这提醒教师和家长应加大对言语欺凌的关注，及时发现并制止言语欺凌行为。研究发现，湘西州农村初一年级学生遭受校园欺凌发生率最高，这同国外学者的研究结论一致，可能的原因是初一年级学生相对初中其他年级学生年龄最小，身体力量上存在不均衡，导致校园欺凌。初一年级新进入初中校园，与同学、教师的关系尚未完全建立，缺乏解决问题的有效途径，也是造成校园欺凌发生率较高的原因。

三、青少年心理健康状况

湘西州农村学校初中生心理健康（5 个维度）得分处于非健康等级（亚健康等级和疾病等级）的学生比例分别为：认知维度 12.3%、思维与语言维度 13.5%、情绪维度 13.4%、意志行为维度 9.5%、个性维度 9.2%。

湘西州农村学校初中生心理健康得分在不同年级、是否住宿组别间差异有统计学意义，P 值均＜0.05；心理健康得分在不同性别、是否住宿组别间差异无统计学意义，P 值均＞0.05，见表 5-1。

湘西州农村学校初中生住宿学生心理健康状况优于非住宿学生，这与以往的研究结论不同，这可能是因为初中生正处在心理发育的一个特殊阶段，这一阶段成年感增强，期望独立处理事情，但自身缺乏社会经验、应对能力不足。住宿生长期处于一个相对封闭的环境，需要处理的事情和关系单一，而非住宿的学生还需处理家庭、社会等诸多事情和关系，往往由于其应对能力不足，引发心理问题。

四、青少年校园欺凌与心理健康的相关性

湘西州农村学校遭受校园欺凌学生心理健康得分低于未遭受校园欺凌学生，差异有统计学意义，P 值均＜0.05。控制性别、年级、民族、是否住宿、是否独生子女、家庭类型、家庭收入、父母教育程度、父母职业等因素进行偏相关分析显示，情感欺凌、言语欺凌与心理健康（5 个维度）、躯体欺凌、性欺凌与心理健康（3 个维度）均呈显著负相关（r=-0.072 ~ -0.262，P 值均＜0.05），见表 5-2、表 5-3。

表5-1 湘西州农村学校不同特征初中生心理健康得分状况[M（P_{25}，P_{75}）]

		认知维度	思维与语言维度	情绪维度	意志行为维度	个性维度	总分
性别	男	16.0（13.0，19.0）	17.0（14.0，20.0）	10.0（8.0，12.0）	17.0（14.0，19.0）	20.0（17.0，23.0）	79.0（69.0，88.0）
	女	16.0（13.0，19.5）	18.0（15.0，20.0）	10.0（8.0，11.0）	16.0（14.0，19.0）	19.0（16.0，22.0）	80.0（69.0，88.0）
	Z	1.3	1.7	-0.8	-0.2	-2.8	0.0
	P	0.186	0.084	0.414	0.847	0.005	0.979
年级	初一	16.0（12.0，18.0）	17.0（13.8，20.0）	9.0（7.0，11.0）	16.0（14.0，18.0）	19.0（15.0，22.0）	76.0（64.0，86.0）
	初二	17.0（14.0，20.0）	18.0（16.0，20.0）	10.0（8.0，12.0）	17.0（15.0，19.0）	20.0（17.0，23.0）	83.0（73.3，91.0）
	初三	16.0（12.0，19.0）	18.0（14.0，20.0）	10.0（8.0，12.0）	16.0（14.0，19.0）	20.0（17.0，23.0）	78.0（69.0，88.0）
	Z	14.9	12.0	13.8	16.6	11.3	25.7
	P	0.001	0.003	0.001	<0.001	0.003	<0.001
留守	是	16.0（13.0，19.0）	18.0（15.0，20.0）	10.0（8.0，12.0）	17.0（14.0，19.0）	20.0（17.0，23.0）	80.0（71.0，88.0）
	否	16.0（12.5，19.0）	18.0（14.0，20.0）	10.0（8.0，11.0）	16.0（14.0，19.0）	19.0（16.5，22.0）	79.0（68.0，88.0）
	Z	-0.7	-0.9	-1.4	-0.6	-1.1	-1.4
	P	0.503	0.368	0.161	0.544	0.273	0.167
住宿	是	16.0（13.0，19.0）	18.0（15.0，20.0）	10.0（8.0，12.0）	17.0（14.0，19.0）	20.0（17.0，23.0）	80.5（70.0，88.0）
	否	15.0（12.0，19.0）	17.0（14.0，20.0）	10.0（7.0，11.0）	16.0（14.0，18.0）	18.0（16.0，22.0）	77.0（66.0，87.0）
	Z	-2.1	-1.6	-1.9	-1.2	-2.3	-2.5
	P	0.036	0.113	0.058	0.212	0.021	0.012

注：M：中位数；P_{25}：下四分位数；P_{75}：上四分位数。

表 5-2 湘西州农村学校受校园欺凌初中生心理健康状况[M（P_{25}，P_{75}）]

	认知维度	思维维度	情绪维度	意志行为维度	个性维度	总分
言语欺凌						
从未	16.0（14.0, 20.0）	18.0（15.0, 20.0）	10.0（8.0, 12.0）	17.0（14.0, 19.0）	20.0（17.0, 23.0）	81.0（71.3, 90.0）[c]
轻度	16.0（12.0, 19.0）[c]	[c]18.0（14.0, 20.0）	10.0（8.0, 11.0）	16.0（14.0, 19.0）	19.0（16.0, 22.0）[c]	79.0（69.0, 87.0）
重度	15.0（11.0, 16.0）[a]	[a]15.0（11.0, 18.0）	[a]10.0（7.0, 11.0）[a]	15.0（12.0, 17.0）	18.0（14.3, 22.8）	71.0（60.3, 82.0）[a]
Z	19.1	15.3	7.3	7.0	9.8	20.9
P	<0.001	<0.001	0.026	0.030	0.007	<0.001
躯体欺凌						
从未	16.0（13.0, 19.0）	18.0（15.0, 20.0）	10.0（8.0, 12.0）	17.0（14.0, 19.0）	20.0（17.0, 23.0）	81.0（71.0, 89.0）[c]
轻度	15.0（11.0, 18.0）[c]	16.0（13.0, 19.0）[c]	9.0（7.0, 11.0）[c]	16.0（13.0, 18.0）[c]	18.0（15.0, 21.0）[c]	75.0（63.0, 84.0）[c]
重度	16.0（11.0, 17.0）[a]	17.0（14.0, 18.8）	8.0（6.3, 9.8）[a]	15.0（11.3, 19.0）[a]	19.5（16.3, 23.8）	77.0（60.5, 85.8）[a]
Z	12.7	11.0	9.2	7.1	9.3	18.6
P	0.002	0.004	0.010	0.029	0.010	<0.001
性欺凌						
从未	16.0（13.0, 19.0）	18.0（15.0, 18.0）	10.0（8.0, 12.0）	17.0（14.0, 19.0）	20.0（17.0, 23.0）	80.0（71.0, 88.0）
轻度	15.0（12.0, 19.0）[c]	17.0（14.0, 17.0）	10.0（8.0, 11.0）	16.0（13.0, 19.0）[c]	19.0（16.0, 23.0）[c]	76.0（64.0, 88.0）[c]
重度	14.0（9.0, 17.0）[a]	16.0（12.5, 16.0）	9.0（7.0, 11.5）	16.0（12.0, 19.0）	20.0（14.5, 22.5）	76.0（60.5, 84.0）[a]
Z	15.2	7.1	2.0	3.0	1.0	10.5
P	<0.001	0.029	0.377	0.227	0.602	0.005
情感欺凌						
从未	16.0（14.0, 19.0）	18.0（15.0, 20.0）	10.0（8.0, 12.0）	17.0（14.0, 19.0）	20.0（17.0, 23.0）	81.0（72.0, 89.0）
轻度	15.0（11.0, 18.0）[c]	17.0（13.0, 20.0）[c]	9.0（7.0, 11.0）[c]	16.0（13.0, 18.0）	19.0（16.0, 22.0）[c]	75.0（64.0, 86.0）[c]
重度	15.0（11.0, 18.0）[a]	16.0（11.5, 19.0）[a]	9.0（7.0, 10.5）[a]	16.0（12.5, 18.0）	19.0（13.0, 24.0）	74.0（59.5, 83.5）[a]
Z	22.5	20.2	13.3	10.9	8.1	29.4
P	<0.001	<0.001	0.001	0.004	0.018	<0.001

注：（1）a表示"重度－从未"，b表示"重度－轻度"，c表示"轻度－从未"差异有统计学意义（$P<0.05$）；
（2）M：中位数；P_{25}：下四分位数；P_{75}：上四分位数。

表 5-3　湘西州农村学校初中生校园欺凌与心理健康各维度的偏相关性（r）

	认知维度	思维维度	情绪维度	意志行为维度	个性维度
言语欺凌	-0.224***	0.075*	-0.083*	-0.092**	-0.114**
躯体欺凌	-0.100**	-0.083**	-0.067	-0.081*	-0.058
性欺凌	-0.248***	-0.096**	-0.031	-0.061	-0.072*
情感欺凌	-0.261***	-0.262***	-0.164**	-0.170**	-0.087*

注：*表示 $P<0.05$；**表示 $P<0.01$；***表示 $P<0.001$。

湘西州农村学校初中生各种类型的校园欺凌均对心理健康造成不同程度的影响，这同国外学者的研究结论一致，遭受校园欺凌的学生自杀、抑郁、焦虑、睡眠障碍等明显高于未遭受校园欺凌的学生，受欺凌程度越高心理问题的检出率也越高。从各种类型的欺凌对影响程度来看，言语欺凌对中学生心理健康状况影响最大，言语欺凌在本研究中主要指被恶意取笑、被威胁恐吓，长期遭受言语欺凌的青少年，承受着欺凌者的指责、羞辱，容易造成忧伤、焦虑、恐惧、自卑等不良的情绪，并随着时间推移易产生不良认知，对心理健康造成严重的影响。研究显示，即使是轻度校园欺凌对初中生心理健康状况也有显著的影响，这可能是因为初中生正处于青春期，有强烈的交往需求，对关乎自身形象的信息非常敏感，偶尔的校园欺凌对其自尊、自信、安全感等方面仍有较大的影响，显著影响其心理健康。以往研究往往更重视对重度欺凌的研究，忽视了对于轻度校园欺凌的研究，本研究结果也提醒教师和家长应加大对轻度校园欺凌的关注力度。

综上所述，湘西州农村学校初中生校园欺凌发生率较高，遭受校园欺凌造成初中生心理健康不同程度地下降。为此，家庭、学校、社会应加强联合行动，共同遏制校园欺凌的发生。家庭应加大对子女的关注力度，构建平等交流的平台，及时发现早期制止，家长还应注重对子女优良品质和健全个性的培养和引导。学校要加强对教师的培训，增加教师、学生对校园欺凌的认知和辨识能力，加强对学生的管理和对学校弱势学生的关注力度，早介入和制止校园欺凌的发生。政府应统筹社会环境综合治理，加强对社会主义核心价值观的宣传工作，严格影视作品的审查，明确学校、家庭在青少年受教育过程中的责任，完善校园欺凌相关法律法规，预防和减少农村学校校园欺凌的发生，促进农村青少年健康成长。

第二节　儿童忽视与健康危险行为的关系

儿童忽视和健康危险行为的发生都会对儿童的身心健康产生深远影响。受到忽视的儿童，由于缺乏监护人有效的监督和管束，很容易混入一些社会不良群体当中，从而形成一些不良行为习惯，发生较多的健康危险行为。同时，由于不能很好地获得监护人为其提供的预防伤害的防范措施和安全教育，导致车祸、溺水、触电、自杀、打斗等意外伤亡事件也屡见不鲜。可见，儿童忽视与健康危险行为之间存在一定联系。随着新型城镇化和全面建设小康社会进程的加快，武陵山区越来越多的父母外出务工，这使得儿童在成长过程中，一方面缺乏父母的关注与呵护，在身心发育、情感交流、医疗保健、安全保障、教育机会等方面受到忽视的风险明显加大；另一方面由于缺乏父母有效的监督和管束，更易受到社会不良风气的影响而产生心理和行为偏差，使得诸如自杀、抑郁、吸烟、打架等健康危险行为呈多发态势。这不仅直接或潜在地威胁着武陵山区儿童的身心健康，而且给地方稳定和社会和谐发展造成一定影响。

武陵山区是我国内陆跨省交界地区面积最大、人口最多的少数民族聚居区，苗族是该地区主要世居少数民族。在《健康中国 2030 规划纲要》实施大背景下，加强儿童忽视与健康危险行为的研究更具理论意义和应用价值。理论意义：（1）丰富少数民族儿童忽视研究内容，完善少数民族儿童青少年健康危险行为研究理论体系；（2）为连片特困民族地区儿童忽视、健康危险行为的影响因素及两者之间的内存关联研究提供基础和借鉴。应用价值：（1）为预防和干预连片特困民族地区的儿童忽视、开展忽视儿童健康教育、制定忽视儿童健康危险行为干预措施提供客观资料；（2）为促进连片特困民族地区儿童身心健康，维护其权益提供有益参考。

一、研究对象与方法

（一）研究对象

2014 年 11—12 月，采用多阶段分层整群随机抽样方法抽取调查对象。第一阶段从湘西州苗族聚居区抽取凤凰县和花垣县，土家族聚居区抽取龙山县和永顺县；第二阶段在上述 4 个县中各随机抽取 2 所农村中学作为样本学校；第三阶段则在每个被抽中的学校内初一至高三的每个年级中随机抽取 1 个教学班，共 48 个班，该班所有符合条件的学生均作为调查对象。调查对象纳入条件：（1）属于当地常住农村户口（或在当地居住满 3 年及以上）；（2）年龄在 12 ~ 17 周岁的在校中学生；（3）排除患有心理疾病、智力缺陷、神经及精神方面疾病的学生；（4）测试对象均知情同意，自愿参加。最终获得调查对象共 1 974 名，样本构成基本情况见表 2。以 1 974 名 12 ~ 17 岁中学生的忽视状况与健康危险行为的关系作为研究对象。

（二）研究方法

1. 文献资料法

根据研究目的和研究内容的需要，在图书馆（中山大学图书馆、湖南师范大学图书馆、吉首大学图书馆）、数据库平台（中国期刊全文数据库、万方数据知识服务平台、ScienceDirect 期刊全文数据库）等处查阅儿童忽视与青少年健康危险行为方面文献资料。

2. 问卷调查法

（1）武陵山区土家族、苗族学生忽视状况采用"中国农村 12 ~ 17 岁学生忽视评价常模的研制"中制定的量表进行调查。忽视评价方法：按照国际公认的儿童忽视分类，量表包括身体、情感、医疗、教育、安全、社会等 6 个忽视层面的内容，分别计算各个层面及总层面的分值，儿童在某一层面的得分值超过了该层面的界值（P_{90}），说明在该层面受到了忽视。所调查儿童在 6 个层面中的任何一个受到了忽视，就认为该儿童受到了忽视。忽视率=（受到忽视的儿童数÷被测儿童数）×100%，表示儿童受到忽视的频度，最高值为100%；忽视度=[测得儿童的忽视分值（或在某一层面的忽视分值）÷忽视满分值（或在该层面的满分值）]×100，表示儿童受到忽视的强度，最高值为100。

（2）《武陵山区土家族、苗族青少年健康危险行为调查问卷》参照《中国青少年健康相关/危险行为调查问卷（初中、高中）》修订而成，调查内容主要包括两部分。第一部分为学生基本情况，主要调查学生年级、性别、民族、住宿、是否留守等。第二部分为青少年健康危险行为，主要调查学生不良生活/饮食行为、缺乏体育锻炼行为、物质成瘾行为、精神成瘾行为、易导致伤害行为等。土家族和苗族中学生健康危险行为的判断标准依据《中国青少年健康相关/危险行为调查》的规定进行。

3. 数理统计法

采用 EpiData3.1 软件建立数据库并录入数据，应用 SPSS19.0 软件进行统计学分析。不同层面忽视儿童健康危险行为报告率，检验方法采用 χ^2 检验；儿童忽视与健康危险行为的关系采用相关分析，以 $P < 0.05$ 为差异有统计学意义。

二、不同层面受忽视儿童的健康危险行为现状

在不同层面受忽视的学生中，受身体忽视的学生不喝牛奶行为的发生率最高，为66.43%；受情感忽视的学生步行违规、上下学感到不安全、孤独、学习压力大、失眠、抑郁、自杀意念、离家出走行为的发生率均为最高，所占比例分别为 4.34%、11.48%、27.04%、39.29%、21.17%、27.81%、32.91%、49.49%；受医疗忽视的学生不吃早餐、偏食、缺乏运动、尝试吸烟、玩电游成瘾、网络成瘾行为的发生率均为最高，所占比例分别为 9.76%、31.49%、69.18%、48.12%、22.17%、9.98%；受教育忽视的学生常喝饮料、常吃甜食、非安全游泳、打架、严重受伤、现在饮酒行为的发生率均为最高，所占比例分别为 6.47%、32.50%、45.27%、

37.31%、28.03%、37.31%；受安全忽视的学生现在吸烟行为的发生率最高，为 31.29%；受社会忽视的学生尝试饮酒行为的发生率最高，为 67.74%，（见表5-4）。

表5-4　土家族与苗族不同层面忽视学生的健康危险行为现状

危险行为	身体忽视		情感忽视		医疗忽视		教育忽视		安全忽视		社会忽视	
	n	%	n	%	n	%	n	%	n	%	n	%
常喝饮料	36	5.06	21	5.36	23	5.10	39	6.47	34	5.35	29	4.25
常吃甜食	180	25.28	114	29.08	143	31.71	196	32.50	189	29.72	198	29.03
不喝牛奶	473	66.43	242	61.73	286	63.41	357	59.20	399	62.74	412	60.41
不吃早餐	55	7.72	37	9.44	44	9.76	56	9.29	58	9.12	47	6.89
偏食	186	26.12	118	30.10	142	31.49	153	25.37	163	25.63	184	26.89
缺乏运动	474	66.57	236	60.20	312	69.18	373	61.86	430	67.61	446	65.40
步行违规	21	2.95	17	4.34	15	3.33	25	4.15	25	3.93	25	3.67
非安全游泳	313	43.96	165	42.09	202	44.79	273	45.27	276	43.40	295	43.26
上下学感不安全	55	7.72	45	11.48	38	8.43	58	9.62	55	8.65	52	7.62
打架	224	31.46	135	34.44	153	33.92	225	37.31	225	35.38	247	36.22
孤独	148	20.79	106	27.04	102	22.62	118	19.57	147	23.11	135	19.79
学习压力大	224	31.46	154	39.29	152	33.70	191	31.67	197	30.97	237	34.75
失眠	116	16.29	83	21.17	85	18.85	92	15.26	114	17.92	101	14.81
抑郁	154	21.63	109	27.81	117	25.94	139	23.05	130	20.44	144	21.11
自杀意念	154	21.63	129	32.91	121	26.83	141	23.38	132	20.75	148	21.70
离家出走	206	28.93	194	49.49	177	39.25	220	36.48	203	31.92	215	31.52
严重受伤	194	27.25	109	27.81	120	26.61	169	28.03	178	27.99	189	27.71
尝试吸烟	318	44.66	178	45.41	217	48.12	268	44.44	295	46.38	302	44.28
现在吸烟	195	27.39	106	27.04	125	27.72	183	30.35	199	31.29	181	26.54
尝试饮酒	451	63.34	284	72.45	297	65.85	386	64.01	384	60.38	462	67.74
现在饮酒	226	31.74	139	35.46	141	31.26	225	37.31	219	34.43	209	30.65
玩电游成瘾	131	18.40	84	21.43	100	22.17	131	21.72	126	19.81	129	18.91
网络成瘾	53	7.44	37	9.44	45	9.98	57	9.45	55	8.65	47	6.89

三、儿童忽视与健康危险行为的相关性

身体忽视与常吃甜食、不喝牛奶、不吃早餐、缺乏运动、上下学感到不安全、孤独、学习压力大、失眠、抑郁、自杀意念、尝试吸烟、现在吸烟呈正相关（$P<0.05$）；情感忽视与不喝牛奶、不吃早餐、偏食、步行违规、上下学感到不安全、孤独、学习压力大、失眠、抑郁、自杀意念、离家出走、尝试饮酒、现在饮酒、玩电游成瘾、网络成瘾呈正相关（$P<0.05$）；医疗忽视与不喝牛奶、不吃早餐、偏食、缺乏运动、孤独、学习压力大、失眠、抑郁、自杀意念、离家出走、尝试吸烟、玩电游成瘾、网络成瘾呈正相关（$P<0.05$）；教育忽视与常喝饮料、不喝牛奶、不吃早餐、缺乏运动、步行违规、上下学感到不安全、打架、学习压力大、失眠、抑郁、自杀意念、离家出走、现在吸烟、现在饮酒、玩电游成瘾、网络成瘾呈正相关（$P<0.05$）；安全忽视与常喝饮料、不吃早餐、缺乏运动、步行违规、上下学感到不安全、打架、孤独、失眠、自杀意念、离家出走、尝试吸烟、现在吸烟、尝试饮酒、现在饮酒、网络成瘾呈正相关（$P<0.05$）；社会忽视与不吃早餐、缺乏运动、步行违规、上下学感不安全、打架、孤独、学习压力大、失眠、抑郁、自杀意念、离家出走呈正相关（$P<0.05$）（见表5-5）。

表 5-5　土家族与苗族学生忽视与健康危险行为的相关系数

危险行为	身体忽视	情感忽视	医疗忽视	教育忽视	安全忽视	社会忽视
常喝饮料	0.034	0.010	0.010	0.075**	0.061*	0.043
常吃甜食	0.062*	0.043	0.036	0.054	0.035	0.004
不喝牛奶	0.146**	0.069*	0.074*	0.077**	0.059	0.057
不吃早餐	0.08**	0.071*	0.086**	0.092**	0.124**	0.068*
偏食	0.008	0.050*	0.072**	0.005	0.001	0.022
缺乏运动	0.134**	0.025	0.125**	0.056*	0.137**	0.112**
步行违规	0.031	0.056*	0.040	0.078**	0.091**	0.061*
非安全游泳	0.019	0.006	0.023	0.034	0.010	0.008
上下学感不安全	0.144**	0.089**	0.051	0.098**	0.078**	0.077**

续表

危险行为	身体忽视	情感忽视	医疗忽视	教育忽视	安全忽视	社会忽视
打架	0.011	0.039	0.037	0.093**	0.068**	0.085**
孤独	0.095**	0.147**	0.084**	0.046	0.110**	0.056*
学习压力大	0.081**	0.126**	0.084**	0.067*	0.053	0.112**
失眠	0.096**	0.121**	0.088**	0.064*	0.086**	0.062*
抑郁	0.06**	0.118**	0.103**	0.077**	0.034	0.048*
自杀意念	0.081**	0.197**	0.132**	0.102**	0.058*	0.079**
离家出走	0.019	0.234**	0.138**	0.127**	0.063**	0.060**
严重受伤	0.007	0.002	0.013	0.005	0.005	0.001
尝试吸烟	0.046*	0.038	0.071**	0.038	0.066**	0.039
现在吸烟	0.045*	0.026	0.037	0.085**	0.104**	0.030
尝试饮酒	0.03	0.075**	0.007	0.017	0.070**	0.038
现在饮酒	0.013	0.048*	0.004	0.091**	0.052*	0.005
玩电游成瘾	0.008	0.045*	0.059**	0.064**	0.033	0.018
网络成瘾	0.036	0.065**	0.083**	0.086**	0.067**	0.018

儿童忽视会给孩子的认知、社会情感、行为的发育产生短期或长期的、严重的有害影响，可让儿童在生长发育过程中产生不良的社会或情感反应，造成其心理、体格、行为的失常或变态。本次调查发现，身体、情感、医疗、教育、安全层面的忽视与多数健康危险行为呈显著正相关，在情感方面的忽视会引起儿童心理方面的问题，易发生孤独、学习压力大、失眠、抑郁、自杀意念、离家出走等危险行为；教育、医疗层面受到忽视的儿童在不良饮食、缺乏运动、非故意伤害、精神成瘾等方面表现突出。当父母在情感方面与孩子交流少、沟通少，孩子在内心就产生不良情绪，而这种不良情绪又会引起孩子行为上的异常，发生健康危险行为。由于孩子在营养健康、运动健康、医疗卫生等方面知识的缺乏，造成思想认识上对饮食、运动、卫生等方面不够重视，因而发生不良饮食、缺乏运动等危险行为。

四、受忽视儿童健康危险行为改善对策

（一）积极贯彻落实相关法规政策，切实保障儿童权利

2011 年颁布的《中国儿童发展纲要（2011—2020 年）》中强调：预防和制止家庭虐待、忽视和暴力等事件的发生是我国 2011—2020 年社会发展和儿童福利的重要目标。儿童忽视问题的解决关系到未来人口的素质以及社会的稳定和发展，武陵山区土家族、苗族儿童忽视状况不容乐观。因此，政府必须予以高度重视，充分发挥核心主导作用，结合当地的具体情况，细化和落实《儿童权利公约》《中华人民共和国未成年人保护法》《中华人民共和国义务教育法》《学校体育工作条例》《学校卫生工作条例》等法规，认真贯彻《教育部等部门关于进一步加强学校体育工作若干意见的通知》等有关文件精神，加大对武陵山区教育行政部门和学校贯彻落实相关法规和政策的督促检查力度，促使相关法规和政策得到真正贯彻落实。呼吁政府与非政府组织、社会各界、群众团体共同关注儿童忽视问题，从不同的角度采取有效措施或实际行动，改善儿童生活和生长的政治环境、社会环境和自然环境，创造更加和谐、完美和适合儿童健康成长的条件和氛围。

（二）加强学校体育卫生工作，积极开展健康促进活动

学校体育卫生工作开展情况直接关系到儿童青少年身心健康发展，针对武陵山区土家族、苗族儿童青少年健康危险行为普遍存在的现象，应大力开展以生活技能教育为基础的健康促进活动，提高学生应对压力的能力和自我保护意识，使其充分了解危险行为的危害和自身发生危险行为的潜在危机，形成积极、负责任、健康的生活态度，远离危险行为，从而降低危险行为增加的程度；开展心理健康咨询，通过设立心理咨询信箱，指导老师定期开展专题讲座和"心理热线"等方式，为青少年创设了一个宽松、和谐的诉说氛围，及时了解青少年的心理动态；给予儿童青少年（特别是留守儿童）更多的关爱，使其形成积极乐观、健康向

上的生活态度，提高其心理社会适应能力，增强其自身抵御外界不良因素影响的能力；多渠道、多层次、多方面地引导土家族、苗族青少年正确处理各种压力及情绪困扰等生活不良事件。同时，学校应尽早开展控烟、控酒、健康饮食、自我安全等方面的教育。

（三）加大宣传教育，关注儿童青少年身心全面健康

为了促进武陵山区土家族、苗族儿童青少年身心健康发展，当地政府可借助报刊、广播、电视、音像制品、网络等宣传工具，广泛开展健康教育和健康促进工作，提高群众对儿童忽视及其危害的认识，掌握防止忽视儿童的基本知识，建立正确的养育观和科学的养育技能。学校作为宣传教育的重要场所，应针对祖辈家长们有计划、分阶段地开展健康教育课程，提高家长们对忽视问题的认识和重视、对健康危险行为普遍性和危害性的认识，使其充分认识到孩子良好行为习惯养成的重要性，并定期进行各种健康危险行为预防的专题讲座。依托家访和家长会等形式，加强和家长（监护人）的联系和沟通，及时发现孩子各方面的问题，共同做好孩子的生活管理、学业支持和品行塑造的工作。通过形式多样的宣传教育渠道，让祖辈家长们提高认识，不仅关注孩子的学习成绩，更要关注他们的身心全面健康以及良好行为习惯的养成。同时，学校应开展针对中小学生的健康教育，特别是心理健康方面的教育，提高学生自我意识和心理社会适应能力，增强其自身抵御外界不良因素影响的能力，形成积极乐观、健康向上的生活态度，养成健康的生活方式。

（四）调动儿童青少年自身积极性，养成良好生活习惯

在认知领域里，信念、态度、判断、感知力和期望决定了人们对所处环境的体验及行为反应[121]。儿童成长阶段行为习惯的养成，除了受外部环境的影响之外，自身因素的影响也至关重要，所以为了预防和减少儿童青少年健康危险行为的发生，学生应通过学习不断地完善和提升自己，从而善于发现自身存在的不足，并予以及时的改进，以此不断地提

高自身的适应能力，增强自我控制能力。认真学习生活技能，提高自我安全意识、自我保护意识和自我锻炼意识。在日常生活和学习中，主动与他人交往，培养自己的社交能力，如找朋友谈心，排遣无聊抑郁的情绪，学习有困难时，主动寻找老师和同学的帮助；把父母看成自己的朋友，经常和父母交流，理解父母的心思与想法等。同时，树立正确的世界观、人生观和价值观，提高修养、健全人格，养成良好的行为习惯和健康的生活方式。

第三节 青少年体质健康状况与健康危险行为的关系

近年来，随着国际化程度的提高，青少年的社会生活环境和生活方式面临许多相似的问题，体质健康的变化趋势也相似，如超重肥胖比例增加、身体素质下降、健康危险行为突出等，这些问题引起了世界各国学者的广泛关注与深入研究。如，WHO 西太区 2003 年在 40 余个发展中国家/地区进行了青少年健康危险行为及其相关问题调查；美国"青少年健康危险行为监测系统"（YRBSS）在 1991—2015 年先后成功开展了 13 次大规模的监测活动；日本文部省（2003）"日本儿童青少年在过去 30 年来，由于缺乏体育锻炼、饮食不科学等不良生活方式的影响，出现体质下降"；Robert W.，Trisha Beu-hring 等（2000）"不但收入、家庭结构对健康行为有影响，种族也是影响青少年健康行为的要素之一"；J.Richard Udry，Rose Maria Li 等（2003）"混合种族的青少年比单一种族的同龄人有着更高的健康行为风险"；Dollman J.，Ridley K.，Olds T.等（2007）"影响青少年健康和健康行为的因素有：经济条件、家庭结构、父母的行为、朋友和学校环境"；J. C. Eisenmann，R. T. Bartee，D. T. Smith 等（2008）"网络、游戏、电视的影响是青少年体质持续下降最大的根源"等。中华人民共和国成立 70 多年来，尤其是改革开放以后，我国少数民族生活的社会环境发生了极大变化，这种变化使其行为方式产生较大转变，多项健康危险行为伴随而生，这不仅影响少数民族青少年的体质水平，而且直接或潜在地威胁其健康状况，同时给地方稳定和民族团结造成一定影响。目前有关少数民族青少年体质与健康危险行为的研究、报道都较少。

一、研究对象与方法

（一）研究对象

于 2014 年 10—11 月随机从湘西州苗族聚居的凤凰县和土家族聚居的永顺县 各抽取 2 所中学（城乡中学各 1 所）作为调研学校，再以年级分层，从每个年级 中随机抽取 2 个教学班进行体质测试，有效样本共计 986 人，其中，土家族学生 539 人（男生 238 人、女生 301 人），苗族学生 447 人（男生 223 人、女生 224 人）。年龄为 11～16 岁，平均为 13.90 士 1.12 岁。

（二）研究方法

1. 测试方法及指标

土家族、苗族青少年体质测试方法按照《国家学生体质健康标准解读》[122]有关要求进行。测试指标主要包括身高、体重、肺活量、50 m 跑、坐位体前屈、立定跳远、引体向上（男生）、1 min 仰卧起坐（女生）、1 000 m 跑（男生）、800 m 跑（女生）。体质测试同时进行健康危险行为问卷调查，为体质水平与健康危险行为的关系研究提供基础数据。

2. 体质水平等级评价

体质水平等级评价：采用加权平均型综合评价模型进行评价[123]，数学模型为：$W = \sum_{i=1}^{n} k_i x_i \left(\sum_{i=1}^{n} k_i = 1 \right)$

[公式中 W 为综合评价值，n 为评价指标的个数，x_i 为各评价指标的数值（评定参考 2014 年《国家学生体质健康标准》单项指标评分表[124]），k_i 为各评价指标的权重（评定参考 2014 年《国家学生体质健康标准》单项指标与权重[124]）]。根据学生总分评定等级：90.0 分及以上为优秀，

80.0～89.9 分为良好，60.0～79.9 分为及格，59.9 分及以下为不及格。

3. 营养状况筛选标准

土家族、苗族学生营养状况的筛选标准主要采用教育部、国家体育总局颁布的《国家学生体质健康标准（2014 年修订）》中的身高标准体重评分标准，（1）营养不良：$<P_{80}（1-20\%）$；② 较低体重：$<P_{80}（1-10\%）$～$>P_{80}（1-20\%）$；③ 正常体重：$P_{80}（1-10\%）$～$P_{80}（1+10\%）$；④ 超重：$>P_{80}（1+10\%）$～$<P_{80}（1+20\%）$；⑤ 肥胖：$>P_{80}（1+20\%）$，并结合武陵山区学生生长发育特点进行营养状况的筛选。此处所指的 P_{80}，是按身高体重标准（身高组距为 1 厘米）取同身高体重的第 80 百分位数为标准。另外，肥胖的筛选还参考 2003 年国际生命科学会中国肥胖工作组（WGOC）制定的中国儿童青少年超重、肥胖 BMI 分类标准。

二、青少年营养状况构成情况

986 名土家族和苗族青少年中，营养不良检出率为 9.94%，肥胖检出率为 5.68%；男、女学生营养状况差异不具统计学意义（P 值均＞0.05）（见表 5-6）。

表 5-6　土家族、苗族青少年营养状况检出率

	N	营养不良		较低体重		正常体重		超重		肥胖	
		n	%	n	%	n	%	n	%	n	%
男	431	38	8.82	108	25.06	235	54.52	21	4.87	29	6.73
女	555	60	10.81	147	26.49	291	52.43	30	5.41	27	4.86
合计	986	98	9.94	255	25.86	526	53.35	51	5.17	56	5.68
χ^2			1.078		0.258		0.427		0.141		1.573
P			0.299		0.611		0.514		0.708		0.210

三、不同营养状况青少年健康危险行为比较

肥胖组中经常大量喝饮料的学生最多，超重组相对较多，正常组较

少（χ^2=21.237，P=0.007）；肥胖组中经常吃西式快餐的学生最多（χ^2=17.208，P=0.028）；营养不良组中有时吃早餐的学生相对较多，正常组中经常或每天吃早餐的学生相对较多、不吃或少吃早餐的较少，肥胖组和超重组中不吃或少吃早餐的学生相对较多（χ^2=16.166，P=0.040）；营养不良组和低体重组中偏食的学生相对较多（χ^2=10.004，P=0.040）（见表5-7）。肥胖组和超重组中网络成瘾的学生相对较多，正常组较少（χ^2=13.063，P=0.011）；肥胖组中缺乏锻炼的学生相对较多，正常组较少（χ^2=9.580，P=0.048）（见表5-8）。肥胖组和超重组中经常或总是感到孤独的学生较多，正常组中从不感到孤独的学生比例最高（χ^2=27.928，P=0.000）；营养不良组中经常或总是失眠的学生相对较多（χ^2=20.929，P=0.007）（见表5-9）。

湘西州土家族、苗族中学生营养不良发生率接近10%，高于岳阳[125]、抚顺[126]等地的相关报道，学生经常喝牛奶/豆浆的报告率远低于北京[127]、南京[128]的调查结果。湘西州是经济相对贫困地区，由于食物来源的局限性以及学生监护人营养知识的缺乏和学校健康教育的落后等原因，使得学生（特别是农村学生）对于牛奶、豆浆等营养物质的摄入量较经济发达地区的城市学生明显偏低，致使湘西州农村学生的营养不良仍是一个突出的营养问题，提示湘西州在快速发展地区经济的同时，要把改善学生营养不良作为一项重要任务常抓不懈。

饮食行为作为健康相关性行为的一部分，是在儿童青少年时期建立并发展起来的，它不仅保证了儿童良好的营养状态，而且对成年后的饮食行为建立和健康产生深刻的影响[129-130]。调查发现，不良饮食行为在湘西州土家族、苗族中学生营养状况中存在差异。经常大量喝饮料、经常吃西式快餐的学生肥胖发生率较高，偏食的学生更易发生营养不良，不吃或少吃早餐的学生营养状况更易出现问题。饮料中含糖量较高，西式快餐属高脂肪、高热量食物，两者均与儿童青少年肥胖密切相关。近年来研究显示，不断增加的儿童青少年肥胖率与快餐和软饮料的摄入过多有关[131-132]。偏食行为会引起能量和营养摄入不均衡，进而影响儿童青少

表 5-7　土家族、苗族不同营养状况青少年饮食相关行为报告率

健康危险行为	营养不良		低体重		正常体重		重		肥胖		χ²值	P值
	n	%	n	%	n	%	n	%	n	%		
喝饮料											21.237	0.007
不饮/少饮	76	77.55	205	80.39	418	79.47	40	78.43	34	60.71		
偶尔饮	17	17.35	37	14.51	85	16.16	7	13.73	12	21.43		
经常大量饮	5	5.10	13	5.10	23	4.37	4	7.84	10	17.86		
吃甜食											3.322	0.913
不吃/少吃	45	45.92	114	44.71	216	41.06	19	37.25	21	37.50		
偶尔吃	23	23.47	61	23.92	146	27.76	15	29.41	15	26.79		
经常吃	30	30.61	80	31.37	164	31.18	17	33.33	20	35.71		
吃西式快餐											17.208	0.028
从不/较少	97	98.98	252	98.82	520	98.86	50	98.04	52	92.86		
经常吃	1	1.02	2	0.78	6	1.14	1	1.96	4	7.14		
几乎天天吃	0	0.00	1	0.39	0	0.00	0	0.00	0	0.00		
喝牛奶/豆浆											10.067	0.260
不喝/少喝	80	81.63	188	73.73	374	71.10	33	64.71	38	67.86		
较常喝	14	14.29	52	20.39	104	19.77	13	25.49	11	19.64		
经常喝	4	4.08	15	5.88	48	9.13	5	9.80	7	12.50		
吃早餐											16.166	0.040
不吃/少吃	14	14.29	31	12.16	43	8.17	9	17.65	9	16.07		
有时吃	16	16.33	28	10.98	47	8.94	6	11.76	5	8.93		
经常或每天吃	68	69.39	196	76.86	436	82.89	36	70.59	42	75.00		
偏食											10.004	0.040
否	80	81.63	210	82.35	469	89.16	46	90.20	50	89.29		
是	18	18.37	45	17.65	57	10.84	5	9.80	6	10.71		

表5-8 土家族、苗族不同营养状况青少年缺乏锻炼、吸烟饮酒、网络成瘾行为报告率

健康危险行为	营养不良		低体重		正常体重		超重		肥胖		χ^2值	P值
	n	%	n	%	n	%	n	%	n	%		
缺乏锻炼											9.580	0.048
否	47	47.96	121	47.45	294	55.89	27	52.94	22	39.29		
是	51	52.04	134	52.55	232	44.11	24	47.06	34	60.71		
吸烟											2.954	0.996
没吸过	84	85.71	219	85.88	450	85.55	44	86.27	49	87.50		
较少吸	10	10.20	27	10.59	59	11.22	5	9.80	5	8.93		
经常吸	2	2.04	2	0.78	4	0.76	1	1.96	1	1.79		
频繁吸	2	2.04	7	2.75	13	2.47	1	1.96	1	1.79		
饮酒											11.323	0.501
从不喝	74	75.51	191	74.90	396	75.29	32	62.75	43	76.79		
较少喝	23	23.47	54	21.18	103	19.58	16	31.37	11	19.64		
经常喝	1	1.02	3	1.18	12	2.28	2	3.92	0	0.00		
频繁喝	0	0.00	7	2.75	15	2.85	1	1.96	2	3.57		
网络成瘾											13.063	0.011
否	92	93.88	240	94.12	509	96.77	46	90.20	49	87.50		
是	6	6.12	15	5.88	17	3.23	5	9.80	7	12.50		

表 5-9 土家族、苗族不同营养状况青少年不良心理行为报告率

健康危险行为	营养不良 n	营养不良 %	低体重 n	低体重 %	正常体重 n	正常体重 %	超重 n	超重 %	肥胖 n	肥胖 %	χ^2值	P 值
自杀意念												
否	87	88.78	231	90.59	480	91.25	41	80.39	52	92.86	7.003	0.136
是	11	11.22	24	9.41	46	8.75	10	19.61	4	7.14		
孤独												
从不	15	15.31	51	20.00	140	26.62	10	19.61	12	21.43	27.928	0.000
很少或有时	75	76.53	179	70.20	325	61.79	29	56.86	30	53.57		
经常或总是	8	8.16	25	9.80	61	11.60	12	23.53	14	25.00		
失眠												
从不	36	36.73	87	34.12	183	34.79	22	43.14	14	25.00	20.929	0.007
很少或有时	51	52.04	144	56.47	324	61.60	24	47.06	37	66.07		
经常或总是	11	11.22	24	9.41	19	3.61	5	9.80	5	8.93		
学习压力大												
从不	11	11.22	34	13.33	92	17.49	10	19.61	15	26.79	12.682	0.123
很少或有时	68	69.39	181	70.98	369	70.15	32	62.75	33	58.93		
经常或总是	19	19.39	40	15.69	65	12.36	9	17.65	8	14.29		
抑郁												
否	87	88.78	228	89.41	476	90.46	44	86.27	46	82.14	4.323	0.364
是	11	11.22	27	10.59	50	9.51	7	13.73	10	17.86		

年的生长发育。李颖[133]的研究也表明挑食是营养不良发生的危险因素。
早餐提供的能量和营养素对儿童少年膳食营养状况及健康的重要作用是
其他餐次无法替代的，不吃早餐或早餐质量不好，是引起全天能量和营
养素摄入不足的主要原因之一，长此以往还可导致儿童少年营养缺乏，
甚至影响他们的生长发育[134-137]。长期不吃或不科学地吃早餐对身体健康
有严重的危害，可能导致肥胖和诱发胃炎、胆结石等消化系统疾病[138]。

调查还发现，有网络成瘾行为的学生，其肥胖发生率相对较高，这
可能与沉迷网络的学生长时间静坐于电脑前，导致体内脂肪堆积有关。有
研究表明，每日长时间静坐是肥胖的危险因素[139]。肥胖组中缺乏锻炼的
学生构成比最高，这与体力活动减少使青少年超重和肥胖的风险增加[140]、
体育活动少是造成儿童肥胖的首要因素[141]、体力活动不足是肥胖的一个
重要的独立危险因素[142]、儿童身体活动的减少甚至比能量摄入过多对发
生肥胖的作用更大[143-147]等结论相一致。肥胖组中经常或总是感到孤独的
学生相对较多，这可能是因为肥胖臃肿的外形影响着儿童自我意识形成，
加上同伴不友好的态度以及自身的消极情绪，使肥胖儿童变得孤僻、不
愿交往，失去了许多与同伴交往、锻炼社交能力的机会[148]。经常或总是
失眠的学生更易发生营养不良，这可能是由于经常失眠的学生长期睡眠
质量不高，致使精神状态和食欲俱不佳，进而影响到机体对各种营养物
质的吸收。

四、青少年体质水平等级构成情况

被调查的 986 名土家族和苗族青少年学生中，体质水平优秀 134 人，
优秀率为 13.59%；良好 510 人，良好率为 51.72%；及格 241 人，及格率
为 24.44%；不及格 101 人，不及格率为 10.24%。其中，良好率苗族高于
土家族，不及格率土家族高于苗族，差异均有统计学意义（P＜0.01）（见
表 5-10）。

表 5-10　土家族、苗族青少年体质水平等级构成

	N	优秀		良好		及格		不及格	
		n	%	n	%	n	%	n	%
土家族	447	55	12.30	206	46.09	118	26.40	68	15.21
苗族	539	79	14.66	304	56.40	123	22.82	33	6.12
合计	986	134	13.59	510	51.72	241	24.44	101	10.24
χ^2		1.152		10.413		1.694		21.961	
P		0.283		0.001		0.193		0.000	

五、不同体质水平青少年健康危险行为比较

优秀组中不喝或少喝饮料的学生相对较多，及格组中经常大量喝饮料的学生比例高于其他组；优秀组中不吃或少吃甜食的学生相对较多，良好组中经常吃甜食的学生比例高于其他组；不及格组中经常吃和几乎天天吃西式快餐的学生相对较多；不及格组中经常喝牛奶/豆浆的学生相对较少，良好组中较常喝牛奶/豆浆的学生比例高于其他组；不及格组中不吃或少吃早餐的学生相对较多，及格组中经常或每天吃早餐的学生比例高于其他组；优秀组中不偏食的学生相对较多，不及格组中偏食的学生比例高于其他组。缺乏锻炼的学生比例随着体质水平的下降而上升，不及格组中缺乏锻炼的学生比例高于其他组。不吸烟、不饮酒的学生比例随着体质水平的上升而上升，不及格组中经常和频繁吸烟、饮酒的学生比例均高于其他组。不及格组中经常或总是孤独、学习压力大、抑郁的学生比例均高于其他组；优秀组中经常或总是失眠学生相对较多，差异均有统计学意义（$P < 0.05$）（见表 5-11、5-12、5-13）。

调查显示，土、苗青少年体质水平优秀率、良好率苗族高于土家族，不及格率土家族高于苗族，说明苗族青少年体质整体水平要好于土家族，这可能与土、苗青少年生活环境、生活方式、体力活动、饮食营养以及对待体质健康测试的态度等因素有关，造成土、苗青少年体质水平差异的原因有待进一步深入研究。另外，土、苗青少年有超过 10%的体质测

试成绩不及格，提示学校、老师和家长都应对体育测试成绩给予重视，不能因学习文化课而占用或是减少学生进行体育锻炼的时间。

调查显示，不同体质水平青少年间健康危险行为存在差异。饮食行为作为健康相关性行为的一部分，是在儿童青少年时期建立并发展起来的，它不仅保证了儿童良好的营养状态，而且会持续至成人，对成人的饮食行为建立和健康产生深刻的影响。体质水平为优秀的学生在喝饮料、吃甜食、偏食等方面情况要明显好于体质水平为不及格的学生。可见，饮食行为上有更多良好的习惯不仅有助于身体健康，而且体质测试成绩也表现出较高水平。体质水平为优秀的学生在缺乏锻炼方面明显好于不及格的学生，体质水平的高低不仅与遗传、营养等因素有关，更与体育锻炼情况密不可分。体质水平为优秀的学生吸烟、饮酒等不良行为情况明显好于不及格的学生，这与学生的认知、同伴的影响以及家长的教育等多因素有关，但体质水平与吸烟、饮酒之间是否存在因果关系还有待进一步研究。体质水平为优秀的学生不良心理行为明显好于不及格的学生，说明青少年体质水平与心理行为存在一定联系，研究表明体质水平为不及格的学生表现出更多的不良心理行为，如孤独、学习压力大、抑郁等，这可能与体质水平为不及格的学生在学习上缺少积极性、生活上缺少热情等有关。土家族、苗族青少年体质水平与健康危险行为之间存在一定联系，一方面，体质水平的高低不仅会影响青少年的身心健康，而且会对某些健康危险行为产生影响；另一方面，健康危险行为同样也影响着学生的身体健康，同时与体质水平的高低也有着联系。

表5-11 土家族、苗族不同体质水平青少年饮食相关行为报告率

健康危险行为	优秀		良好		及格		不及格		χ²值	P值
	n	%	n	%	n	%	n	%		
喝饮料									16.777	0.010
不饮/少饮	122	91.04	395	76.55	181	75.10	75	78.95		
偶尔饮	11	8.21	87	16.86	44	18.26	16	16.84		
经常大量饮	1	0.75	34	6.59	16	6.64	4	4.21		
吃甜食									43.250	0.000
不吃/少吃	87	64.93	184	35.66	104	43.15	40	42.11		
偶尔吃	20	14.93	145	28.10	74	30.71	21	22.11		
经常吃	27	20.15	187	36.24	63	26.14	34	35.79		
吃西式快餐									13.870	0.031
从不/较少	131	97.76	509	98.64	240	99.59	91	95.79		
经常吃喝	3	2.24	7	1.36	1	0.41	3	3.16		
几乎天天吃	0	0.00	0	0.00	0	0.00	1	1.05		
喝牛奶/豆浆									22.003	0.001
不喝/少喝	114	85.07	352	68.22	172	71.37	75	78.95		
较常喝	9	6.72	122	23.64	49	20.33	14	14.74		
经常喝	11	8.21	42	8.14	20	8.30	6	6.32		
吃早餐									17.115	0.009
不吃/少吃	16	11.94	50	9.69	22	9.13	18	18.95		
有时吃	12	8.96	59	11.43	16	6.64	15	15.79		
经常或每天吃	106	79.10	407	78.88	203	84.23	62	65.26		
偏食									8.980	0.030
否	127	94.78	443	85.85	205	85.06	80	84.21		
是	7	5.22	73	14.15	36	14.94	15	15.79		

表 5-12　土家族、苗族不同体质水平青少年缺乏锻炼、吸烟饮酒、网络成瘾行为报告率

健康危险行为	优秀 n	优秀 %	良好 n	良好 %	及格 n	及格 %	不及格 n	不及格 %	χ^2值	P 值
缺乏锻炼										
否	94	70.15	272	52.71	108	44.81	37	38.95	29.241	0.000
是	40	29.85	244	47.29	133	55.19	58	61.05		
吸烟										
没吸过	122	91.04	445	86.24	206	85.48	73	76.84	20.181	0.017
较少吸	8	5.97	56	10.85	26	10.79	16	16.84		
经常吸	2	1.49	2	0.39	2	0.83	4	4.21		
频繁吸	2	1.49	13	2.52	7	2.90	2	2.11		
饮酒										
从不喝	120	89.55	377	73.06	175	72.61	64	67.37	22.950	0.006
较少喝	13	9.70	111	21.51	58	24.07	25	26.32		
经常喝	0	0.00	11	2.13	4	1.66	3	3.16		
频繁喝	1	0.75	17	3.29	4	1.66	3	3.16		
网络成瘾										
否	128	95.52	496	96.12	227	94.19	85	89.47	7.775	0.051
是	6	4.48	20	3.88	14	5.81	10	10.53		

表 5-13 土家族、苗族不同体质水平青少年不良心理行为报告率

健康危险行为	优秀		良好		及格		不及格		χ^2值	P值
	n	%	n	%	n	%	n	%		
自杀意念									4.702	0.195
否	122	91.04	471	91.28	218	90.46	80	84.21		
是	12	8.96	45	8.72	23	9.54	15	15.79		
孤独									13.830	0.032
从不	37	27.61	125	24.22	50	20.75	16	16.84		
很少或有时	86	64.18	333	64.53	161	66.80	58	61.05		
经常或总是	11	8.21	58	11.24	30	12.45	21	22.11		
失眠									20.296	0.002
从不	60	44.78	174	33.72	75	31.12	33	34.74		
很少或有时	58	43.28	316	61.24	152	63.07	54	56.84		
经常或总是	16	11.94	26	5.04	14	5.81	8	8.42		
学习压力大									21.703	0.001
从不	32	23.88	89	17.25	26	10.79	15	15.79		
很少或有时	81	60.45	364	70.54	181	75.10	57	60.00		
经常或总是	21	15.67	63	12.21	34	14.11	23	24.21		
抑郁									9.648	0.022
否	128	95.52	457	88.57	217	90.04	79	83.16		
是	6	4.48	59	11.43	24	9.96	16	16.84		

PART SIX

第六章

"体医融合"促进武陵山区农村儿童青少年体质健康模式

第一节 "体医融合"概述

一、"体医融合"政策

一直以来，党中央高度重视我国健康事业的发展，深切关怀人民健康，并于十九大报告中提出实施健康中国战略。健康中国战略背景下，"体医融合"应运而生。"体医融合"倡导"医疗健康干预"向"运动健康干预"转变的新理念，推行以预防为主的"自主型"健康干预新方式，为民众科学健身和预防疾病保驾护航。健康中国战略的实施，将促进形成体育与医学共同发展、体医部门协同治理的新发展格局。

中共中央、国务院 2016 年 10 月 25 日颁布的《"健康中国 2030"规划纲要》中指出体育是健康促进的重要组成部分，提出了加强非医疗手段的健康干预，形成体育和医疗为一体的健康服务模式和疾病管理模式等理念。"体医融合"成为《"健康中国 2030"规划纲要》的重要组成部分，也是深化全民健身、实现全民健康的重要举措。

2019 年 7 月，《国务院关于实施健康中国行动的意见》提出，国家层面成立健康中国行动推进委员会，制定印发《健康中国行动（2019—2030年）》，细化 15 个专项行动的目标、指标、任务和职责分工，并提出要细化落实《"健康中国 2030"规划纲要》对普及健康生活、优化健康服务等部署。同日，国务院办公厅印发《健康中国行动组织实施和考核方案》，该文件制定了健康中国行动考核指标框架，提出将主要健康指标纳入各级党委、政府绩效考核指标。一系列的具体政策对"全民健身"和"全民健康"的对接与融合提出了新的要求,为加强体育与医疗卫生等多政府部门协同治理,为形成"体医融合"的健康服务模式提供了有力的政策支持和制度保障。

二、"体医融合"概念及内涵

2007年宣海德[149]最早提出并阐释了"体医结合","体医融合"概念的前身就是"体医结合"。结合,顾名思义,就是两个物体连接到一块。"体医结合"从字面上可以理解为体育与医疗相结合。"体医融合"就是把体育运动的方式方法与现代医学理念和医学技术方法有机结合,在医疗的各环节中科学地、有方法地融入体育运动的元素;在疾病预防、临床治疗和康复锻炼各阶段中,相关专业人员综合应用医学和体育的专业知识、方法,促进人的身体健康的手段和健康干预模式,"体医融合"能贯穿人的生命健康的全过程。其本质:(1)将体育运动作为促进体质增强、疾病预防、康复与辅助治疗的一种有效手段;(2)将医学理论与方法应用于运动健身,在运动风险评估、运动伤害防护、运动伤病诊治等环节发挥作用,规避运动风险;(3)是由政府主导,社会各方面共同努力、共同参与,其目的是在运动健身、疾病预防、治疗、康复等领域共同服务于百姓健康,最终实现防控疾病发生与发展,降低医疗费用,提高生命质量。实现路径包括:(1)加强体育和医疗领域专业互通;(2)整合体育与医疗人才资源;(3)建立运动处方库;(4)与各医院内有运动疗法需求的科室密切合作,开设运动处方/科学健身指导门诊,提供运动健康服务;(5)宣传体育运动促进健康的理念,普及运动健身的科学知识,培养科学健身的生活方式[150]。

三、"体医融合"研究现状

国外"体医融合"的出现源于"文明病"的滋生,其表现形式多为健身俱乐部与医院的合作,目的是共同促进健康。在美国,早在19世纪就已经出现"体医结合",但真正尝试是在 20 世纪六七十年代,美国政府高度关注国民健康问题,开始从国家宏观政策层面部署体育与医疗相结合的治理框架,初步探索从体医结合入手,到后期"体医融合"在促进健康等方面的广泛应用,产生了良好的实践效果。同样是注重医疗健身行业的日本,与美国的健身俱乐部有异曲同工之妙。2001 年日本政府出台了《关于健康运动指导员知识和技能审定机构的认证规定(厚生劳动省 2001 年第 98 号令)》,开始倡导"体医融合"的发展理念。通过提高国民身体素质,降低国家医疗负担。2012 年在英国的国际运动科学、教育与医学大会上(ICSEMIS),体育与医学界的专家学者提出了对体育与医学的融合的期盼。梳理相关文献,发现国外对于"体医融合"的研究主要是以"运动处方"入手,由于开展时间较早,研究成果较为丰富。

相较于其他发达国家,我国"体医融合"的发展尚处于萌芽阶段,"体医融合"尚未形成固定化、模式化的内容和形式。随着经济的快速发展、生活方式的改变以及"现代文明病"的流行,"体医融合"在我国日益受到关注和讨论,近些年来学者们的研究也逐渐增多,主要集中在四个方面:

一是"体医融合"理论探讨。如,崔瑞华(2010)指出离开医学监督的体育是盲目的、不科学的,离开体育的医学是没有活力的。胡耿丹(2014)、汪波(2015)等认为"体医融合"健康促进模式是现代文明病的"克星",是实现健康生活方式的有效途径,可缓解医疗和社会经济压力。郭建军(2016)认为"体医融合"落实到学校体育,就是生长发育规律与体育教育的融合,就是慢性病防治关口前移与体育教育的融合。刘海平(2019)分析了基层体育组织制度保障、人才队伍建设及平台构建方面的制约因素,提出应构建"体医融合"促进全民健康的机制、搭建全民健康服务平台、构建"体医融合"促进全民健康的人才培养体系。沈圳(2021)研究发现:"体医融合"的研究范式由实证主义为基调的自然科学研究范式逐渐转向以诠释主义、建构主义为主的人文社会科学研究范式;研究内容由运动干预、体力活动以及运动处方为主的自然科学层面逐渐转向体育与卫生双系统之间的政策、组织制度、融合理念、合作机制等社会科学层面；研究技术路线基本遵循"问题提出—现状审视—对策提升"的研究逻辑和思路；医学研究者与体育科学研究者在体医融合的研究中出现了研究视角分化和研究重心偏差的现象。杨光（2021）研究发现"体医融合"的内在逻辑为：健康状态时"体育为主、医学为辅的联合预防"，亚健康状态时"体育与医学灵活转换的协同预防"或"体育调节、医学治疗的协作发力"，以及不健康状态时"医学治疗为支撑、体育康复与调理作支援的有力配合"；时代价值表现为：面对"健康"的准确识变、面对"疾病"的主动求变、"医学"角色的科学应变以及"体育"责任的积极转变。徐京朝（2022）提出推动服务供给由"试点化"向"普及化"转变；加强人才供给，搭建对话平台；提升个体预防意识，驱动个体健康自治；提升体育话语权，均衡体育与医学在"体医融合"中的地位四个方面的相关启示。

二是"健康中国"背景下"体医融合"现状与发展研究。如，戴素果（2017）提出通过"加强老年健康促进的宣传教育和专业人才培养、大力发展与老年健康促进相适应的体育医疗技术、构建基于老年健康大数据与互联网的信息沟通平台"的路径，提高体育锻炼与医学治疗的深度融合。王萍（2018）提出体医深度融合防治慢性病的路径研究从"健康供给侧"和"健康需求侧"两条线入手。其中"健康供给侧"又分为机构的构建和人才培养的途径与目标两方面；"健康需求侧"则分为生活方式宣教和体育文化传播两方面。针对具体路径提出优化对策，并提倡以培养运动处方师的方式实施体医深度融合。周超（2019）认为目前"体医融合"成果主要集中在体医融合与高校人才培养、体医融合与增进健康、体医融合在社区中应用、体医融合发展路径以及其他相关研究。刘海平（2020）认为"体医融合"是"健康中国"建设的助推器，从创新我国城市社区"体医融合"健康促进服务体系的运行机制、搭建中国城市社区"体医融合"健康促进服务平台、完善中国城市社区"体医融合"健康促进服务人才体系 3 个维度，构建我国城市社区"体医融合"健康促进服务体系。王世强（2020）探索了"健康中国"背景下慢性病防治的体医融合服务模式，总结出 4 种具有代表性的体医融合服务模式：① 运动处方门诊模式；② 医院健康指导模式；③ 社区体育俱乐部模式；④ 社区体质监测中心模式。李国锋（2021）提出推进"体医融合"的建议：建立"体医融合"促进全民健康的共生机制、创建科学的政策法规体系、加大宣传力度、加强体医专业人才培养力度、建立分级干预模式、构建智能化健康服务共享平台。卢扬（2021）认为构建社区"体医融合"服务体系是实现我国体育和医疗卫生发展，是经济高效地减轻医疗系统压力，提高全民健康水平，实现全民健康的必由之路。丁省伟（2022）基于系统论视角，从综合组织管理、健康教育宣传、健康信息管理、指导服务平台、分级诊疗制度、复合人才培养、资源保障服务、监督评价网络八个方面对体医深度融合体系框架进行构建。

三是"体医融合"干预研究。如，杨晓林（2010）、董晓倩（2014）等研究发现"体医融合"措施可有效改善肥胖女性形态，对高血压、糖尿病的发生有一定预防作用。邵梦霓（2019）研究表明："体医融合"的运动干预模式能够明显降低绝经后高血脂女性的血脂、提高骨密度，尤其对骨量正常者的骨密度改善更加明显。闻剑飞（2020）提出"政府主导—部门协作—企业运营—专家评估"的"体医融合"模式可以有效改善女性血压异常人群身体成分，调节血脂及降低血浆 ET-1、D-D 浓度，降压效果明显，值得推广。刘治良（2020）、王帅（2020）研究表明："体医融合"干预对社区高血压病患者的生活质量和体适能具有一定的有效影响，对糖尿病患者的生活质量、体适能、空腹血糖都有改善作用。张阳（2021）认为当前我国"体医融合"干预慢性病的模式主要有："四合作"模式、"社区体质监测中心"模式、"政府与市场相结合"模式、"运动处方门诊"模式、"运动+叶酸"模式。这些模式的核心方法都是对慢性病患者实施科学、合理的运动干预，目前已取得了一定的成效。李默（2021）提出了将体质检测与健康体检有机结合，使用 1+1+N 的体医结合健康服务新模式。通过对代谢性慢病高危人群实施"体医融合"运动干预管理后，发现运动组人群在身体形态、身体机能、身体素质及机体代谢上有显著改变。

四是"体医融合"背景下的相关研究。如，刘宇飞（2018）指出"体医融合"背景下，对运动康复专业人才需求急剧增加，建立科学的运动康复专业人才培养模式，是促进运动康复专业发展的关键。张文亮（2018）研究表明：体育健康综合体是体育与健康服务供给的新业态、新模式，其建设具有扩大体医融合型服务供给规模、促进运动健康城市创建、助力健康中国建设等价值。认为"技术融合—业务融合—市场融合"路径是成功建设综合体的必要途径，而"体育医院门诊、运动健康体检、科学健身康体、体育与健康旅游等体医融合型产品"是体育健康综合体的主要服务供给内容。崔学军（2019）认为"体医融合"是新时代背景下促进全民健康的新举措，提出了"体医融合"健康促进模式的目标、构建原则、管理组织构架、内容构架、模式应用与保障机制等。姜勇（2020）基于"体医融合"的视角探求中小学体育与健康课程的发展路径：秉承"健康第一"指导思想，提高健康教育意识；完善中小学体育与健康课程内容遵循的基本原则；加强中小学体育与健康课程实施的条件保障；丰富中小学体育与健康课程评价内涵。张安骏（2021）探讨了"体医融合"背景下的医学院校体育教学改革，指出体育学与医学领域的融合既要结合医学类院校特色发展医学的人文教育精神，又要结合体育预防、保健、康复三位一体的发展理念，打造一条属于医学类院校的体医融合之路。张学良（2021）结合《"健康中国2030"规划纲要》精神与"体医融合"思维提出成立"健康管理委员会"、改组"体医融合健康管理中心"、构建"金字塔式"健康管理模式、建设"四位一体"数据平台、加强健康教育、培养健康生活方式等大学生健康管理改革发展策略。程嘉浩（2022）采用扎根理论获得我国体育产业的多个研究维度即大健康战略、养老产业发展、健康中国战略、产业创新和人才培养等；结合主轴编码及选择性编码获得体育产业的发展模型；基于"故事线"梳理"体医融合"视角下体育产业的大健康、健康中国和"体医融合"与体育产业革新等三大产业发展模式。

第二节　"体医融合"促进体质健康的理论基础

一、"体医融合"的目的

健康对于每个人来说都至关重要，人们在关注健康的时候，都会想到与健康息息相关的运动和医疗，医疗是解决"已病"，运动是预防"未病"，所谓"体医融合"就是将运动与医学有机结合起来，是"防未病、治已病"的有机结合，将预防疾病和治疗疾病同时进行，共同促进体质健康水平。"体医融合"的理念还会督促人们养成良好的生活习惯、健康的生活方式，通过科学的体育锻炼，达到增强自身抵抗力，提高机体免疫力，提升身体素质的目的。

二、"体医融合"的动因

随着现代文明衍生而来的慢性疾病已经严重影响我国国民的身心健康。据有关研究显示，慢性病是影响中国人健康的最主要因素，我国86.7%的人死于慢性病，慢性病发生率飙升，不仅如此，慢性病已经开始危及青少年的健康，2014年北京市中小学生高血糖检出率66.6%，高血脂检出率43.2%，高尿酸检出率为39.7%，脂肪肝检出率16.0%[151]。我国多次的体质测试结果显示，多年来青少年体质健康水平下降的事实毋庸置疑，青少年的健康状态仍不容乐观，肥胖、体质弱、近视等都严重影响着青少年的健康成长。调查发现，我国青少年体力活动缺乏，仅29.9%的青少年达到WHO推荐的60 min中高强度身体活动；6~17岁儿童青少年超重率为9.6%，肥胖率为6.4%[152]。体力活动的缺乏和相应体质健康水平的降低是青少年体质下滑和肥胖流行的重要原因。体育和医学都是促进人类健康的重要手段，两者从不同角度对健康产生积极影响。体育运动在预防疾病中有着特殊的作用，医学的目标是防治疾病、维护健康；体育的目标是增强体质、促进健康，医学和体育紧密联系、共同承担着提高人类健康素质的任务。体育和医学的融合并不是简单的结合在一起，"体医融合"要"从医疗看体育，重新发现体育的功能价值，从体育看医疗，重新认识疾病本质"，运动是健康维护的必须内容，健康需要多种运动；然而离开医学监督的体育又是盲目的、不科学的。可见，体育与医学互为指导、互为影响、互为补充[153]。"促进与维护健康"，是体育学科和医学科两者都追求的方向。经济的快速增长也有利于加大"体医融合"的广度与深度，发挥"防治结合"的独特功效，有力促进"健康中国"战略的实施[154]。在健康中国的时代背景下，"体医融合"是体育学科和医学学科发展的关键特征和发展趋势，体现了健康促进新走向的概念，将会变为推进青少年体质健康建设，全面提升青少年健康素养的重要措施和依托。

三、"体医融合"的效益

"体医融合"的效益得到了大量科学研究的证实。科学合理的运动对冠心病、脑卒中和慢性阻塞性肺疾病等病症有明显的缓解作用，能进一步改善器官的机能，提高患者的生活质量[155-157]。运动还能帮助个体对抗抑郁，减少焦虑。对罹患心理疾病的患者采取运动干预，能有效减少患者抑郁、焦虑和恐怖等症状，运动导致的生理变化同抗抑郁药效果类似，促进患者身心恢复健康[158]。体育锻炼可以有效改善人们的身体素质，尤其在预防控制慢性疾病方面成效显著。现代医学不能解决所有健康问题，但是可以通过与体育相结合，在治疗中引入运动处方，有效促进疾病康复和治愈。体力活动能减少慢性病，如高血压、糖尿病、中风与癌症，还能促进健康认知和心理功能[159]。已有许多研究表明慢性病的预防、治疗及康复仅仅靠医学技术并不能从根本上得以有效解决。因此，通过提高体力活动和体质健康水平来遏制肥胖增加的趋势和其他因久坐导致的相关疾病流行十分必要[160]。对于肥胖以及包括心血管疾病、癌症、糖尿病和慢性阻塞性肺病在内的慢性病都是可以通过"体医融合"来预防、控制、减轻症状和提高生活质量。

近年来国际上的成功经验显示，加强体育锻炼在预防、控制慢性病方面具有独特而重要的作用。芬兰、美国等发达国家控制慢性病的成功经验表明，合理运动配合合理饮食是预防慢性病的最佳方法，可以显著降低各种慢性病的发生风险，降低慢性病的发病率。对于已经患病的人群，也有很好的控制疾病进展的作用。芬兰糖尿病预防研究（diabetes prevention study，DPS）和美国糖尿病预防计划（diabetes prevention program，DPP）研究结果发现通过饮食和增加体育运动来强化生活方式的改变降低了58%的糖尿病发生率，并且在 DPP 研究中生活方式改变比经典预防糖尿病的药物二甲双胍的效果更好（降低 31%的糖尿病发生率）。因此世界各国政府出台的身体活动指导，都是针对以降低慢性病的发生风险为目的的。组织编写身体活动指导的专家组，也都是包括了运动专家、疾病专家的，如美国政府出台的《2008 美国人锻炼指南》。通过运动干预，很多慢性病患者都可以达到短期、中期和长期的健康获益。而这些运动带来的变化是医疗手段，包括药物和营养无法替代的。因此，医疗界广泛认可"运动是良医"的理念。

第三节　"体医融合"促进体质健康模式构建

一、构建的目标

促使青少年充分认识"体医融合"促进体质健康的必要性和重要性，教会青少年掌握促进和维护健康的相关知识，并将知识内化为健康促进的能力；使青少年拥有健康理念，将体育意识贯穿终身；使青少年学会科学地进行体育锻炼，并能持之以恒，将锻炼行为变成一种生活习惯；教会青少年对自身健康水平做出科学的评价，学会对自身健康进行管理。以全面促进和维护青少年体质健康水平、提升青少年健康素养为最终目标。

二、构建的原则

1. 安全性原则

运动安全问题涉及多学科，运动中心脏、肾脏等脏器的安全性、血糖稳定性、运动器官伤病等运动安全问题，单独靠哪一个学科都无法独立加以保障。运动引起的心源性猝死屡见不鲜，运动引起横纹肌溶解症继而引起急性肾衰的报道也越来越多[161-162]，导致患者不敢进行有一定强度的运动，健身指导师也不敢指导，医生的运动处方医嘱无法落地。低强度的运动虽然安全但未必有效，有效的运动又未必安全，平衡考虑安全性和有效性，必须靠"体医融合"的新技术[163]。为了实现运动的安全，需要有新的医疗体制。单独靠体育，无法完成，因为有运动的风险无法控制；单独靠医疗，也无法完成，因为医生无法指导有效、全面的运动。因此，体育需要和医疗合作，形成体育与医疗合作服务模式：医生控制运动的风险，运动指导师在风险控制下进行运动的指导。"体医融合"视域下构建青少年体质健康促进模式，安全性是首要的原则。

2. 有效性原则

运动的效果需要有个较长时间的过程才能体现。运动是否达到降低疾病发生风险的效果？是否起到了增强体质的效果？用什么指标进行评价？单纯靠体育科学或者医学的指标肯定都是不行的，都是不全面的，必须将两者结合在一起，来阐释什么样的运动可以降低什么样的疾病风险，什么样的运动强度、运动量才能对体质健康水平产生有利影响。尤其对于儿童青少年，运动的近期效果和远期终身效果的评价非常重要，必须兼顾运动的多种效果综合评价，才能真正明确运动的有效性，进而提高运动的有效性。

3. 持续性原则

运动增强体质预防慢性病，或者运动作为慢性病康复的必须手段，都要求运动长期、终身进行。运动难以坚持，是实现各种慢性病康复治疗效果的最大难点。虽然康复的效果显著，可以大大缩短住院时间、降低并发症的发生风险，但即使在美国，仍然有80%符合条件的患者没有坚持运动康复。运动的可持续性，实际上是运动文化属性的体现。运动如果只强调健康而不强调快乐、满足感等体育文化特性的内容，很难坚持锻炼。坚持运动，有的是为了健康，有人是为了快乐，原因不同而效果相同，强调个性化引导才能实现运动的可持续性。青少年正处于青春发育的关键时期，在激发锻炼兴趣的前提下，锻炼的持续性才有可能实现。

三、构建的关键要素

1. 转变观念，重新认识

体医融合的实现，首先必须是对体育功能的再认识，对疾病本质的再认识，对健康内涵的再认识。从医疗看体育，从体育看医疗，重新认识体育，重新认识疾病，获得对体育与疾病、健康关系的更完整、更深入的认识，是实现体医融合的前提。将"体医融合"的理念应用于青少年体质健康促进领域中，促进青少年身心健康和谐全面发展。

2. 技术融合，资源共享

"体医融合"的本质为体育学科部分提供技术措施和方式，医学部分提供思绪和途径，运用医学学科的思维要领和知识架构把经常性的体育运动方式进行概括和归结，从而将其处方化，进而具备针对性、实用性和科学性。技术融合也就是指把医学的健康理念与诊疗技术同体育学科的运动方式、运动康复、运动技能等进行整合，制定出科学合理的运动处方，用以指导青少年的体育锻炼。在资源方面，将医院的人、物、才资源同体育设施、器械、场地等资源进行共享，充分合理地加以利用，服务于青少年的体质健康促进，以提升青少年体质健康水平为最终目标。

3. 干预创新，综合评价

"体医融合"视域下青少年体质健康的干预首先要进一步明确"健康第一"指导思想，以"全面健康"为导向，开展学校和医疗机构的合作，将青少年在校期间的体育运动、生活饮食纳入监测、保障体系，通过医疗诊断为学生锻炼时间、锻炼方式、锻炼强度、适宜运动项目以及相关的医务监督等提供技术支持和实施方案，并且未雨绸缪地在学校推广运动健身和预防疾病方面的常识。干预实施后，运动的近期效果和远期终

身效果的评价非常重要，必须兼顾运动的多种效果，从体育和医学两个
方面对运动成效进行综合评价。

四、体质健康促进模式

在"健康中国"的时代背景下，依据大健康理念，以全面健康为导
向、提升青少年健康素养为最终目标，以"技术融合"为核心、"机制协
同、资源共享、干预创新、综合评价"为关键要素，通过对体育与医学
在青少年体质健康评定、健康目标制定、健康教育开展、运动处方制定、
干预方案实施、干预效果评价等方面的融合分析，从"体医融合"的目
标层、理念层、路径层和内容层构建武陵山区农村青少年体质健康促进
模式（见图6-1）。

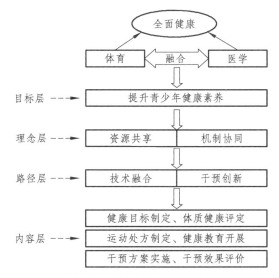

图 6-1 "体医融合"视域下武陵山区农村青少年体质健康促进模式

PART SEVEN

第七章

武陵山区农村儿童青少年体质健康促进对策

第一节　加大宣传力度，营造"体医融合"
促进健康新理念

一、加大"体医融合"促进体质健康宣传力度

首先，政府要创造有利于青少年"体医融合"健康促进的大环境，在政策制定方面，把青少年体质健康促进工作作为基本要素，在实施层面加大宣传力度，扩大影响范围，营造良好的氛围。比如可以从年龄较小的群体入手，从小灌输体育锻炼的意义和价值，引导青少年养成良好的作息习惯和生活方式。其次，由职能部门统筹组织人力编写相关手册，发放宣传手册、入户宣传，积极组织专业医疗机构及建立设施完善的服务中心，加强宣传指导，促进青少年健康促进工作落实到位，从健康医学等专业视角深入解读"体医融合"对于青少年健康成长的重要作用，让家长懂得青少年缺少体育锻炼的危害，进而在家庭层面得到重视与支持。此外，学校应高度重视青少年的健康问题，在学校中要多开展各式各样的宣传活动，使学生获得维护健康需要的知识和技能，掌握必要的促进和维护健康的医学常识。通过教育和体验等方式，强化青少年健身意识，改变青少年自身不良的生活习惯，倡导科学健康的锻炼方式，努力把青少年培养成为自身健康合格的第一责任人。

二、营造"体医融合"促进体质健康新理念

党和国家非常重视青少年体质健康，相关的指示和政策一个接一个，

如《关于加强青少年体育增强青少年体质的意见》《关于强化学校体育促进学生身心健康全面发展的意见》《关于深化体教融合促进青少年健康发展的意见》《关于全面加强和改进新时代学校体育工作的意见》等。2016年10月发布的《"健康中国2030"规划纲要》，明确提出要"加强体医融合"。这些政策和指示都充分说明了党和国家对于体育促进健康效果的期待、对学校体育的期待，同时也指出了"体医融合"是实现体育促进健康的发展趋势。"体医融合"落实到学校体育，就是生长发育规律与体育教育的融合，就是预防慢性病从娃娃抓起与体育教育的融合，就是慢性病防治关口前移与体育教育的融合。依据"健康第一"的指导思想，体育与健康课程的实施以医学理论为指导，以体育运动为手段，以增强青少年体质、促进青少年健康为目的。体育和医疗的融合，才能真正让人们理解体育锻炼的重要性，体育课是维护生命的相关知识和技能的教育，其重要性是任何其他教育无法比拟的。医疗负责健康的下游，学校体育负责健康的上游。只有体育和医疗的融合，才能真正让学校体育发挥促进健康的作用，满足身体健康对运动的基本需要。武陵山区学校一要全面实施《国家学生体质健康标准》，把体质健康素质作为评价学生全面健康发展的重要指标，积极争取专项资金进行体育场地建设和器材配备，加强体育师资和健康教育师资建设；二要丢掉"等、靠、要"等被动思想，突破陈规、积极创新、因陋就简、因地制宜，积极开发利用民族民间体育课程资源，将趣味性强、参与率高、健身价值突出的民族民间体育项目纳入学校体育，实现青少年体质健康水平提高与民族传统体育文化传承的"双赢"局面。

三、建立"体医融合"促进体质健康保障机制

《"健康中国2030"规划纲要》提出："不同的行业要进行深度的融合，改变过去一家独进的方式，加强体育和医学的融合和非医疗健康的干预，真正做到健康融入所有的政策，加强各个部门和各类行业的沟通合作，使之形成促进健康的合力。"青少年"体医融合"的健康促进过程是一个系统工程，这不仅需要多个部门之间的协同合作，还需要社会力量广泛

参与进来。在具体的实施中，要充分考虑各方面的影响因素，即处理好影响这个系统工程的内因和外因。其中，外部的种种因素包括国家政府出台的政策、家庭的因素、学校对政策的执行度、院校对青少年有关体质健康的宣传程度、学校体育卫生状况以及场地设施等；内部因素即青少年自身的状况，它包括青少年自身的遗传因素、青少年自身对"体医融合"健康促进模式的认知、行为、体育个性心理倾向等等。"体医融合"视域下武陵山区青少年体质健康促进模式的运行需要多方协调配合，建立保障机制。在当局各级的领导下，教育相关部门、卫生总局、体育锻炼宣传单位等需要互相支持，相互协调，形成互为合作共同推进体育锻炼监督活动顺利进行的体系，提高对青少年身体育锻炼的督促和指导。同时，加强体质健康测试监管的力度，引导学校对学生进行"体医融合"健康促进模式的宣传工作，对学生的体育锻炼意识进一步增强，使学生掌握促进和维持健康的基本知识、基本技能，学会科学地进行体育锻炼。此外，当地政府在青少年"体医融合"模式的管理上应打破部门间的各自为政，建立多部门联动的"体医融合"的管理机制。在政策制定等方面，加强沟通与协作，消除部门间的"体制屏障"，自上而下形成多级联动的沟通机制，形成科学的指导性意见和政策，全面推进青少年"体医融合"促进健康各项工作。

四、加强"体医融合"促进体质健康人才培养

在当前"健康中国""体医融合"等文件精神的指引下，人才培养单位要结合国家相关人才需求，进行培养体系的完善和供给侧改革，为实现全民健康提供人才保障。青少年体质健康作为全民健康的重要组成部分，是健康促进工作的重要方面，加强"体医融合"视域下青少年体质健康促进模式的复合型人才培养迫在眉睫。武陵山区地处偏远，经济发展相对落后，在"体医融合"健康促进人才培养途径与内容上，可以加强当地医学院校和体育院校的深度合作，通过共享相应师资与课程等形式，联合培养"体医融合"的复合型专业人才，以适应青少年体质健康

促进的需要。与此同时，鼓励体育与医学院校共同组织一些公益性的社会活动，为社区提供相应的诊疗检测及运动处方、体育技能的服务活动，提升"体医融合"人才对知识的实践运用能力。 在加快推进体育与医疗深度融合发展之路上，大力推进武陵山区体育类院校与医学院校联合培养，依托各自办学特色和优势，做好创新创业教育培养工作，共同促进青少年体质健康水平的发展。

第二节　积极开展体质健康教育，加强生活技能培训

一、加强学校体育卫生工作

武陵山区青少年饮酒、自杀意念、吸烟是健康危险行为多发的标志性行为，因此，学校应尽早开展控烟、控酒、健康饮食、自我安全的教育。在此基础上对潜在危险人群进行生活技能教育，提高其应对压力的能力和自我保护意识，使其充分了解危险行为的危害和自身发生危险行为的潜在危机，形成积极、负责任、健康的生活态度，远离危险行为，从而降低危险行为增加的程度。学校在心理健康教育和心理健康咨询方面也应采取一些积极措施，通过定期开展心理健康教育专题讲座、"心理健康咨询热线"等方式，为青少年创设了一个宽松、和谐的诉说氛围，及时了解青少年的心理健康动态。给予青少年儿童（特别是留守儿童）更多的关爱，使其形成积极乐观、健康向上的生活态度，提高其心理社会适应能力，增强其自身抵御外界不良因素影响的能力。

武陵山区大部分学校，特别是农村学校的门口，常见流动摊位生意红火，每当学生上、下学的时候，摊位周围就被学生围得满满的，学生手里不是提着装有烧烤烟熏食物的食品袋，就是书包里藏着买来的饼干或膨化食品，这种不健康的饮食方式非常普遍。所以，在家里，学生家长一定要在学生上学前保证其早餐的质量，切勿敷衍了事。在学校，学校食堂要为学生提供安全营养的食物，并要求保证其食物的分量，不能

唯利是图从而无法保证学生午餐的质量。另外，学生放学后的晚餐质量也不能忽视，晚餐不应以高糖分、高脂肪食物为主，应该让学生适量地食用新鲜水果、蔬菜和优质蛋白含量高的肉类。其次还要严格控制学生睡前加餐的习惯，睡前两小时的适当加餐可以促进学生的睡眠质量，但是不应以糖类食品为主，这样容易增加学生患龋齿和肥胖的风险。在学生饮食卫生方面，家长和老师必须积极正确地引导学生健康饮食，要求学生一日三餐合理分配；坚决不吃腌制、烟熏、油炸和腐制食品，不吃含食品添加剂高、糖分高、脂肪高的食物。并注意日常饮食卫生，养成饭前便后勤洗手，慢饮细嚼营养好的良好饮食卫生习惯。

建立合理的膳食管理制度和结构是平衡儿童少年膳食的保证。武陵山区学校要制定一系列的膳食管理制度，如《饮食卫生制度》《食物管理人员制度》《食品消毒制度》等制度。解决食堂管理人员的编制问题，设立相应的岗位，建立一套完善的食堂管理系统，保证学生在校时的膳食营养。另外，国家和地方政府应该针对学生营养问题做出一系列膳食营养政策，并长期执行下去。如"学生营养午餐""农村学生课间营养餐""寄宿制学生营养补助计划"等。另外，为了避免学生学习负担过重，学生睡眠时间不足，而影响学生的健康和学习的效率，学生家长和老师应按照中小学生作息制度严格把关，培养学生按时作息的好习惯，保证小学生每天睡眠时间不少于 10 小时，初中生不少于 9 小时，高中生不少于 8 小时等。

二、开展心理健康咨询

武陵山区青少年饮酒、自杀意念、吸烟是健康危险行为多发的标志性行为，应积极开展心理健康咨询。心理健康咨询目标：通过心理健康咨询，帮助青少年形成良好的性格品质、开发智力潜能、增强心理适应能力、激发内在动力、维护心理健康、养成良好行为习惯。即育性、启智、强能、激力、健心、导行。

心理健康咨询内容：面向少数具有心理、行为问题的儿童青少年开展心理咨询，包括学习适应问题，如考试焦虑、学习困难、注意力不集中、恐惧症、厌学等问题的咨询和调适；情绪问题，如抑郁、恐惧、焦虑、紧张、忧虑等情绪的调节与辅导；常见行为问题，如多动、说谎、打架、胆怯等行为的咨询与矫正，身心疾患，如神经衰弱、失眠、神经性强迫症等身心疾患的治疗和矫正。

心理健康咨询要求：① 咨询人员应保守来访学生的内心秘密，妥善保管个人信息、来往信件、测试资料等材料，不得公开来访学生的真实姓名、班级等。② 咨询人员对来访学生的语言、行动和情绪等要充分理解，不得以道德和个人价值的眼光评判对错，要帮助来访学生分析原因并寻找出路。③ 咨询人员的主要目的是帮助来访学生分析心理问题的所在，培养来访学生积极的心态，树立自信心，让来访学生的心理得到成长，自己找出解决问题的方法。④ 心理咨询必须遵守一定的时间限制，咨询时间一般规定为每次 45 分钟左右，原则上不能随意延长咨询时间或间隔。⑤ 来访学生必须出于完全自愿，这是确立咨访关系的先决条件。没有咨询愿望和要求的学生，咨询者不应主动去找他（她）并为其心理咨询，只有自己感到心理不适，为此而烦恼并愿意找咨询人员诉说烦恼以寻求咨询者的心理援助的人，才能够获得问题的解决。⑥ 咨访关系的确立和咨询工作的顺利开展的关键，是咨询者和来访者心理的沟通和接近。个人间接触过密不仅容易使来访学生过于了解咨询者内心世界和私生活，阻碍来访学生的自我表现，也容易使咨询者该说的不能说，从而失去客观公正地判断事物的能力。

心理健康咨询方式：① 当面咨询。当面咨询是心理咨询中最常见、最主要也是最有效的形式。当面咨询的好处在于针对性强，咨询者能对来访学生的具体问题提供有针对性的服务；了解信息全面，咨询者不仅可以听到来访学生叙述的内容，还可以观察其表情动作、情绪反应等，从而做出准确的判断；亲切自如、保密性好。由于当面咨询多个别进行，因而可以消除来访学生的顾虑，便于咨询的深入；此外，咨询者和来访学生都可以随时提出问题，并根据对方的反馈信息，随时调整对策。② 电话咨询。电话咨询是咨询者通过电话给来访学生提供劝慰、帮助的一种较方便、迅速的咨询形式。尤其是对于处在危急状态（如自杀）或不愿暴露自己的来访学生，电话咨询是一种较好的形式。它在防止由于心理危机而酝酿的自杀与犯罪方面起到了良好的作用。服务范围不仅涉及心理危机干预，而且为心理困扰者排忧解难。电话咨询也有不利之处，由于通话时间有限，通过电话传递的信息也有限，因此要求咨询者反应敏捷，能给对方以信任感，能控制局面；否则，咨询很难有实效。③ 网络咨询。网络咨询是随着科学技术的发展而逐渐开展起来的网络化心理咨询。通过网络咨询，实现"与心理咨询者的第一次接触"，体现"安坐家中，看心理咨询者"的方便途径。此外，网络心理咨询还有许多优点，可以凭借行之有效的软件程序，进行心理问题的评估与测量；还可以方便地将咨询过程全程记录，便于反复思考和温习，以及进行案例讨论。但是，网络心理咨询也有其不足，例如双方真实身份不易识别以及咨询者如何弥补不在现场所造成的影响作用的不足，如何避免因信息交流不充分而引起的误会、投射作用等问题。

三、加强生活技能培训

武陵山区青少年饮酒、自杀意念、吸烟是健康危险行为多发的标志性行为，应加强青少年生活技能培训。生活技能培训目标：一是建立自觉意识。青少年主动采取适应和积极的行为，有效处理日常生活中的各种需求和挑战。二是灵活运用技能。在青少年面临具体健康危险行为挑战时，能够学会熟练、灵活地应用生活技能。

生活技能培训内容：根据武陵山区儿童青少年的不同生长发育阶段采用不同的内容。小学阶段是教育的关键时期，这一时期的儿童求知欲高、可塑性强，对于教育的内容易于接受。如，生长发育知识、良好的行为和生活习惯的养成、儿童常见病防治知识、预防意外伤害的知识及技能等。初、高中的青少年大多已进入青春期，教育的重点内容主要包括青春期生长发育的知识、性知识、人际沟通和交往的知识和技能、运动与健身的知识和技能、心理健康知识和技能、预防意外伤害的知识和技能，拒绝吸烟、不酗酒、远离毒品等知识和技能。

生活技能培训方式：① 开设生活技能课程。武陵山区学校应配置必要的师资，授课老师既掌握一定医学基本知识和技能，又有教育学背景，注重科学性与趣味性相结合，做到生动活泼，有吸引力，避免灌输式教学。使学生全面参与进来，应经常开展课堂讨论、健康危险行为案例分析、角色扮演等课堂活动。课堂教学除了开设健康教育课，还可采取渗透教学的方法，即把生活技能教育融入其他学科的教学过程之中。同时，有条件的学校可使用网络、投影录像、多媒体等现代化手段，使生活技能教育取得事半功倍的良好效果。② 举办生活技能活动。通过亲身参与活动，能够促使学生把课堂教育的内容与实践活动有机地结合起来，加深印象，强化学习效果。根据不同年龄段的学生可组织不同的有针对性的活动，如可以开展相关知识竞赛、演讲比赛、绘画比赛、征文比赛，组织学生志愿者参加社区卫生服务活动等。③ 校外生活技能教育。校外教育中最重要的是家庭教育，学校应利用家长会、发放成绩单、给家长的一封信等方式，把学校生活技能教育的目的、意义、内容和方法广泛告知家长，取得家长的配合，创造强化学校生活技能教育的家庭环境。如学校正在讲授吸烟有害的知识时，有吸烟习惯的家长应主动做到不在孩子面前吸烟；学校在讲授膳食与营养知识时，家长应主动教育孩子不要偏食和挑食等。

四、建立"家—校—社"三联防机制

武陵山区青少年的性别、住宿、年级、父亲学历、母亲学历、家庭类型是健康危险行为多发的影响因素。因此，采取分级分类确定防控的重点，结合不同的民族文化特征，制定综合防控措施。男生高危人群应侧重开展烟酒精神危害教育以及游泳安全教育，使其逐渐认识到吸烟、饮酒、非安全游泳对自己身体的伤害及可能存在的安全隐患，远离此类健康危险行为。女生高危人群应注重心理健康教育，搭建师生、父母子女交流的平台，教授其应对不良事件和排解负性情绪的有效途径和方法。初一、初二年级高危人群要开展综合防治，开展生活技能培训和健康知识讲座，增强其对健康危险行为的防御力，初三年级还应普及心理健康知识，增强其心理适应能力，形成积极乐观、健康向上的生活态度。另外不同民族青少年应区别对待，尤其针对苗族初中生高危人群，加强学校、家庭、社区沟通协调，齐抓共管。

学校应有计划、有针对性地开展各种健康危险行为预防的专题讲座，提高青少年自我保护意识、自我保健意识和自我锻炼意识；倡导文明、健康的文体活动，可以适当地举行体育比赛、文娱活动、休闲活动等；可以采用"家长学校（或监护人学校）"的方式，提高家长或监护人的教育意识和认识，依托家访和家长会等形式，加强和家长（监护人）的联系和沟通，及时发现青少年各方面的问题，共同做好青少年的生活管理、学业支持和品行塑造的工作。

家庭在预防青少年健康危险行为上比其他方面具有不可替代性，家庭教育能很好地预防青少年在吸烟、酗酒、网络成瘾等健康危险行为的发生。研究结果表明，核心家庭和大家庭一般处于和睦状态，对孩子的关注度较高，对孩子发生吸烟、酗酒、网络成瘾等危险行为起到一定的保护作用，但由于家长们"望子成龙，望女成凤"的心态，强制孩子过多参加培训班、辅导班等，造成孩子严重的心理负担，出现心理问题。然而在重组家庭、单亲家庭及其他类型家庭的环境中，孩子与父母沟通较少，同时不能给孩子提供一个温馨的家庭环境，造成孩子在行为上的偏离，各类危险行为的发生会明显地增加。虽然武陵山区农村青少年的家庭以核心家庭和大家庭为主，但由于留守儿童较多，因此，家庭教育要加强面向家长，特别是面向祖辈家长的健康教育和关爱教育，通过家长对子女良好的教育和正确引导，减少青少年健康危险行为的发生。

城市社区的街道委员会和乡镇社区的村委会应针对不同类型的家庭情况提供相应的帮助和指导，特别是留守儿童家庭和单亲家庭，并引导家长和孩子多进行交流，了解孩子的心理想法，做到合理地沟通。社区在面对一些亲子关系冷漠、家庭氛围恶劣的情况，应及时、及早积极介入，针对家庭特殊情况，通过开展"爱心帮扶"给予指导和帮助、改善家庭氛围、加强交流与沟通。同时社区应该创立文明、健康、安全的社区环境，为青少年健康成长提供良好的外部环境，并与学校联合在社区积极开展内容健康、丰富，形式多样的娱乐休闲体育文化活动，锻炼学生体质、净化学生心灵。武陵山区学校、家庭与社区应加强沟通，密切协作，积极创造条件，共同预防和控制青少年健康危险行为的发生，促进儿童青少年身心健康发展。

第三节　提高体育课教学质量，强化课外体育锻炼

一、完善体育与健康课程，提高教学水平

武陵山区学校体育与健康课程教学要以培养学生体育兴趣、养成体育锻炼习惯、掌握运动技能、增强学生体质为主线，完善国家体育与健康课程标准，结合地区情况和学校实际，制定体育与健康课程标准实施方案。武陵山区各地中小学校要按照国家课程方案和课程标准开足开好体育课程，严禁削减、挤占体育课时间，严格执行小学 1～2 年级 4 学时/周，3～6 年级、初中 3 学时/周，高中 2 学时/周的要求。体育教学要加强健康知识教育，注重运动技能学习，科学安排运动负荷，重视实践练习。研究制定运动项目教学指南，让学生熟练掌握一至两项运动技能，逐步形成"一校一品""一校多品"教学模式，努力提高体育教学质量。关注学生体育能力和体质水平差异，做到区别对待、因材施教。充分利用现代信息技术手段，开发和创新体育教学资源，不断增强教学吸引力。

二、积极开发体育课程资源，加强课外体育锻炼

武陵山区拥有丰富的民族民间体育课程资源，学校体育教师应突破陈规、积极创新、因陋就简、因地制宜，积极开发利用民族民间体育课程资源，将趣味性强、参与率高、健身价值突出的民族民间体育项目纳入学校体育课程，实现少数民族学生体质增强与民族传统体育文化传承

的"双赢"局面。以"健康第一"为指导思想，健全学生体育锻炼制度，遵循儿童青少年的年龄特点和身心发展规律，开展丰富多彩的课外体育活动，强化课外练习和科学锻炼指导，确保学生每天锻炼 1 小时，培养学生良好的体育锻炼行为和终身体育锻炼习惯。武陵山区各级各类学校要制订和实施体育课程、大课间（课间操）和课外体育活动一体化的阳光体育运动方案。要创新体育活动内容、方式和载体，增强体育活动的趣味性和吸引力，着力培养学生的体育爱好、运动兴趣和技能特长，大力培养学生的意志品质、合作精神和交往能力，使学生掌握科学锻炼的基础知识、基本技能和有效方法，养成良好体育锻炼习惯和健康生活方式。武陵山区要健全学生体育锻炼制度，学校要将学生在校内开展的课外体育活动纳入教学计划，列入作息时间安排，与体育课教学内容相衔接，切实保证学生每天一小时校园体育活动落到实处。积极组织学生开展大课间体育活动，寄宿制学校要坚持每天出早操。鼓励学生积极参加校外全民健身运动，合理安排家庭"体育作业"，家长要支持学生参加社会体育活动，社区要为学生体育活动创造便利条件，逐步形成家庭、学校、社区联动，共同指导学生体育锻炼的机制。定期开展阳光体育系列活动和"走下网络、走出宿舍、走向操场"主题群众性课外体育锻炼活动，坚持每年开展学生冬季长跑等群体性活动，形成覆盖校内外的学生课外体育锻炼体系。

由于武陵山区学生课外体育锻炼与其营养状况之间关系紧密，研究结果显示，武陵山区多数学生课外体育锻炼不足，因此，应加强体育与健康课程教学，积极开展课外体育活动，提高学生体育锻炼意识，培养体育锻炼习惯，促使学生在闲暇时间里自觉从事体育锻炼。大力发展社区体育和农村体育，改善社区和农村体育基础设施，为学生课外体育锻炼营造良好的锻炼环境并创造浓重的锻炼氛围。学生家长应该积极的支持和正确地引导学生余暇时间参与体育锻炼。如今，学生学习任务重，加上学生多为独生子女，家长过于爱护，从而过多地干涉学生的余暇生活方式，特别是体育锻炼的参与。在学生余暇生活里，家长首先考虑到的是学生的安全问题。其次，为了学生成绩好，并精心为学生安排各式各样的培训和文化补习，不但达到了保证其安全的目的，同时也提高了学生的学习成绩。殊不知，儿童好动的天性和小朋友相互间的交际活动对学生的成长和人格的培养起着至关重要的作用。

三、建立体质健康监测网络系统，实施定期监测制度

完善武陵山区农村学生体质健康测试和评价制度，做好学生健康检查制度，学生体质健康监测制度与国家学生体质健康标准测试制度的配套衔接。武陵山区农村中小学校每年对所有学生进行体质健康测试，并将测试结果经教育部门审核后上报纳入国家学生体质健康标准数据管理系统；同时，按学生年级、班级、性别等不同类别在学校内公布学生体质健康测试总体结果，并将有关情况向学生家长通报。武陵山区各地要加强管理，创造条件，保证学生体质健康测试工作的顺利开展。要把学生体质健康水平作为学生综合素质评价的重要指标，将学生日常参加体育活动情况、体育运动能力以及体质健康状况等作为重要评价内容。

建立武陵山区青少年体质水平和健康危险行为监测网络系统，实施定期监测制度，做到监测数据的真实性、准确性和完整性；合理布点（校），加强监测队伍培训，实施定期监测并公布检测结果，让全社会客观了解武陵山区青少年体质水平和健康危险行为现状及存在的问题；将武陵山区青少年体质健康的监测、疾病预防、康复保健、膳食营养、心理咨询、运动指导等结合起来，通过多种途径和手段共同促进武陵山区青少年体质健康发展。同时，针对武陵山区农村儿童青少年身心特点，研制农村儿童青少年体质与健康危险行为问卷。积极利用监测数据和调研数据，开展武陵山区儿童青少年体质水平与健康危险行为流行状况的研究；进一步探讨儿童青少年体质下降和健康危险行为发生的影响因素，从多学科、多因素、多层面探讨遗传、生存环境、生活方式、民族文化等因素对儿童青少年体质水平和健康危险行为的影响；加强武陵山区农村儿童青少年体质水平与健康危险行为的关系研究；深入开展武陵山区农村儿童青少年体质与健康危险行为影响机制的研究等。

参考文献

［1］匡调元. 人体体质学[M]. 上海：上海中医学院出版社，1991：3-11.

［2］许慎. 说文解字[M]. 北京：中华书局，1963：86.

［3］商务印书馆编辑部. 辞源[M]. 北京：商务印书馆，1998：3475-3476.

［4］朱泓. 体质人类学[M]. 北京：高等教育出版社，2004：3.

［5］编写组. 实用体质骨病学[M]. 北京：人民卫生出版社，1998.

［6］山东省人民医院编写组. 实用妇产科学[M]. 济南：山东科学技术出版社，1978：389.

［7］沈渔屯. 精神病学[M]. 北京：人民卫生出版社，1988：136.

［8］陈明达，于道中. 实用体质学[M]. 北京：北京医科大学出版社，1993：11-27.

［9］何仲恺. 体质与健康关系的理论与实证研究[D]. 北京：北京体育大学，2001：1-26，62-69.

［10］王琦. 中医体质学[M]. 北京：中国医药科技出版社，1995：1-2.

［11］邹如铜. 青少年"体质堕距"：社会学归因与协同化治理[J]. 广州体育学院学报，2019，39（02）：35-40+53.

［12］任海. 南京青奥会与我国青少年体育价值观的重塑[J]. 体育与科学，2011，32（04）：1-3+16.

［13］卫文. 中国孩子正在向营养过剩快速转变[J]. 家庭医学，2019（07）：32.

［14］颜亮，孙洪涛，张强峰，等. 多元与包容：身体素养理念的国际发展与启示[J]. 武汉体育学院学报，2021，55（08）：87-93.

［15］刘新华，张建，蔡睿. 对上海、东京两地儿童、青少年身体素质影响因素的比较分析[J]. 中国体育科技，2009，45（06）：109-117+135.

［16］张天成，张福兰. 武陵民族地区青少年体质水平与健康危险行为研

究[M]. 成都：西南交通大学出版社，2017.

[17] 许金富，陈海春. 国际静坐少动行为研究的知识图谱分析[J]. 山东体育学院学报，2018，34（06）：109-116.

[18] 姜莹莹，赵文华. 儿童青少年和老年人身体活动促进的研究进展[J]. 中国慢性病预防与控制，2008（02）：208-211.

[19] 陈长洲，王红英，项贤林，等. 改革开放 40 年我国青少年体质健康政策的回顾、反思与展望[J]. 体育科学，2019，39（03）：38-47，97.

[20] 刘丽杭，王小万. 健康的社会决定因素与健康的不公平[J]. 中国现代医学杂志，2010，20（15）：2393-2395.

[21] 彭绍东. 信息技术教育病理论[J]. 电化教育研究，2004（05）：19-22.

[22] 夏国军. 整体论：人类理智方法论哥白尼式的革命[J]. 云梦学刊，2017，38（03）：42-62.

[23] 曹世义. 观察性研究 Meta 分析在社会因素与健康研究中的应用[D]. 武汉：华中科技大学，2015.

[24] 《柳叶刀》杂志呼吁重视健康的社会决定因素[J]. 中国卫生政策研究，2013，6（10）：20.

[25] 郭永松，董恒进. 公共卫生服务教学理论与方法[M]. 北京：人民卫生出版社，2015：217-218.

[26] 吴雪文. 我国东部农村儿童健康服务模式探索[M]. 杭州：浙江工商大学出版社，2020.

[27] 张树辉，周华珍，耿浩东. 健康的社会决定因素对青少年成瘾行为的影响[J]. 中国青年社会科学，2018，37（05）：83-91.

[28] 高建民，杨金娟. 健康公平性概述[J]. 卫生经济研究，2014（10）：51-54.

[29] Sawyer S M, Afifi R A, Bearinger L H, et al. Adolescence：a foundation for future health[J]. Lancet, 2012, 379 (9826): 1630-1640.

[30] 高劲松，彭博. 关键词频度演化视角下的研究热点挖掘方法研究[J].

图书与情报，2020（03）：61-70.

[31] Trust for America's Health. Prevention for a healthier A- merica: Investments in disease prevention yield significant savings, stronger communities[R]. Washington D C, 2009.

[32] 程华，戴健，赵蕊. 发达国家大众体育政策评估的特点及启示—以美国、法国和日本为例[J]. 沈阳体育学院学报，2016，35（3）：36-41.

[33] 汪晓赞，郭强，金燕，等. 中国青少年体育健康促进的理论溯源与框架构建[J]. 体育科学，2014，34（03）：3-14.

[34] Fulton J E, Wargo J, Loustalot F. Healthy People 2020: Physical Activity Objectives for the Future[J]. President's Council on Physical Fitness & Sports Research Digest, 2011, 12(2): 1-17.

[35] 张士靖，刘硕. 美国 2010—2020 国家健康战略及启示[C]. 中华预防医学会预防医学情报专业委员会学术交流会. 中华预防医学会，2011.

[36] 尹纯礼,吴静雅,邹佳彤,等. 中美国家健康战略比较分析及启示[J]. 中国卫生政策研究，2017，10（05）：45-52.

[37] 李鲁. 社会医学[M]. 北京：人民卫生出版社，2005.

[38] Cook W K, Tseng W, Bautista R, et al. Ethnicity, socioeconomic status, and overweight in Asian American adolescents[J]. Prev. Med. Reports 2016, 4: 233-237.

[39] Tate N H, Dillaway H E, Yarandi H N, et al. An examination of eating 3behaviors, physical activity, and obesity in African American adolescents: Gender, socioeconomic status, and residential status differences[J]. J. Pediatr. Health Care 2015, 29: 243-254.

[40] Villagran Pérez S, Novalbos-Ruiz J P, Rodríguez-Martín A, et al. M. Implications of family socioeconomic level on risk behaviors in child-youth obesity[J]. Nutr. Hosp. 2013, 28: 1951-1960.

[41] Borraccino A, Lemma P, Iannotti R J, et al. Socioeconomic effects on

meeting physical activity guidelines[J]. Med. Sci. Sport. Exerc. 2009, 41: 749-756.

[42] Zambon A, Morgan A, Vereecken C, et al. The contribution of club particpation to adolescent helath: evidence from six countries[J]. J. Epidemiol Community Health 2010, 64: 89-95.

[43] Ommundsen Y, Klasson-Heggebo L, Anderssen S. Psycho-social and environmental correlates of location-specific physical activity among 9-15 year-old Norwegian boys and girls: the European Youth Heart Study[J]. Int J Behav Nutr Phys Act 2006, 3(32): 13.

[44] Toftegaard-Støckel J, Nielsen GA, Ibsen B, et al. Parental, socio and cultural factors associated with adolescents' sports participation in four Danish municipalities[J]. Scand J Med Sci Sports 2011, 21(4): 606-611.

[45] Arias Natalia, Calvo María, Benítez-Andrades José, et al. Socioeconomic Status in Adolescents: A Study of Its Relationship with Overweight and Obesity and Influence on Social Network Configuration[J]. International Journal of Environmental Research and Public Health, 2018, 15(9): 2014-2031.

[46] Sweet E, Nandi A , Adam E K, et al. The high price of debt: Household financial debt and its impact on mental and physical health[J]. Social Science & Medicine, 2013, 91(91C): 94-100.

[47] Rossen L M. Neighbourhood economic deprivation explains racial/ethnic disparities in overweight and obesity among children and adolescents in the USA[J]. Journal of Epidemiology & Community Health, 2014, 68(2), 123-129.

[48] Odgers Candice L. Income inequality and the developing child: Is it all relative? [J]. American Psychologist, 2015, 70(8), 722-731.

[49] Farias Júnior, José Cazuza de, Reis R S, et al. Physical activity,

psychosocial and perceived environmental factors in adolescents from Northeast Brazil[J]. Cadernos de Saúde Pública, 2014, 30(5): 941-951.

[50] Sallis J, Prochaska J, Taylor W A review of correlates of physical activity of children and adolescents[J]. Med Sci Sports Exerc 2000, 32(5): 963-975.

[51] Limstrand T. Environmental characteristics relevant to young people's use of sports facilities: a review[J]. Scand J Med Sci Sports 2008, 18: 275-287.

[52] Rochelle M Eime, Jack T Harvey, Melinda J Craike. Family support and ease of access link socio-economic status and sports club membership in adolescent girls[J]. Journal of Science & Medicine in Sport, 2013, 10(1): 50-62.

[53] Deforche B, Van Dyke D, Verloigne M, et al. Perceived social and physical environmental correlated of physical activity in older adolescents and the moderating effect of self-efficacy[J]. Prev Med 2010, 50: S24-S29.

[54] Davison C, Michaelson V, Pickett W. It still takes a village: an epidemiological study of the role of social supports in understanding unexpected health states in young people[J]. BMC Public Health, 2015, 15(1), 295-306.

[55] Pyper E , Harrington D , Manson H . The impact of different types of parental support behaviours on child physical activity, healthy eating, and screen time: a cross-sectional study[J]. Bmc Public Health, 2016, 16(1): 568-583.

[56] Peterson M S, Lawman H G, Wilson D K, et al. The association of self-efficacy and parent social support on physical activity in male and female adolescents[J]. Health Psychology, 2013, 32(6): 666-674.

[57] Lubans D, Sylva K, Morgan P. Factors associated with physical activity

in a sample of British secondary school students[J]. Austr J Educ Dev Psychol, 2007, 7: 22-30.

[58] De Vet E, De Ridder D, De Wit J. Environmental correlates of physical activity and dietary behaviours among young people: a systematic review of reviews[J]. Obes Rev, 2011, 12(5): 130-142.

[59] Janssen I, LeBlanc AG. Systematic review of the health benefits of physical activity and fitness in school-aged children and youth[J]. Int J Behav Nutr Phys Act, 2010, 7(1): 40-44.

[60] Lytle L, Murray D, Evenson K, et al. Mediators affecting girls' levels of physical activity outside of school: findings from the Trial of Activity in Adolescent Girls[J]. Ann Behav Med, 2009, 38: 124-136.

[61] 徐涛，张天成，张福兰. 湘西州农村初中生健康危险行为聚集特征及多发特点分析[J]. 中国慢性病预防与控制，2021，29（12）：892-897.

[62] 周县委，张天成，徐涛，等. 中国大陆地区中学生手机依赖现状的 Meta 分析[J]. 心理月刊，2022，17（3）：1-5.

[63] Skrove M, Romundstad P, Indredavik M S. Resilience, lifestyle and symptoms of anxiety and depression in adolescents. The Young-Hunt Study[J]. 2013, 48(3): 407-416.

[64] Winter A D, Visser L, FC Verhulst, et al. Longitudinal patterns and predictors of multiple health risk behaviors among adolescents: The TRAILS study[J]. Preventive Medicine, 2016: 76-82.

[65] Burdette Amy M, Needham Belinda L, Taylor Miles G, et al. Health Lifestyles in Adolescence and Self-rated Health into Adulthood[J]. Journal of Health and Social Behavior, 2017, 58(4): 520-536.

[66] Dabelea Dana, Elizabeth J Mayer-Davis, Sharon Saydah, et al. Prevalence of Type 1 and Type 2 Diabetes among Children and Adolescents from2001 to 2009[J]. Jama, 2014, 311(17): 1778.

[67] FLODMARK C E, MARCUS C , BRITTON M. Interventions to prevent obesity in children and adolescents: a systematic literature review[J]. International Journal of Obesity, 2006, 30(4): 579-589.

[68] RODRIGUEZ G, SAMPER M P, OLIVRES J L, et al. Skinfold measurements at birth: sex and anthropometric influence[J]. Arch Dis Child Fetal Neonatal Ed. 2005, 90(3): 273-275.

[69] 张兴华，郑连斌，宇克莉，等. 江苏汉族成人皮褶厚度[J]. 解剖学报，2014，45（4）：578-581.

[70] 易灿，李咏兰，安彩艳. 布依族成人的皮下脂肪发育水平[J]. 南京师大学报（自然科学版），2021，44（02）：80-84.

[71] 席焕久，陈昭. 人体测量方法[M]. 北京：科学出版社，2010：32-38.

[72] 長嶺晋吉. 肥満の判定法[J]. 医学のあゆみ，1977，101：404-410.

[73] BROZEK J. Densitometric analysis of body composition: revision of some quantitative assumptions[J]. Ann NY Acad Sci, 1963, 110(1): 110-113.

[74] 杨宇宇，李玉玲，富杰，等. 达斡尔族儿童青少年皮褶厚度和体成分发育现状及其16年来的变化[J]. 内蒙古师范大学学报(自然科学汉文版)，2018，47（06）：499-504.

[75] 肖艳杰，席焕久. 西藏7~18岁藏族学生皮褶厚度与体成分研究[J]. 现代预防医学， 2009，36（7）：1236-1238.

[76] 张健，杨霞，句婷婷. 怒族7~17岁学生皮褶厚度生长发育变化规律研究[J]. 大理大学学报，2019，4（12）：84-88.

[77] 韦荣耀，黄秀峰，韦经富. 百色市壮族青少年皮褶厚度与体成分分析[J]. 中国学校卫生，2012，33（3）：334-335.

[78] 黄海珊，黄秀峰，黄昌盛，等. 广西壮族城乡儿童少年皮下脂肪厚度的调查研究[J]. 解剖学研究，2009，31（03）：212-214.

[79] 杨宙，黄大元，张惠娟，等. 湖南白族6~16岁学生皮褶厚度与体成分[J]. 解剖学杂志，2019，42（3）：296-300+317.

[80] 黄拥军，李传健，苏成柏，等. 广东瑶族中小学生皮褶厚度变化规律分析[J]. 中国学校卫生，2012，33（11）：1387-1388.

[81] 高刚. 新疆维吾尔族青少年学生身体形态指标分析[J]. 新疆师范大学学报（自然科学版），2016，35（4）：81-85.

[82] 窦义蓉，曹型厚，唐平. 重庆市 7～22 岁学生皮褶厚度及其与生长发育的关系[J]. 中国学校卫生，2012，33（5）：619-620.

[83] 赵琛，金利新，朱钦. 潍坊地区乡村汉族青少年皮下脂肪厚度的调查[J]. 青岛大学医学院学报，2003（02）：145-147.

[84] 赵引弟. 云南省7-16岁摩梭人学生体质健康调查研究—与同地区纳西族、普米族学生比较研究[D]. 昆明：云南师范大学，2016.

[85] 齐殿东. 海南黎族中学生体质人类学研究[D]. 海口：海南师范大学，2015.

[86] 李玉玲，季成叶. 不同发育期双生子皮褶厚度及体成分分析[J]. 中国公共卫生，2009，25（8）：897-899.

[87] 崔佳山，田应娟. 云南省 7～18 岁汉族学生皮褶厚度现状分析[J]. 现代预防医学，2014，41（16）：2932-2934.

[88] 何春燕，陶芳标，孙莹. 安徽省 7～18 岁学生体成分人体测量指标的年龄性别特征和城乡差异[J]. 现代预防医学，2007（17）：3286-3288.

[89] 中国学生体质健康调研组. 中国中小学生皮褶厚度与体成分研究[J]. 中华预防医学杂志，2000，34（4）：212-214.

[90] 李咏兰，郑连斌. 城市汉族的瘦体质量和脂肪质量[J]. 人类学报，2018，37（1）：121-130.

[91] 季成叶. 儿童少年卫生学[M]. 北京：人民卫生出版社，2003：64-66.

[92] 包金萍，郑连斌，宇克莉，等. 大凉山彝族成人皮褶厚度特征[J]. 广西师范大学学报（自然科学版），2018，36（3）：107-112.

[93] 杨圣敏，中国民族志[M]. 北京：中央民族大学出版社，2003：368-381.

[94] 张福兰，张天成，文理中. 湘西州土家族、土家族中学生营养状况

分析[J]. 中国公共卫生，2012，28（12）：1623-1625.

[95] 刘鹏，龚继春，邓琼英，等. 仫佬族儿童青少年体格发育状况[J]. 中国学校卫生，2014，35（10）：1544-1546，1550.

[96] 韩在柱，郑连斌. 达斡尔族学生皮下脂肪发育的研究[J]. 人类学学报，1998，17（2）：158-164.

[97] 宋刚，席焕久，李文慧，等. 拉萨藏族儿童青少年皮下脂肪的分布特点[J]. 辽宁医学院学报，2013，34（05）：9-12+97-98.

[98] 黄秀峰，黄昌盛，黄海珊，等. 仫佬族儿童少年皮下脂肪厚度的研究[J]. 解剖学杂志，2006（03）：367-368.

[99] 周威. 邵阳市 12-14 岁苗族学生皮下脂肪分布特征及体型影响因素分析[D]. 吉首：吉首大学，2013.

[100] 黄秀峰，李丽珍，吴沿沿，等. 广西苗族学生皮褶厚度的研究[J]. 解剖学研究，2005（02）：141-143.

[101] 石慧娟，黄大元，吴国运，等. 苗族青少年体成分分析[J]. 解剖学杂志，2012，35（4）：497-500.

[102] 杨美玉. 张家界市 7~12 岁农村白族学生体质健康研究[D]. 吉首：吉首大学，2016.

[103] 张杨. 13-18 岁蒙古族学生体型与运动能力及其关联性研究[D]. 呼和浩特：内蒙古师范大学，2019.

[104] 雪合热提·伊纳也提，刘漪，甫拉提·吐尔逊. 乌鲁木齐市不同民族儿童皮下脂肪厚度调查[J]. 新疆医科大学学报，2003（03）：265-267.

[105] 汤松林. 儿童少年体脂重和瘦体重的调查[J]. 中国校医，1992，6（1）：10-12.

[106] 李积鹏，韩仁生. "寒门难出贵子"现象的心理学解读——基于儿童忽视的角度[J]. 青少年学刊，2017，（1）：35-38.

[107] 李群英. 中国西部两省（市）农村中、小学生忽视率及其影响因素研究[D]. 重庆：重庆医科大学，2016.

[108] 杨迪. 哈尔滨市城区 3—6 岁学前儿童忽视现状及其与家庭资本关系研究[D]. 哈尔滨：哈尔滨师范大学，2014.

[109] 杨玉凤. 儿童的虐待与忽视及其干预对策[J]. 中国儿童保健杂志，2006，（4）：

[110] 陈晶琦. 我国儿童忽视问题的研究现状[J]. 中国全科医学，2007，10（1）：9-10.

[111] 潘建平. 不能忽视对儿童的忽视[J]. 中国全科医学，2007，10（1）：6-8.

[112] 段志娴. 银川市城区部分中小学生忽视状况及影响因素分析[D]. 宁夏：宁夏医科大学，2010.

[113] Hornor G. Child neglect: assessment and intervention [J]. Journal of pediatric health care: official publication of National Association of Pediatric Nurse Associates & Practitioners, 2014, 28(2): 186-192；quiz 193-194.

[114] Friedman E, Billick SB. Unintentional child neglect: literature review and observational study [J]. The Psychiatric quarterly, 2015, 86(2): 253-259.

[115] Ross A H, Juarez C A. A brief history of fatal child maltreatment and neglect[J]. Forensic science, medicine, and pathology, 2014, 10(3): 413-422.

[116] Radford L, Corral S, Bradley C, et al. Child cruelty in the UK 2011 - An NSPCC study into childhood abuse and neglect over the past 30 years[M]. London: NSPCC, 2011 .

[117] Daral S, Khokhar A, Pradhan S. Prevalence and Determinants of Child Maltreatment among School-Going Adolescent Girls in a Semi-Urban Area of Delhi, India[J]. Journal of tropical pediatrics, 2016.

[118] 郑明平，陈竟建，陈向坚. 儿童虐待与忽视[J]. 临床心身疾病杂志，2006，12（1）：73-74.

[119] Kessler M L, Gira E, Poertner J. Moving best practice to evidence-based practice in child welfare [J]. Families in Society, 2005, 86(2), 244-250.

[120] 刘晨煜. 中国西部两省(市)岁儿童受忽视现状及影响因素研究[D]. 重庆：重庆医科大学，2012.

[121] 潘建平，李玉凤. 儿童忽视的预防和干预[J]. 中国全科医学，2007，10（3）：194-197.

[122] 《国家学生体质健康标准解读》编委会. 国家学生体质健康标准解读[M]. 北京：人民教育出版社，2007.

[123] 丛湖平. 体育统计学[M]. 2版. 北京:高等教育出版社,2007:74-75.

[124] 中华人民共和国教育部学生体质健康网. 教育部关于印发《国家学生体质健康标准（2014年修订）》的通知[EB/OL]. http://www. csh. edu.cn/index.htm，2014-07-28.

[125] 黎逢保，胡彩霞，付本燕. 岳阳市城区中学生营养状况调查[J]. 中国学校卫生，2009，30（6）：491-492.

[126] 吴绍晶. 抚顺市中小学生营养状况调查[J]. 中国公共卫生，2007，23（6）：753.

[127] 高荷蕊，史平，王丹. 北京市石景山区中学生饮食行为状况分析[J]. 中国学校卫生，2012，33（1）：15-18.

[128] 罗海燕，潘小群，刘辉. 南京市中学生饮食行为及其影响因素分析[J]. 中国学校卫生，2007，28（10）：920-921.

[129] 聂少萍，马文军，李海康，等. 广东省城市青少年成瘾行为流行状况分析[J]. 中国学校卫生，2008，29（7）：598-600.

[130] 林志萍. 城市儿童的饮食行为及其影响因素和对健康影响的研究[D]. 福州：福建医科大学，2004.

[131] Ello-Martin J A, Ledikwe J H, Rolls B J. The influence of food portion size and energy density on energy intake: implications for weight management[J]. Am JClin Nutr, 2005, 82: 236-241.

[132] Supreet K, Umesh K, Preeti S. Pattern of chronic diseases amongst adolescent obese children in developing countries[J]. Current Sci, 2005, 88(7): 1052-1056.

[133] 孙海嵩. 儿童肥胖的危害与预防[J]. 实用全科医学，2003，1（1）：68-69.

[134] 倪睿. 杭州市中小学生体质健康调查及健康危险因素研究[D]. 上海：复旦大学，2012.

[135] 李颖，孙长颢，杨狄，等. 哈尔滨市学生营养状况及其影响因素的调查[J]. 中国公共卫生，2003，19（9）：1092-1093.

[136] 李楠，荫士安. 当前我国儿童的营养状况[J]. 中国儿童保健杂志，2005，13（1）：62-64.

[137] 胡小琪，范轶欧，郝利楠，等. 我国7城市中小学生早餐行为的调查[J]. 营养学报，2010，32（1）：39-42，46.

[138] 牟劲松，罗家有，李艳萍，等. 中国农村留守儿童营养状况及影响因素研究[J]. 中华流行病学杂志，2009，30（5）：439-442.

[139] 胡小琪，马冠生，马文军，等. 中国4城市中小学生早餐行为调查[J]. 卫生研究，2002，31（4）：273-274，278.

[140] 李妮娜，王洪婧，李峥. 潍坊市中学生饮食行为问题及相关影响因素分析[J]. 济宁医学院学报，2010，33（5）：353-356.

[141] 贾俐挺，王黎荔，山若青，等. 温州市小学生超重肥胖现状及其影响因素分析[J]. 卫生研究，2013，42（2）：269-272.

[142] 邓晓娟，徐亮，由天辉，等. 广州市中学生营养状况及影响因素调查[J]. 中国学校卫生，2007，28（11）：1012-1013.

[143] 曹若湘，王绍丽. 北京市学生肥胖流行状况与行为影响因素分析[J]. 中国学校卫生，2005，26（7）：563-564.

[144] 李印东，吕金昌，李永进，等. 北京市顺义区小学生体力活动现况调查[J]. 卫生研究，2011，40（5）：658-659.

[145] 宋丹，武光林，孙桂香，等. 小学生肥胖与运动及时间支配相关因

素关系的研究[J]. 天津医科大学学报，2007，13（4）：573-575.

[146] 李敏，刘洋，徐佩茹，等. 新疆伊犁地区哈萨克族 6～13 岁儿童超重与肥胖状况及其影响因素[J]. 中华预防医学杂志，2011，45（6）：506-511.

[147] 宋逸，张芯，马军，等. 2010 年中国中小学生超重与肥胖的行为影响因素[J]. 中华预防医学杂志，2012，46（9）：789-795.

[148] 阳赣萍，王一任，左双燕，等. 中国小学生肥胖干预效果的 Meta 分析[J]. 中华预防医学杂志，2011，45（10）：944-948.

[149] 宣海德. 我国城市社区体育中"体医结合"问题的研究[J]. 军事体育进修学院学报，2007，26（1）：106.

[150] 李璟圆，梁辰，高璨，等. 体医融合的内涵与路径研究——以运动处方门诊为例[J]. 体育科学，2019，39（7）：23-32.

[151] 向宇宏，李承伟. "体医融合"下我国学校体育的发展[J]. 体育学刊，2017，24（5）：76-79.

[152] 孙通，罗敦雄，陈洁星，等. "体医融合"背景下医学院校体育教学改革的研究[J]. 福建医科大学学报（社会科学版），2018，19（2）：55-58.

[153] 郭建军，郑富强. 体医融合给体育和医疗带来的机遇与展望[J]. 慢性病学杂志，2017，18（10）：1071-1073.

[154] 梁美富，郭文霞. "健康中国"战略背景下体医结合的发展路径探讨[J]. 河北体育学院学报，2018，32（3）：52-56.

[155] 中华医学会心血管病学分会预防学组,中国康复医学会心血管病专业委员会. 冠心病患者运动治疗中国专家共识[J]. 中华心血管病杂志，2015，43（7）：575-588.

[156] 李新. 脑卒中患者早期运动治疗对运动功能和日常生活能力的影响[J]. 中国实用神经疾病杂志，2014，17（9）：110-111.

[157] 陈文，谢俊刚. 家庭有氧运动治疗在稳定期 COPD 患者中的应用及效果[J]. 中国医师杂志，2014，16（2）：256-258.

[158] 李昌俊，贾贺男，左俊楠. 锻炼促进心理健康的效果、机制与展望
[J]. 中国体育科技，2015，51（1）：132-136.

[159] MCKINNEY J, LITHWICK D J, MORRISON B N, et al. The health
benefits of physical activity and cardiorespiratory fitness[J]. BC Med
J, 2016, 58(3): 131-138.

[160] 陈华卫，吴雪萍. 体质健康知识促进青少年体力活动的角色、价值
与路径[J]. 中国健康教育，2021，57（8）：72-78.

[161] 谢院生，刘晓峦，陈香美. 运动性横纹肌溶解症的诊治[J]. 军医进
修学院学报，2008，29（6）：449-452.

[162] 李增男，薛刚刚，沈锦盛. 运动性横纹肌溶解症的临床特点分析[J].
东南国防医药，2015，17（2）：166-168.

[163] 郭建军. 体医融合推动健康革命路径探讨[J]. 慢性病学杂志，
2017，18（11）：1189-1192.

附录 1 武陵山区农村 9~11 岁、12~17 岁学生忽视与心理健康调查问卷

亲爱的同学：你好！

　　为了评估你的生长环境（包括家庭内外）是否最大程度地满足了你身心发育的需要，以利于及时发现问题，早期采取干预措施，请你完整、客观地填写最近一年的情况。请不要遗漏任何一个问题。对于表中填写的内容，我们会为你保密。衷心感谢你的回答。

　　填写说明：

　　1. 对于"第一部分"，请在相应的选项上打"√"，在"____"上填入数字。

　　2. 对于"第二部分"的每一个问题，请根据实际出现的频率按"1 从未有、2 偶尔有、3 经常有、4 一直有"做出选择，并在相应的格子中打"√"，若没有合适的选项，则选择"9 没法回答"。请迅速回答每一个问题（每题不超过半分钟）。若不能立即做出选择，就先越过这一问题，待答完全部问题后，再回头重新作答。

　　3. 对于"第三部分"每个方面有 7 个等级，请判断每条所描述的情况与你实际情况的符合程度，选择一个最合适的等级，在相应等级的数字上打"√"。

第一部分

　　1. 你家有几个孩子：_____，你排第几：_____

　　2. 你父亲的文化程度？

　　①没上学或小学　　②初中　　③高中或中专　　④大学或大专

　　⑤研究生（包括硕士、博士、博士后）

　　3. 你母亲的文化程度？

　　①没上学或小学　　②初中　　③高中或中专　　④大学或大专

⑤研究生（包括硕士、博士、博士后）

4. 你父亲的职业？

①公务员、教师　　　②科技、金融、财务、医务人员

③工人、企业职工　　④自由职业者、个体经营者

⑤无固定职业者或打工者　　⑥农民　　⑦其他

5. 你母亲的职业？

①公务员、教师　　　②科技、金融、财务、医务人员

③工人、企业职工　　④自由职业者、个体经营者

⑤无固定职业者或打工者　　⑥农民　　⑦其他

6. 长期与你生活在一起的家庭成员包括哪些人（可多选）？

①祖父母或外祖父母（爷爷奶奶或外公外婆）　　②父亲　　③母亲

④继父　　⑤继母　　⑥兄弟姐妹　　⑦其他

7. 你在家是否有自己单独的房间？

①是　　　　②否

8. 你是否为独生子女？

①是　　　　②否

9. 你住校吗？

①是　　　　②否

10. 与同班同学相比，你认为自己的学习成绩（总的学习情况）如何？

①差　　②中等偏下　　③中等　　④中等偏上　　⑤好

11. 你的家庭平均每月总收入是多少？

①1 000 元以下　　②1 000～3 000 元　　③3 001～5 000 元

④5 001～10 000 元　　⑤1 万元以上　　⑥不知道

12. 你一个月的生活费是多少？

①100 元以下　　②100～300 元　　③301～500 元

④501～800 元　　⑤800 元以上

13. 你的家庭类型是？

①核心家庭（仅父母和子女一起住）

②单亲家庭（仅父亲或母亲和子女一起住）

③三代同堂家庭（祖父母、父母和子女一起住）

④再婚家庭

⑤其他

14. 到目前为止，父母双方或一方外出打工（或工作）半年以上？

①是　　　②否

15. 近一年父母工作是否变动？

①是　　　②否　　　③不知道

16. 近一年父母收入是否减少？

①是　　　②否　　　③不知道

17. 你与父亲的关系？　　　①好　　　②一般　　　③不好

你与母亲的关系？　　　①好　　　②一般　　　③不好

父母之间的关系？　　　①好　　　②一般　　　③不好

第二部分

一、农村 9～11 岁小学生忽视状况调查表

问题编号	生长过程中可能存在的经历	发生的频率				
		1 从未有	2 偶尔有	3 经常有	4 一直有	9 没法回答
1PHR	家长提醒你根据天气变化及时增减衣服					
2SOR	学校有课外书刊可以借阅					
3EMR	父母给你买东西时征询你的意见					
4EDR	父母教育你犯错时要主动承认并及时改正					
5SAR	家人叫你不要与陌生人说话					
6PHR	你能吃到水果或蔬菜					
7SAR	家人或老师告诉过你发生地震、洪水、火灾等该怎么办					
8PHR	你挑食时，家人会变花样做给你吃					

9SAR	你知道一些常用紧急电话（110、119等）					
10EM	家人当着外人的面打你或说你的一些缺点					
11EDR	老师或家长及时检查你的作业					
12SAR	放学时排队出校门，不拥挤					
13PHR	你有早晚刷牙、洗脸、洗脚，饭前便后洗手等良好生活习惯					
14EMR	父母认真听你说话，回答你提出的问题					
15EDR	家人教育你自己的事情自己做					
16MER	你蛀牙或牙痛时，家长带你去看医生					
17EMR	你遇到问题时，家人会帮你分析原因					
18PHR	你每天课外活动至少一小时					
19EMR	你伤心受委屈时，家人会耐心安慰、开导你					
20SOR	学校开设体育、音乐等课程					
21SAR	你逢年过节时，在家长的监护下燃放烟花爆竹					
22EDR	你的家长参加学校召开的家长会					
23EMR	家长能及时发觉你不高兴、紧张或害怕等情绪变化					
24EM	父母当你的面吵架或打架					
25SOR	家里人把女孩和男孩一样看待，男女平等					
26MER	家人提醒你保护视力					
27EMR	家人对你说话算数，不哄骗你					
28SO	医院离家太远，看病不方便					
29EMR	父母外出时会告诉你					
30MER	家人关注你的生长发育情况（如测身高、体重）					
31EDR	家长给你讲为人处事的道理					
32EMR	家人会在外人面前夸奖你，说你的优点					
33PH	家人在你面前抽烟					

34SAR	家人知道你平时在哪里、和什么人在一起玩					
35EMR	父母在节日或你生日时,会陪你或给你祝福					
36MER	父母给你讲日常卫生常识					
37EDR	家人教育你要坚强,不轻言放弃					
38SOR	学校举办健康、安全教育活动					
39PH	你喝生水					
40EM	家人生气时拿你出气					
41SA	你能接触到危险物品(刀、电器或农药等)					
42EMR	当家长拒绝你的要求时,会讲明理由					
43MER	家人提醒你注意坐姿					
44EMR	你带同学到家中玩耍,家人会热情接待					
45EMR	当你信心不足时,家人会给你支持和鼓励					
46EDR	家人教育你不要浪费					
47SO	村里或学校附近的网吧,游戏厅等娱乐场所允许小学生进入					
48MER	你生病时,家人会对饮食做相应的改变					
49SA	家长外出时将你独自留在家中					
50MER	你有医疗和(或)意外伤害保险					
51MER	家长关注你的个人卫生(剪指甲、洗手、洗头发)					
52EDR	父母知道你在校的情况					
53PHR	你能吃到肉或鱼或蛋等动物类食物					
54EM	家人或老师说你"没出息""笨、不中用"之类的话					
55PHR	家人或学校按时并细心为你准备三餐					
56EDR	学校举行课外活动,如运动会、歌咏比赛等					
57EMR	你犯错时,家人会给你讲道理					
58ED	家人在你面前打牌或打麻将					

二、农村 12～17 岁中学生忽视状况调查表

问题编号	生长过程中可能存在的经历	发生的频率				
		1 从未有	2 偶尔有	3 经常有	4 一直有	9 没法回答
1PHR	吃洗干净的瓜果蔬菜					
2EMR	伤心受委屈时，家人会耐心安慰、开导你					
3MER	生病时，家人会对饮食做相应的调整					
4EDR	老师和家长叫你"劳逸结合"，避免学习疲劳					
5PH	喝生水					
6PHR	喝牛奶或酸奶					
7SOR	学校有完备的运动场地及设施					
8EM	家长当面说你没别人的孩子懂事、听话					
9PHR	有早晚刷牙、洗脸，饭前便后洗手等良好生活习惯					
10EM	家长说你"没出息"，"笨，不中用"之类的话					
11EMR	父母能认真听你说话，回答你提出的问题					
12EMR	父母给你买东西时征询你的意见					
13EM	父母当你的面吵架或打架					
14SAR	放学时学生有秩序的出校门，不拥挤					
15EM	老师和家长会把异性同学之间的正常交往看得过于紧张					
16SAR	知道发生地震、洪水、火灾、雷电等情况时该如何处理					
17PHR	吃豆腐、豆浆或豆腐脑等豆制品					
18PHR	居住环境干净整洁					
19SAR	家人会定期检查居住环境中的潜在危险（插座、煤气等）					
20PHR	家人或学校按时、细心为你准备三餐					

21EM	家长要求你各方面都要比别的孩子强					
22EDR	学校举行课外活动，如运动会、歌咏比赛等					
23EMR	父母在节日或你生日时给你祝福与问候					
24PHR	能吃到肉、鱼、蛋等动物类食物					
25SOR	学校有课外书刊可以借阅					
26EM	家长心情不好时拿你出气					
27SOR	村卫生室能够提供你需要的保健服务（体检、看病、打疫苗）					
28PHR	父母给你购买衣物时考虑衣物的材质					
29ED	成绩差时，会受到老师或父母的辱骂或体罚					
30SOR	学校有微机室、语音室等可供学习使用					
31EMR	家长说话算数，不骗你					
32MER	家人关注你的生长发育情况（如测身高、体重）					
33EMR	当遇到感情问题时，老师和家长会及时发现并积极开导你					
34SOR	学校每年会召开运动会					
35SAR	知道一些常用紧急电话（110、119等）					
36EDR	家人会让你自己完成力所能及的事					
37SOR	学校开展性教育或生理卫生课程					
38SA	在网上交友，与网友见面					
39MER	家长告诉你用药前要认真阅读说明书					
40EDR	即使没有很好地完成一件事情，家人也会鼓励你					
41EMR	当你信心不足时，家人会给你支持和鼓励					
42PHR	父母为你新买的贴身衣物会浸泡清洗后再给你穿					
43EDR	家人教育你要坚强，不轻言放弃					
44SOR	村里有活动设施和场所					

45EDR	父母会及时向老师了解你的在校情况					
46EM	家人认为你必须什么都听他们的					
47ED	父母要求你的成绩一定要比别的同学好					
48MER	父母会给你讲卫生与健康常识					
49SAR	买食品时会看生产日期、保质期以及成分					
50EDR	犯错时，家人会给你讲道理					
51EM	家人会骗你，说话不算数					
52SOR	学校开展有关健康、安全、卫生教育活动					
53MER	家长关注你的身心健康					
54ED	任课老师频繁调换					
55EMR	家人知道你开心或烦恼的原因					
56PHR	教室的课桌椅随着你的身高增加而不断调整高度					
57ED	父母认为你只要学习好其他事情都不重要					

第三部分

1. 感知觉

①我有特异功能，能感受到别人感觉不到的东西。

②我有点感觉过敏，平常声光都觉得难以忍受。

③我能清晰地感知客观事物。

④我能准确地感知客观事物，没有感觉不适。

⑤我有时出现一些感觉不适或知觉错误。

⑥我经常看错东西或听错话或体验到异常感觉。

⑦我感到一切都不真实，有时感到自己变了样。

2. 注意

①我常被一些无意义事情吸引以致无法学习工作。

②我太过于注意问题的细节，影响学习工作效率。

③我能专心致志去做每件事情。

④我能专心去做必须做的事情。

⑤我能集中注意力做好我喜欢做的事情。

⑥在学习和工作中，我的注意力不能集中。

⑦我做任何事情都坚持不了几分钟。

3. 记忆

①过去不愉快的经历不由自主地闯入我的脑海，无法排除。

②我经常想些不愉快的事情。

③我的记忆力很好，记东西又快又牢。

④我的记忆力较好，想记的事情基本能记住。

⑤我的记忆力一般，偶尔忘记一些小事。

⑥我觉得记东西比较费劲，经常忘记一些重要的事情。

⑦我的记忆力特差，总是不停地找东西。

4. 思维过程

①我的大脑里不由自主地涌现出大量的意念，根本停不下来。

②我的思维特别快，观念一个接一个地出现。

③我思考问题比较敏捷、流畅。

④别人认为我考虑问题比较周全，思维有条理。

⑤我觉得自己考虑问题不周到或思维比较慢。

⑥我觉得自己的思维逻辑性很差，别人不理解我的想法。

⑦我觉得我的思维很乱，有时停滞不前，有时完全不能思考。

5. 思维内容

①我特别注意一些小证据，喜欢诡辩。

②我非常重视证据，只要觉得别人谈话的依据不充分，我就要与他辩论。

③别人认为我讲话很在理，分析问题有根有据。

④别人认为我考虑问题很实在，切合实际。

⑤我有时好幻想或怀疑。

⑥别人觉得我的思维很怪，难以理解。

⑦在我身上发生的一些特别的事情或我确信无疑的事情，别人就是不相信。

6. 思维的自主性

①我觉得自己思维能控制或预测别人言行。

②我觉得自己能知道别人的想法。

③我能自由地思考问题。

④我能很好地控制自己的思维。

⑤我的脑子有时不听使唤，想些没有意义的事。

⑥我老想些没有意义的问题，自己无法摆脱。

⑦我觉得思维好像不是自己的，我想什么事情别人都知道。

7. 语言表达

①别人认为我讲话过于拘泥细节，很累赘。

②别人觉得我讲话过于详尽，我发觉他们有些不耐烦。

③我能准确地表达自己的想法。

④我能清楚地表达自己的想法。

⑤我能让别人懂得我的意思。

⑥我发现别人经常听不懂我的话。

⑦别人发觉我经常自言自语，他们感到很奇怪。

8. 语言理解

①广播、电视有些话是故意针对我的，别人经常议论我。

②我对别人的话很敏感，总觉得别人在评论自己。

③我能准确地理解别人的话。

④我能较好地理解别人的话语。

⑤我偶尔误解别人的意思。

⑥我很难理解别人的话。

⑦我觉得所有人的话都是那么陌生，无法理解。

9. 智力

①我有特别的灵感，能预知宇宙万物。

②我觉得自己特别聪明，别人的言行都那么愚蠢可笑。

③我的理解能力强，能活学活用，适应能力强。

④我学新知识较快，灵活运用能力差，能较好地适应环境。

⑤别人觉得我忠厚诚实，我学新东西较慢，但能适应环境。

⑥我接受新东西很慢，适应环境有点困难。

⑦我的学习理解能力很差，适应环境困难。

10. 自信与自尊

①我各方面都比别人强，我什么事情都会做。

②别人觉得我过高地估计自己的能力、长相或学识。

③我对自己有充分的自信，充满活力。

④我能合理地估计自己的优点和不足。

⑤我对自己的优点估计不足，担心自己的不足。

⑥我对自己没有信心，很在意别人的评价。

⑦我觉得自己一无是处，什么都不如别人。

11. 安全与信任

①我觉得每个人都很友好，从来不怀疑任何人

②我过于相信别人，经常受骗上当。

③我相信大多数人，从不担心自己会上当受骗。

④我觉得多数人是可信赖的，对现实感到安全满意。

⑤我不轻易相信别人，但能与现实保持良好的接触。

⑥我觉得别人都靠不住，生活没有安全感

⑦我不相信任何人，整天提心吊胆地生活。

12. 责任感

①我总觉得自己做得不够好，责备自己。

②我生怕自己没做好，别人不满意。

③我的责任感很强，总想把事情做得更好。

④我是一个有责任心的人，做事认真负责。

⑤别人认为我的责任感差，有点以自我为中心。

⑥父母觉得我没有责任感，喜欢埋怨别人。

⑦每个人都说我生活懒散，整天怨天尤人。

13. 活泼性

①别人觉得我做事很冲动，不考虑后果。

②父母觉得我很浮躁、贪玩、乱交友。

③别人认为我活泼、开朗、好交际。

④别人觉得我比较稳重、朴实、合群。

⑤我的性格比较内向、深沉、重感情。

⑥别人认为我孤僻、寡言、不合群。

⑦别人觉得我性格怪异、独来独往、无法接近。

14. 仁慈心

①别人认为我脾气暴躁、残忍。

②父母觉得我脾气急躁，缺少同情心。

③我做事粗心，不太注意别人的感受。

④别人认为我很随意，善解人意。

⑤父母觉得我很温顺，多愁善感。

⑥我的性格比较懦弱，胆小怕事。

⑦我在别人面前总是低声下气，没有尊严。

15. 需要满足

①我做任何事情都是从"应该"出发，从不考虑自己的需要。

②我过分在意别人的看法，过度压抑自己。

③我比较在意别人的看法，较少考虑个人的需要。

④在不违反社会规范的前提下，我能合理地满足自己的需要。

⑤别人觉得我利欲心较强，不太在意别人的看法。

⑥我做事情总是考虑自己的得失，常常损害别人的利益。

⑦别人认为我做事不顾现实，一味追求个人满足。

16. 焦虑体验

①我整天莫名其妙地焦虑或对某些情境极度恐惧，严重影响我的生活。

②我经常感到紧张焦虑或害怕某些情境，影响我个人潜能的发挥。

③我不时有点紧张焦虑，但能自己化解。

④我的生活过得很忙碌，但多数时间比较开心。

⑤我生活的比较轻松自在，从不感到紧张。

⑥我对未来没有任何打算，过一天算一天。

⑦父母认为我好吃懒做，整日游手好闲。

17. 愉快体验

①我感到特别愉快，没有任何烦恼。

②我感到很幸福，对困难毫不在乎。

③我生活的比较愉快和幸福。

④生活中虽有不如意之事，但多数时间我比较开心。

⑤我有时感到忧愁和悲伤，但能自己化解。

⑥我总是感到不满、悔恨、埋怨、苦闷、不愉快。

⑦我不能从生活中体验到任何乐趣，觉得人生毫无意义。

18. 情绪反应

①我的情绪极不稳定，易怒、易悲、易流泪、易感动。

②我的情绪不稳定，经常喜怒无常。

③我的情绪反应强烈，爱憎分明，好感情用事。

④我的情绪稳定，反应适度，善于控制。

⑤我的情绪反应慢，强度弱，表情冷淡。

⑥我体验不到愉快和悲伤，与亲人没有感情沟通。

⑦别人认为我的感情幼稚，淡漠或完全没有情感反应。

19. 行为

①我觉得自己太拘泥于社会规范，以致不敢做任何事。

②我做事犹豫不决、强迫、过分担心别人的看法。

③我的精力很充沛，敢作敢为，但自觉地遵守社会规范。

④我在生活、学习和工作方面较主动，有上进心，服从社会规范。

⑤我学习和工作为了生活，尽可能使自己的行为符合社会规范。

⑥别人认为我是个叛逆者，做事冲动，不愿意承担社会责任。

⑦我对社会规范十分反感，老是做些违纪和违法事情。

20．活动

①我好冲动冒险，喜好从事一些危险的活动。

②我整天都安静不下来，小动作不断，或有一些怪异、刻板动作。

③我贪玩、好动、话多，整天闲不住。

④我做事有计划，活动有规律，自控能力强。

⑤我不爱活动，喜欢安安静静的学习和工作。

⑥我的活动明显减少，行动缓慢或呆坐不动。

⑦我想天天卧床不起，整天不想讲一句话。

21．兴趣

①我什么事情都想做，结果什么事情也做不成，且影响正常生活。

②我的兴趣短暂多变，影响学习和工作。

③我的兴趣广泛，生活丰富多彩。

④我热爱生活、学习和工作，有一些业余爱好。

⑤除正常的生活、学习和工作外，我没有什么业余爱好。

⑤除正常的生活、学习和工作外，我没有什么业余爱好。

⑥我的兴趣明显减退，对生活、学习和工作有厌倦感。

⑦我对生活毫无兴趣，讨厌人生。

22．人际交往

①我经常乱交朋友，影响正常的生活。

②我交友过多，影响学习和工作。

③我擅长与人交往，从交往中体验到快乐。

④我主动与人交往，愿意帮助别人。

⑤我有目的地与人交往，能帮助别人。

⑥我怕与人交往，在人多的场合感到紧张。

⑦我拒绝与人交往，与人接触感到恐惧。

23. 学习和工作

①我的期望水平过高，压力很大，精神快要崩溃了。

②我对自己的要求很高，不能从学习和工作中体验到乐趣。

③我对学习和工作兴趣浓厚，成绩优秀或业绩显著。

④我工作主动、学习自觉，对成绩感到满意。

⑤我学习刻苦、工作努力，成绩一般。

⑥我对学习和工作没兴趣，能完成任务，成绩较差。

⑦我厌恶学习和工作，不能完成任务，成绩很差。

24. 健康关注

①我确信自己得了不治之症，整体忙于看病吃药。

②我怀疑自己得了严重的疾病，反复检查仍不放心。

③我对躯体不适比较敏感，夸大病情，过度治疗。

④我比较关心自身健康，有病及时治疗。

⑤我不太关心自身的健康，有病不及时治疗。

⑥我不关心自身健康，过量吸烟、酗酒或吸毒。

⑦我有意摧残自己的健康。

附录2　湘西州农村中小学"课间营养餐"调研学生调查问卷

同学们：你们好！

本调查不记名，只作为我们了解你们参加体育锻炼情况、营养健康知识情况、健康相关行为情况之用，请如实填写。本问卷由单选题和多选题组成，同学们在填写问卷时，请在你们认可、同意或符合实情的备选答案前划"√"，无特别说明的均为单选题。

谢谢你的合作！

一、学生基本情况及家庭背景情况调查

1. 出生日期：_____年_____月_____日

2. 年级：①四年级　　　②五年级　　　③六年级

④初一年级　　　⑤初二年级　　　⑥初三年级

3. 性别：①男　　　②女

4. 民族：①土家族　　　②苗族　　　③汉族　　　④其他民族

5. 你父亲的最高学历？

①没上学或小学　　　②初中　　　③高中或中专

④大学或大专　　　⑤研究生（包括硕士、博士、博士后）

6. 你母亲的最高学历？

①没上学或小学　　　②初中　　　③高中或中专

④大学或大专　　　⑤研究生（包括硕士、博士、博士后）

7. 你父亲的职业？

①公务员、教师　　　②科技、金融、财务、医务人员

③自由职业者、个体经营者　　　④工人、企业职工

⑤无固定职业者或打工者　　　⑥农民　　　⑦其他

8. 你母亲的职业?

①公务员、教师　　②科技、金融、财务、医务人员

③自由职业者、个体经营者　　④工人、企业职工

⑤无固定职业者或打工者　　⑥农民　　⑦其他

9. 你是否为独生子女?

①是　　②否

10. 本学期,你是否在校住宿?

①是　　②否

11. 你的家庭平均每月总收入是多少?

①1 000 元以下　　②1 000~2 999 元

③3 000~4 999 元　　④5 000~9 999 元

⑤1 万元以上　　⑥不知道

12. 你的家庭类型是?

①核心家庭(和父母一起住)

②单亲家庭(仅和父亲或者母亲一起住)

③三代同堂家庭(和祖父母、父母一起住)

④再婚家庭　　⑤其他

13. 到目前为止,父母双方或一方外出打工(或工作)半年以上?

①是　　②否

二、营养健康知识调查

1. 你认为饮食对身体健康重要吗?

①重要　　③一般　　②不重要

2. 你认为一个人的身体健康应该是?

①体育成绩好　　②身体没有疾病　　③身体强壮

④不仅仅是没有疾病,还包括心理和社会的良好适应能力　　⑤其他

3. 你认为每天摄入过多食盐会得什么疾病?

①高血压　　②胃炎　　③糖尿病　　④不知道

4. 你认为营养过剩会怎样？

①易患糖尿病　　　②引起高血压　　　③引起肥胖　　　④以上都是

5. 你认为维生素、无机盐和纤维素最好的来源是？

①水果、蔬菜　　　②营养保健品　　　③鱼、肉　　　④饮料

⑤零食　　　⑥其他

6. 你的营养健康知识一般来源于哪里？（可多选）

①老师　　　②长辈　　　③电脑、电视　　　④书籍、杂志

⑤朋友、同学　　　⑥其他

7. 让你放弃某种爱吃的不健康食品，你愿意吗？

①不愿意　　　②一般　　　③愿意

8. 你愿意了解更多的营养健康知识吗？

①不愿意　　　②一般　　　③愿意

9. 学校营养健康课的开展情况？

①从不开展　　　②很少或有时开展　　　③经常或总是开展

三、体育锻炼情况调查

1. 你喜欢学校体育课吗？

①喜欢　　　②一般　　　③不喜欢

2. 你喜欢参加课外体育活动吗？

①喜欢　　　②一般　　　③不喜欢

3. 你平均每周参加课外体育锻炼多少次？

①从不参加　　　②1 次　　　③2～3 次　　　④4～5 次

⑤5 次以上

4. 你每次参加课外体育锻炼的时间是多久？

①少于半小时　　　②半小时～1 小时　　　③1～1.5 小时

④1.5～2 小时　　　⑤2 小时以上

5. 你每次参加课外体育锻炼的情况是？

①出大汗　　　②出汗较多　　　③微微出汗

④全身微微发热　　　⑤无感觉

6. 你平时参加课外体育锻炼的目的是什么？（可多选）

①增强体质　　　②减压放松　　　③应付体育考试

④提高运动能力　　⑤减肥　　　⑥娱乐身心　　　⑦其他

7. 你经常参加课外体育锻炼的项目是？（可多选）

①走或慢跑　　　②篮球　　　③足球　　　④羽毛球

⑤乒乓球　　　⑥武术　　　⑦广播操　　　⑧健美操　　　⑨其他

附录3 武陵山区农村中学生健康相关行为调查问卷

亲爱的同学：

你好！中学生正处于生理、心理迅速发育的时期，也是一些行为习惯形成的关键阶段，其中某些行为习惯可能会影响同学们身心的发育，并对现在和将来的健康产生一定影响。为了解一些与同学们的健康密切相关的行为的真实情况，以及探索其影响因素，为同学们健康行为的养成提供依据，我们特编制了这份问卷。本问卷不记名，不公开，只作为研究之用。请你仔细阅读后，认真如实填写或选择答案。衷心感谢你的支持！

填写说明：请在所要选择的项目编号上打"√"（多选题已注明，其余为单选题）或在"_____"线上填写相关信息。

一、基本情况

1. 年级：①初一　　②初二　　③初三　　④高一
　　　　　⑤高二　　⑥高三

2. 性别：①男　　②女

3. 民族：①土家族　　②苗族　　③汉族　　④其他

4. 周岁年龄：_____岁
计算方法为：今年已过生日者的周岁年龄=调查年份-出生年份
今年未过生日者的周岁年龄=调查年份-出生年份-1

5. 身高：_____厘米（请注意单位）

6. 体重：_____公斤（请注意单位）

7. 你家有几个孩子：_____，你排第几：_____

8. 你父亲的最高学历？
①没上学或小学　　②初中　　③高中或中专　　④大学或大专
⑤研究生（包括硕士、博士、博士后）

9. 你母亲的最高学历？

①没上学或小学　　②初中　　③高中或中专　　④大学或大专

⑤研究生（包括硕士、博士、博士后）

10. 你父亲的职业？

①公务员、教师　　②科技、金融、财务、医务人员

③工人、企业职工　　④自由职业者、个体经营者

⑤无固定职业者或打工者　　⑥农民　　⑦其他

11. 你母亲的职业？

①公务员、教师　　②科技、金融、财务、医务人员

③工人、企业职工　　④自由职业者、个体经营者

⑤无固定职业者或打工者　　⑥农民　　⑦其他

12. 长期与你生活在一起的家庭成员包括哪些人（可多选）？

①祖父母或外祖父母（爷爷奶奶或外公外婆）　　　　②父亲

③母亲　　④继父　　⑤继母　　⑥兄弟姐妹　　⑦其他

13. 你是否为独生子女？

①是　　　　②否

14. 你的户籍（户口）为？

①农村户口　　　　②城镇户口

15. 你在家是否有自己的房间？

①是　　　　②否

16. 本学期，你是否在校住宿？

①是　　　　②否

17. 你的家庭月收入是多少？

①1 000 元以下　　②1 000～2 999 元　　③3 000～4 999 元

④5 000～9 999 元　　⑤1 万元以上　　⑥不知道

18. 与同班同学相比，你认为自己的学习成绩（总的学习情况）如何？

①差　　②中等偏下　　③中等　　④中等偏上　　⑤好

19. 你的家庭类型是？

①核心家庭（和父母一起住）

②单亲家庭（仅和父亲或者母亲一起住）

③三代同堂家庭（和祖父母、父母一起住）

④再婚家庭　　　⑤其他

20. 到目前为止，父母双方或一方外出打工(或工作)半年以上？

①是　　　②否

21. 近一年父母工作是否变动？　①是　　　②否　　　③不知道

22. 近一年父母收入是否减少？　①是　　　②否　　　③不知道

23. 你与父亲的关系？　　①好　　　②一般　　　③不好

你与母亲的关系？　　①好　　　②一般　　　③不好

父母之间的关系？　　①好　　　②一般　　　③不好

二、健康相关行为

24. 在过去 30 天里，你通常每天喝几次汽水饮料，如可口可乐、百事可乐或雪碧？

①在过去的 30 天里我没有喝过汽水饮料　　②少于每天 1 次

③每天 1 次　　④每天 2 次　　⑤每天 3 次　　　⑥每天 4 次

⑦每天 5 次或更多

25. 在过去 7 天里你吃过几次甜点（包括糖果、巧克力、糕点等）？

①0 次　　②1 次　　③2～6 次　　④每天 1 次　　⑤每天 2 次及以上

26. 在过去 7 天里，有几天你在西式快餐店吃饭，如麦当劳、肯德基、比萨店？

①0 天　　②1 天　　③2 天　　④3 天　　⑤4 天　　⑥5 天

⑦6 天　　⑧7 天

27. 在过去 7 天里，有几天你至少喝了一杯牛奶/酸奶或豆奶（豆浆）？

①0 天　　②1 天　　③2 天　　④3 天　　⑤4 天　　⑥5 天

⑦6 天　　⑧7 天

28. 在过去 7 天里，有几天你吃了早餐？

①0 天　　②1 天　　③2 天　　④3 天　　⑤4 天　　⑥5 天

⑦6 天　　⑧7 天

29. 你是否讨厌吃某类食物（如某类蔬菜、肉类、水果等）？

①是　　　　②否

30. 你怎么描述自己的体重？

①很轻　　　②有点轻　　　③正合适　　　④有点重　　　⑤很重

31. 在过去 30 天里，你是否为了减肥或控制体重而锻炼？

①是　　　　②否

32. 在过去 30 天里，你是否为了减肥或控制体重而控制某类食物的摄入量？

①是　　　　②否

33. 在过去 30 天里，你是否为了减肥或控制体重而故意把食物吐出来？

①是　　　　②否

34. 在过去 30 天里，你是否为了减肥或控制体重而接连 24 小时或更长时间不吃东西？

①是　　　　②否

35. 在过去 30 天里，你是否为了减肥或控制体重，未在医生指导下擅自吃减肥药？

①是　　　　②否

36. 在过去 7 天里，有几天你每天至少运动了 60 分钟（如步行、跑步，打篮球、游泳、骑车、拖地等任何活动）？

①0 天　　②1 天　　③2 天　　④3 天　　⑤4 天　　⑥5 天

⑦6 天　　⑧7 天

37. 在过去 30 天里，你骑过自行车吗？

①骑过　　　②没骑过

38. 在过去 30 天里，你骑自行车时，是否经常或总是有下列行为？
（没骑过自行车的同学以下选题请全部勾选"②否"）

    a. 双手离把   ①是   ②否

    b. 攀扶其他车辆   ①是   ②否

    c. 互相追逐、打闹   ①是   ②否

    d. 骑车逆行   ①是   ②否

    e. 骑车带人   ①是   ②否

    f. 闯红灯、乱穿马路   ①是   ②否

39. 在过去 30 天里，步行过马路时，你有不走人行横道/过街天桥/地下通道的行为吗？

①从不   ②很少   ③有时   ④经常   ⑤总是

40. 在过去 12 个月里，你去过几次没有安全措施的地方游泳？

①从没有游过泳   ②从未到没有安全防范措施的地方游过泳

③1 次   ④2～3 次   ⑤4～5 次   ⑥6 次及以上

41. 在过去 30 天里，你受到过以下何种形式的欺侮？

    a. 被恶意取笑   ①从未 ②偶尔 ③经常

    b. 被索要财物   ①从未 ②偶尔 ③经常

    c. 被有意的排斥在集体活动之外或被孤立   ①从未 ②偶尔 ③经常

    d. 被威胁、恐吓   ①从未 ②偶尔 ③经常

    e. 被打、踢、推、挤或关在屋里   ①从未 ②偶尔 ③经常

    f. 有人对我开色情玩笑或做色情动作   ①从未 ②偶尔 ③经常

    g. 因为我的身体缺陷或长相而被取笑   ①从未 ②偶尔 ③经常

42. 在过去 12 个月里，你上下学时感到安全没有保障吗？

①从不   ②很少   ③有时   ④经常   ⑤总是

43. 在过去 12 个月里，你有几次与他人（1 人或多人）动手打架？

①0 次   ②1 次   ③2～3 次   ④4～5 次   ⑤6～7 次

⑥8～9 次   ⑦10～11 次   ⑧12 次或更多

44. 在过去 12 个月里，你曾感到孤独吗？

①从不　　　②很少　　　③有时　　　④经常　　　⑤总是

45. 在过去 12 个月里，你是否因为学习压力或成绩问题感到心情不愉快？

①从不　　　②很少　　　③有时　　　④经常　　　⑤总是

46. 在过去 12 个月里，你是否曾因为担心某事而失眠吗？

①从不　　　②很少　　　③有时　　　④经常　　　⑤总是

47. 在过去 12 个月里，你是否连续两周或更长时间感到非常伤心或绝望而停止平常的活动？

①是　　　　②否

48. 在过去 12 个月里，你考虑过自杀吗？

a. 想过　　　　　　　　　　　　①是　　　　②否

b. 想过，并做过如何自杀的计划　①是　　　　②否

c. 曾采取措施试图自杀　　　　　①是　　　　②否

49. 在过去 12 个月里，你是否想到离家出走（无父母准许情况下，离家 24 小时或以上）？

a. 曾经想过　　　　　　　　　　①是　　　　②否

b. 尝试过离家出走　　　　　　　①是　　　　②否

50. 在过去 12 个月里，你有没有严重受过伤（严重受伤指由于外伤，而需要得到医生或护士的治疗，或者至少一天不能上学或参加运动）？

①有　　　②没有

51. 在过去 12 个月里，你严重受伤的原因是什么？（没有严重受过伤的同学以下选题请全部勾选"②否"）

a. 机动车交通事故　　　　　　　①是　　　　②否

b. 跌倒　　　　　　　　　　　　①是　　　　②否

c. 物体砸伤或碰伤　　　　　　　①是　　　　②否

d. 火灾、烧伤或烫伤　　　　　　①是　　　　②否

e. 和别人打架　　　　　　　　　①是　　　　②否

f. 受到他人的攻击、虐待　　　　①是　　　　②否

g. 溺水　　　　　　　　　　　　　　　①是　　　②否

h. 有意识的自我伤害　　　　　　　　　①是　　　②否

52. 在过去 12 个月里，你严重受伤的结果是什么？（没有严重受过伤的同学以下选题请全部勾选"②否"）

a. 骨折或关节脱臼　　　　　　　　　①是　②否

b. 割伤、刺伤或捅伤　　　　　　　　①是　②否

c. 脑震荡或其他脑部或颈部损伤，晕倒或不能呼吸　①是　②否

d. 枪伤　　　　　　　　　　　　　　①是　②否

e. 严重烧伤　　　　　　　　　　　　①是　②否

f. 失去脚、腿、手或胳膊的全部或一部分　①是　②否

53. 到目前为止，你是否尝试过吸烟，即使只吸过一两口？

①是　　　　②否

54. 你第一次抽完一支烟时是多大年龄？

①从未吸过一支烟　　　②7 岁或小于 7 岁　　　③8～9 岁

④10～11 岁　　　⑤12～13 岁　　　⑥14～15 岁　　　⑦16 岁及以上

55. 在过去 30 天里，有多少天你吸过烟？

①在过去 30 天里，我没有吸烟　　　②1～2 天　　　③3～5 天

④6～9 天　　　⑤10～19 天　　　⑥20～29 天　　　⑦30 天

56. 在过去的 30 天，你吸烟的日子里，通常每天吸多少支烟？

①在过去 30 天里，我没有吸烟　　　②不足 1 支　　　③每天 1 支

④每天 2～5 支　　　⑤每天 6～10 支　　　⑥每天 11～20 支

⑦每天超过 20 支

57. 你是否喝过一杯酒（一杯酒指半瓶/一听啤酒，一小盅白酒，一玻璃杯葡萄酒或黄酒）？

①是　　　　②否

58. 你第一次喝酒时（不包括尝过几口），多大年龄？

①除了尝过几口外，我没有真正喝过酒　　②7 岁或小于 7 岁

③8～9 岁　　　④10～11 岁　　　⑤12～13 岁　　　⑥14～15 岁

⑦16 岁及以上

59. 在过去 30 天里，有多少天你至少喝过一杯酒？

①0 天　②1～2 天　③3～5 天　④6～9 天　⑤10～19 天

⑥20～29 天　⑦30 天

60. 在过去 30 天里，有多少天你在一两个小时内至少喝过 5 杯酒？

①0 天　②1～2 天　③3～5 天　④6～9 天　⑤10～19 天

⑥20～29 天　⑦30 天

61. 在过去 12 个月里，你曾有几次因喝酒太多而感到头晕/头疼/嗜睡等醉酒症状？

①0 次　②1～2 次　③3～9 次　④10 次及以上

62. 在过去 7 天里，通常你每天看多长时间电视或录像？

①从不　②不到 1 小时　③1 小时　④2 小时　⑤3 小时

⑥4 小时及以上

63. 在过去 7 天里，你平均每天花多长时间在课外做功课？

①从不　②不到 1 小时　③1 小时　④2 小时　⑤3 小时

⑥4 小时及以上

64. 在过去 7 天里，你参加课外补习的时间（指参加各种辅导班）？

①从不或不足 1 小时　②1～2 小时　③3～4 小时

④5～6 小时　⑤7～8 小时　⑥8 小时以上

65. 在过去 7 天里，通常你每天玩多长时间电子游戏（包括游戏机、掌上游戏机、手机、电脑等）？

①从不　②不到 1 小时　③1 小时　④2 小时　⑤3 小时

⑥4 小时及以上

66. 在过去 7 天里，通常你每天在网络上待多长时间？

①从不　②不到 1 小时　③1 小时　④2 小时　⑤3 小时

⑥4 小时及以上

67. 你上网的主要目的是（可多选）？

①我从没有上过网　②收发电子邮件　③玩游戏

④聊天（聊天室、QQ 等）　　　⑤参加 BBS 论坛、社区、讨论组

⑥查阅学习资料　　　⑦浏览新闻或其他一些信息

⑧下载软件　　⑨多媒体娱乐（歌曲、VCD、Flash 等）　　⑩其他

68. 你是否有下列情形？

a. 我从来没有上过网　　　　　　　　　　　　　　①是　②否

b. 即使不在上网，你脑中一直浮现与网络有关的事情　①是　②否

c. 一旦不能上网，你是否感到不舒服、无所事事或不能静下心来干别的　①是　　②否

d. 你是否希望增加上网时间，以便满足自己的愿望　①是　②否

e. 你上网的时间超过自己预想的时间　　　　　　　①是　②否

f. 你多次想停止上网，但总也不能控制自己　　　　①是　②否

g. 因为上网而不能完成作业或逃学　　　　　　　　①是　②否

h. 你向家长或老师、同学隐瞒自己上网的事实　　　①是　②否

i. 因为上网与家长发生冲突　　　　　　　　　　　①是　②否

j. 你为了逃避现实、摆脱自己的困境或郁闷、无助、焦虑的情绪才上网　　　　　　　　　　　　　　　　　　　　①是　②否

69. 在过去 30 天里，你平均每天的睡眠时间是？

①6 小时及以下　　　②7 ~ 8 小时　　　③9 ~ 10 小时

④10 小时以上

70. 在过去 30 天里，你参加体育活动的态度是？

①积极　　　　②一般　　　　③不积极

71. 在过去 30 天里，你参加体育活动的目的是什么（可多选）？

①增强体质　　②缓解学习压力　　③应付升学考试　　④减肥

⑤提高运动能力　　⑥结交朋友　　⑦其他

72. 你所在的学校每周上几节体育课（每节课 40 ~ 45 分钟）？

①0 节　　　　②1 节　　　　③2 节　　　　④3 节　　　　⑤3 节以上

73. 在过去 30 天里，你平均每周参加体育锻炼的次数（不包括体育课）？

①0 次 　 ②1 ~ 2 次 　 ③3 ~ 4 次 　 ④5 次 　 ⑤5 次以上

74. 在过去 30 天里，你平均每次参加体育锻炼的时间是多少？

①10 分钟以下 　 ②10 ~ 30 分钟 　 ③31 ~ 60 分钟 　 ④61 ~ 90 分钟

⑤90 分钟以上

75. 在过去 30 天里，你每次参加体育锻炼的强度是？

①出大汗 　 ②出汗较多 　 ③微微出汗 　 ④全身微微发热

⑤无感觉

76. 在过去 30 天里，你经常参加的体育锻炼项目是（可多选）？

①走或慢跑 　 ②篮球 　 ③羽毛球 　 ④武术

⑤乒乓球 　 ⑥健美操 　 ⑦游泳 　 ⑧体操 　 ⑨其他

77. 在过去 30 天里，你经常参加体育锻炼的方式是？

①个人锻炼 　 ②与同学或朋友一起 　 ③与家人一起

④街道或社区组织 　 ⑤其他

78. 在过去 30 天里，你参加体育锻炼时是否有人进行指导？

①是 　 ②否

79. 在过去 30 天里，你参加体育锻炼的场所（可多选）？

①学校场地设施 　 ②校外公共体育场所 　 ③房前屋后的空旷地

④公园里 　 ⑤健身俱乐部 　 ⑥经营性体育场馆

⑦其他